死後の世界が教える「人生はなんのためにあるのか」

Journey of Souls
Case Studies of Life Between Lives
Michael Duff Newton

退行催眠による「生」と「生」の間に起こること

マイケル・ニュートン 著　澤西康史 訳

Pan Rolling

"Translated from"
JOURNEY OF SOULS

Published by Llewellyn Worldwide
Woodbury,MN 55125 USA
www.llewellyn.com

Japanese translation rights arranged with
Llewellyn Publications, a division of Llewellyn Worldwide LTD.
through Japan UNI Agency, Inc., Tokyo

愛する妻にしてソウルメイトの
ペギーへ

最大の貢献をしてくれた妻だけでなく、ノーラ・メイパー、ジョン・フェヒー、そして編集に、助言に、励ましに人生の貴重な時間を割いてくださった関係者の皆さんに、心からの感謝をささげます。

さらに、彼らのかたわらをいく心の小道を、私がたどることを許し、その不屈の精神によってこの研究を可能ならしめた、すべての被験者の皆さんにも――。

あなたはすべての魂が集う
隠された領域を知るだろう。
霧が立ちこめる死の丘の向こうへと
この旅路は続いている。
この時間のない小道の上で、
たとえ意識の記憶から失われようと、
トランスのなかで目にされる、
導きの光が踊る。

M・N・

まえがき

　あなたは死を恐れているでしょうか。自分が死んだ後に何が起こるのか、心配になったことはないでしょうか。魂がどこかからやってきて、肉体が死んだらまたどこかに戻っていくということはあるのでしょうか。それとも死を恐れているから、そういった願望を思いつくのでしょうか。

　この世のすべての生き物の中で、人間だけが、普通の生活を送るために死の恐れを抑圧しなければならないことは、一つの逆説的な謎です。それでも私たちの生物的な本能は、この〝自分〟の存在をおびやかす究極の危険を忘れさせてくれません。年をとるにつれて、死の恐怖が意識の中に湧きあがってきます。宗教的な人でさえ、死が個体性の終わりではないのかと恐れます。死という最人の恐怖が、家族や友人たちとのすべての関係を終わらせてしまう、死の虚無についての思いを呼び覚ますのです。死はこの世のすべての目標をむなしいものにしてしまいます。

　死んだ時点で私たちのすべてが終わってしまうのだとしたら、人生は意味のないものになってしまうでしょう。しかし人間の中のある力によって、私たちは彼岸の世界のことを想像できますし、より高い力や永遠の魂とのつながりさえ感じることができます。私たちに本当に魂があるのなら、それは死後にどこへ行くのでしょうか。物質的な宇宙の外側には、知性的な魂が群れ集う、ある種の天国のようなところがあるのでしょうか。そこはどんな場所なのでしょう。そこに行ったら何をするのでしょう。この楽園を見守っている至高の存在があるのでしょうか。これらの疑問は人類の歴史と同じくらいに古いものですが、いまだに私たちはその答えを知らないでいます。

この本の内容からは想像できないかもしれませんが、私は本来懐疑的な人間です。カウンセラーおよび催眠療法士として、心理的障害を治療するための行動療法の専門家なのです。

私の仕事の大部分は、被験者が健全な行動をとれるように思考や感情の結びつきを回復させる、短期的な経験的事実認識の再構成にかかわるものです。心理的な問題は空想上のものとは別ものである――という前提に立っているので、私は被験者と一緒に、彼らが信じていることの意味や、働き、重要性を白日の下にさらそうとします。

この仕事を始めて間もないころは、伝統的なセラピストとしての姿勢があったために、私は過去世退行のリクエストに抵抗を感じていました。不安な記憶や子ども時代のトラウマの原因を突き止めるために、催眠や年齢退行のテクニックを使ってはいましたが、前世にさかのぼる試みは、非正統的で非客観的なことだと感じていたのです。私の輪廻転生や形而上学《メタフィジックス》への関心は、あくまで単なる知的好奇心にとどまっていました。ある若い男性の苦痛軽減の治療にあたるまでは……。

この被験者は、ずっと以前から右半身の慢性的な痛みを訴えていました。苦痛を軽減する催眠療法の手法の一つに、被験者が苦痛をもっと強く感じるように導いて、彼または彼女自身が痛みをやわらげることを学び、最終的にはコントロールを会得するように仕向ける方法があります。

痛みをもっと強く感じさせるセッションの中で、この男性はその苦しみを再現するのに自分が何かに突き刺されているという想像をしました。このイメージの出どころを調べていくうちに、彼が前世に生きたフランスで、第一次世界大戦中に銃剣に突き刺されて死んだことが明らかになり、この経験を知ることによって痛みを完全に取り除くことができたのです。

被験者たちの励ましもあって、私は彼らの何人かを、この世に生まれてくる以前にまでさかのぼらせる実験を始めました。最初のうちは、私は被験者たちの現在の欲求、信念、恐れなどが総体として、この記憶の回復という幻想をつくりだしているのではないかと疑っていました。しかし私たちに深く根ざした記憶が、無視するには現実的すぎる、あまりにも一貫した一連の過去の経験をもたらしている――ということに気がつくのに、それほど長い時間はかかりませんでした。私は前世の肉体や出来事と、現在の私たちとのつながりが、セラピー的な立場から見てきわめて重要であることを認識するようになったのです。

そこで、ある非常に重要な発見にいきあたりました。催眠下にある被験者の心の目を通じてスピリットの世界を垣間見ることができ、彼らは死んだ後、生まれる前の世界について報告してくれる――ということに気がついたのです。

私にスピリット世界への扉を開いてくれたのは、催眠の被験者としては特別に受容的な、ある中年の女性の事例でした。彼女はもっとも近い過去世をすっかり思い出したときの、あのデリケートな状態の中で、孤独さや独りぼっちの寂しさについて話していました。

このきわめて感受性の強い被験者は、変性意識のもっとも高い状態の中に、ほとんど自分の力だけで入っていきました。最初にごく簡単な暗示を与えただけだったのですが、たちまち深い催眠に入ったことに驚いている暇もなく、私は次に現在の人生で親しい家族や友人がいないことの原因を探るようにと彼女に指示を与えました。ここで同時に、私は霊的な回想のきっかけになる言葉を、知らず知らずのうちに使っていたのです。私は彼女に「長い間会っていない特定の友人のグループがあるか」と尋ねました。するとと突然、被験者は泣きだしたのです。泣いている理由を話すように言うと、彼女はいきなり「私のグループから友人が来ていないので、この世でこんなに寂しいんだわ」と言いました。私はわけが分からなくなって、このグループの友人たちは実際にどこかにいるのかと尋ねました。ただ彼女は「ここよ、私の本来の我が家よ。いま目の前に全員がいるの！」と言いました。

この被験者とのセッションが終わって彼女の録音テープを聞いているうちに、私はスピリットの世界を見つけたいなら過去世退行の延長線上を探ればいいということに気がついたのです。

過去世についての本は多いけれど、スピリットの世界について述べている本や、人々の霊的な記憶に正しくアクセスする方法などを書いた本は一冊もないように思われました。私は自分で研究することを決心し経験を重ねるうちに、被験者を通じてスピリットの世界に入っていく手法を身につけるようになったのです。またスピリット世界での自分の在り方を知ることのほうが、過去の自分の人生を思い出すことよりも、はるかに被験者にとって意義深いのだということが分かってきました。

どうしたら催眠を通じてスピリットの世界に到達することができるのでしょうか。

心は三つの同心円からできているとイメージしてみるといいでしょう。円は内側にいくにしたがってだんだんと小さくなり、三つの層に分かれてはいますが、心の意識全体としてはつながっています。もっとも外側の層は批判的、分析的な理性の源である意識的な心に代表されます。第二の層は潜在意識であり、最初は催眠によってその貯蔵場所に入ることになりますが、そこにはこの生や以前の生で起こったすべての記憶が蓄えられています。第三のもっとも奥深くにある核が、一般的に超意識的な心と呼ばれているものです。このレベルでは自己の最高の中心が明らかになり、私たちはより高い力の表現にほかならないことが分かってきます。

超意識には私たちの真のアイデンティティが宿っていますが、過去世の人間の身体の中でかたちづくられた多くの変性自我の記憶を収めた潜在意識が、それをさらに豊かなものにしています。超意識は階層構造《レベル》を成すのではなく、魂そのものなのかもしれません。超意識的な心は私たちの知恵と洞察の最高の中心となるもので、死後の世界についての情報はすべてこの知性的なエネルギーの源からやってきます。

真実を解明するために催眠はどれだけ有効なのでしょうか。

催眠下にある人たちは夢や幻覚を見ているのではありません。私たちは整然とした時間の流れに沿った夢は見ませんし、暗示によるトランス状態の中で幻覚を見ることもありません。被験者がトランス状態に入ると、彼らの脳波は目覚めた状態のベータ波よりもゆるやかになり、瞑想的なアルファ波のステージを通りすぎて、シータ波の多様な領域レベルに入っていきます。シータ波とは催眠にほかならず、睡眠とは違います。睡眠中は最終的なデルタ波の状態に入り、脳からのメッセージは意識下に落ちて、夢の中で流れ続けているのです。しかしシータ波のときは意識的な心は無意識になっていないので、すべての記憶のチャンネルを開きながら、同時に催眠家であるセラピストとも会話をすることができるのです。

催眠に入ると無意識の心の中を具体的に観察し、自分が見た場面や聞いた会話をセラピストに報告することができます。質問に答えるときには、被験者は嘘をつくことができません。無意識の心の中で見たものを間違って解釈することはありますが、これは意識的な状態でも同じことです。催眠中は自分がその真実を疑っているものとかかわることは難しいのです。

一部の催眠現象を批判する人たちは、トランス状態にある被験者は催眠家が暗示した理論的な枠組みに合わせるために、記憶をでっち上げたり反応を偏らせたりすると考えています。私はこの一般論が間違った仮定であることを知りました。

私は被験者がもたらす情報を、毎回、まるで初めて聞くかのような態度で聞きます。仮にたとえ被験者が催眠家の暗示に逆らってスピリチュアルな世界に関する幻想を抱いたとしても、または日頃の死後の世界のイメージに影響された連想をしたとしても、そういった応答はたちまちほかのケースの報告と矛盾したものになってしまうでしょう。私は研究の初期の段階から、批判的な立場に立って検証することの大切さを認識してきましたが、被験者が私を喜ばせるために自分の霊的な体験を歪曲《わいきょく》しているという証拠は一つも見つかりませんでした。実のところ催眠下の被験者は、私が彼らの言ったことを間違って解釈しそうになると、すぐにそれを訂正したのです。

扱う事例が増えるにつれ、試行錯誤を繰り返しながらも、スピリットの世界についての質問には尋ねるべき正しい順序があることが分かってきました。

超意識状態にある被験者は、スピリット世界における魂の生活実態について、自分から進んで情報をもたらしてくれる状態にはありません。特定の扉を開けるには、特定の鍵を使わなければならないのです。最終的に私はセッション中の「どの時点でどの扉を開けるべきか」を知るようになり、スピリット世界の異なる領域の記憶にアクセスするための信頼できる手法を会得することができました。

セッションに自信がもてるようになると、多くの人たちが、私が死後の世界に違和感をもっていないことに気がつくようになり、私にならそれを話してもよい――と感じるようになったのです。私が扱った事例では、被験者の男性や女性には宗教に非常に熱心な人たちもいましたし、特定の信仰をまったくもたない人たちもいました。大部分の人は中間のどこかにあって、それぞれに違った人生哲学をもっていました。

研究が進むにつれて驚きを禁じえなかったのは、一度魂の状態にまで後退した被験者たちは、いずれもスピリットの世界に関する質問に驚くほど一貫した応答を示すことでした。スピリット世界での魂の生活について話すときには、特定の同じ言葉を使って、特定の視覚的な描写をすることも少なくありませんでした。

しかし、多くの被験者に経験の均質性が見られても、私は被験者たちの表現の違いを検証し続けてきました、スピリット世界における魂のさまざまな活動の意味を探究し続けました。個々の被験者の報告には多少の違いが見られましたが、これは被験者たちのスピリットの世界に対する見方が基本的に違っているというよりも、魂の発達レベルの違いに起因するものでした。

研究は遅々として進まなかったのですが、だんだんと私の扱ったケースも増えてきて、最後には魂が集う永遠なる世界の現実的なモデルを構築することができました。歴史的に知られたスピリット世界のイメージの中に、現世に生きる人々の魂に宿る普遍的な真理の反映を見いだすことができたのです。これほど多くのタイプの異なった人たちが同じ感じ方をしていることから、彼らの言っていることは信じるに足るものだという印象がいっそう深まりました。私は宗教的な人間ではありませんが、私たちが死後に赴く場所には秩序と方向づけがあるということが分かってきて、この世とあの世を統合する大いなるシステムに畏敬の念さえ覚えるようになったのです。

自分の発見を公表する最適な方法は何だろうと考えたとき、読者が、被験者が語る死後の世界の回想を正当に評価するためには、ケーススタディの手法がもっとも正確な情報を提供できると思いました。

私がここに選んだ事例はいずれも、私自身と被験者の会話の記録です。それぞれの会話はセッション中に録音されたテープから起こされたものです。この本は私の被験者たちの過去世を扱うものではなく、それらの生の後に過ごしたスピリット世界での経験について記述したものです。

非物質的な存在としての魂をイメージすることが難しい読者には、魂の見かけやその働きを説明する事例を集めた最初の何章かを、よく読んでみることをお勧めします。それぞれの事例はページ数に制限があることや、読者が魂の活動を明快に理解できるよう、いくらかの要約がなされています。各章は魂がスピリット世界の内外でたどる通常の進歩の道筋に沿って構成され、またその他のスピリチュアルな世界に関連した知識も含まれています。

死の瞬間から次の転生へと向かう旅の全貌は、十年間にわたるセッションの積み重ねから浮かび上がってきました。最初に驚かされたのは、スピリット世界における魂の活動の一部を思い出すとき、最近のものよりもむしろはるか昔の記憶を、よりはっきりと覚えている人たちに出会ったことでした。ですが、何らかの理由から、この本に取り上げた被験者の中には、スピリット世界の魂の活動を最初から最後まで順を追って逐一思い出すことができた人は一人もいませんでした。被験者はスピリットの生活のある局面をきわめて鮮明に思い出しますが、他の経験については漠然としか覚えていないのです。

最終的に、ここには二十九の事例を挙げましたが、それだけでは私がスピリットの世界について集めたすべての情報を読者に伝えることはできないでしょう。そのために、主として取り上げた二十九の事例以外にも、もっと多くの事例からの抜粋を各章に散りばめています。

いくつかのケースでは、被験者への質問の仕方が強引すぎると感じる読者もいることでしょう。催眠では、被験者を一定の道筋にのせておくことが必要になります。霊的な領域に働きかけているときには、過去世退行よりもいっそう多くのことがセラピストに求められるのです。

トランス状態にある被験者は興味のある光景を目にすると、そちらの方向に流されてしまう傾向があります。しばしば昔の魂の経験を楽しみたいために、私に話しかけられることや、見ている光景を報告することを嫌がったものでした。できるだけ穏やかなやり方で進め、あまり類型化しないように心がけましたが、セッションはふつう一回しか行わず、たいてい三時間は続くので、結果的に広い範囲がカバーされることになりました。特に遠くからやってきた人が、また再び来ることができるかどうか分かりませんから。

セッションが終わった後で、被験者の顔に浮かぶ驚きの表情を見ることは、私にとって報われる経験でした。自分の不滅性を実際に目の当たりにする機会をもった人には、新たな自己理解の深みと力強さが表われてくるのです。被験者を目覚めさせる前に、私はよく適切な後催眠記憶を植えつけました。スピリット世界での魂の活動や、多くの転生の歴史を意識的に思い出すことができるようになって、彼らは以前よりも強い方向感覚と生きるためのエネルギーを得ることができたのです。

最後に、これから読むことは読者のこれまでの死生観にとってショッキングなものかもしれません。ここに示されている内容は、読者の哲学や宗教の信念に反するものかもしれません。あるいは、自分がこれまで考えてきたことに支持を見いだす読者もいることでしょう。また、その他の人たちにとっては、これらの事例に示された情報は、いずれもSFと大差のない主観的な物語のようにしか見えないかもしれません。あなたがどのような信念をもっているにせよ、私の被験者が死後の生について語ったことが正しいと仮定したうえで、それが人類にどのような恩恵をもたらすのか――ということを考えていただければ幸いです。

〈目次〉

第一章　死と別れ

ケース1

被験者　何てことだ！　私は本当は死んでいなかったんだ……いや、死んでいるのか？　つまり肉体は死んだけれど……何しろそれが下に見えるから……私は浮かんでいる……上から見下ろすと病院のベッドの上に自分の身体が横たわっているのが見える。誰もが私は死んだと考えているが、そんなことはない。大きな声で言ってやりたい。「私は死んでいないぞ！」って。信じられないことだ……看護師たちが顔にシーツをかけた……知っている人たちが泣いている。私は死んだはずなんだが、それでもまだ生きている！　奇妙な感じだ。身体は完全に死んでいるのに、自分はその上で動き回っている。私は生きているんだ！

これは深い催眠状態の中で、自分の死の体験を思い出した男性の言葉です。肉体から離れたばかりの魂とはどのようなものなのかを、見て感じた彼の言葉は短く爆発的な興奮と驚きに満ちています。この男性は私の被験者で、居心地のよい安楽いすに横たわり、私のアシストで前世の死の光景を追体験していました。先ほどまで私の暗示に従ってトランス状態に導かれ、年齢退行によって幼児期の記憶にまでさかのぼったところでした。彼の潜在意識的な知覚は徐々にまとまりながら、母親の子宮の中へと戻っていきました。

次に私は、自身をすっぽり包む保護の皮膜をイメージさせ、時間の暗い霧を超えて、さらにその先へとさかのぼる準備をさせました。この重要な心的条件づけのステップが終わると、タイムトンネルのイメージによって被験者を前回のこの世の生にまで戻らせました。彼は一九一八年のインフルエンザの大流行によって短い一生を終えたのです。

自分が死んだ光景を目撃し、魂が肉体から抜け出すのを感じる当初のショックが少し収まってくると、被験者は心の中の視覚的なイメージをもっと落ち着いて見ることができるようになりました。まだ彼の心の意識的、批判的な部分がいくらか機能しているために、自分が昔の体験を追体験しているにすぎないことに気がついていました。普通よりもやや長く時間がかかったのは、この被験者がまだ魂としては若く、他の多くの被験者のように誕生、死、再誕生のサイクルにあまり慣れていないからでした。

しかし、しばらくしてもっと落ち着いてくると、私の質問にしっかりと答えることができるようになりました。私はこの被験者の潜在意識的な催眠レベルを手早く超意識の状態へと導いていきました。こうしてスピリットの世界について話すことができるようになったので、私は彼に何が起こっているのかを尋ねました。

被験者　ええ、上へと昇っていきます……まだ浮かんでいます……振り返って身体を見ました。まるで映画を見ているようですが、自分がその中にいます！　医者が私の妻と娘を慰めています。妻が泣いています（被験者は苦悶するようにいすの中で身体をくねらせた）。私は妻の心の中に入ろうとしています……自分は大丈夫だから……と伝えるために。彼女はひどく悲しみに沈んでいるので知らせることができません。苦しみが終わったことを伝えたいのです……肉体から自由になったことを……もう苦しむ必要はない……と。それを知らせたいのです。だから彼女が私に気づくのを待っています。でも彼女は……私の言うことを聞きません。あっ、今私は立ち去ろうとしています……。

こうしていくつかの暗示に導かれて、被験者はさらに深くスピリットの世界へと進んでいくプロセスに入っていきました。それは安全な私のオフィスの環境の中で、他の多くの人たちも旅をした道でした。一般的に超意識状態の記憶が広がっていくと、催眠下の被験者は、もっと深く霊的な通路とつながりをもつようになります。セッションが進んでいくと、被験者は印象をもっと容易に言葉に表すことができるようになります。些細な描写の言葉がスピリットの世界に戻る旅の詳細な説明へとつながっていくのです。

世の中には多くの文献があり、中には医療関係者の観察もあって、そこには事故で重傷を負った人が臨死状態になり幽体離脱体験をしたことなどが書かれています。これらの人たちは医学的な努力によってあの世から呼び戻されるまで、臨床的には死んだものとみなされていました。特に肉体が死につつあるような、生命が脅かされる状況では、魂は容易に宿主の身体から出たり入ったりすることができるのです。肉体のまわりを浮遊した経験が語られ、特に病院などで医者たちが彼らに救命措置を施すのを眺めていたりします。この世に戻ってくるとこのような記憶は薄れていきます。

❖臨死体験と過去世の死の描写は一致する

催眠で過去世へと退行する初期のステージで、被験者が精神的に通過する過去の死の描写は、実際にこの生で何分間かの臨死体験をもった人たちが報告している内容と一致します。この二つのグループの人たちの違いは、催眠下の被験者は単に仮死状態の経験を思い出しているのではないということです。深いトランス状態にある人たちは、最終的に肉体が死んだ後の状態まで説明することができます。

一時的な肉体の損傷の結果として幽体離脱体験をしたと報告する人たちがいる一方で、催眠下で過去世の死を回想する被験者たちもいるわけですが、両者における死後の回想の類似点とは何なのでしょうか。どちらも死んだ肉体のまわりを奇妙な感じで浮遊しているのに気づき、何か固いものに触れようとすると、たちまちそれが非物質化してしまいます。また双方とも生きている人たちに話しかけたのに答えてくれなかったのでがっかりしたと言っています。そしてどちらも自分が死んだ場所から引き離されるような感じがし、恐れよりもむしろ安らぎや好奇心を感じるようです。

いずれの人たちも解き放たれた喜びや、自分のまわりの明るさを報告しています。被験者の何人かは死の瞬間に白くまばゆい光が自分をすっぽり包んでいるのを見たり、遠くの暗い空間に明るい部分があって、それに引き込まれるような感じがした人たちもいました。これはよくトンネル効果として知られているもので、今では多くの人たちが知るところです。

「ケース2」は「ケース1」よりももっと深く死の体験の先へと入っていきます。被験者は六十代の男性ですが、一八六六年に幌馬車隊が先住民のカイオワ族による襲撃を受けて殺された、サリーという名の若い女性の立場から死の体験を語っています。

このケースや最初の事例ではもっとも近い過去世での死の体験が語られていますが、歴史上の死亡日時が現在に近いか遠いかは実質的に関係ありません。スピリットの世界を視覚的に思い出したり、何を学んだのかを振り返ったりするのに、大昔のことであれ最近のことであれ大した違いは見られませんでした。

またここで一つ言っておかなければならないのは、ほとんどの被験者はトランス状態では、幅広い過去世の年代や地理的な場所を特定する驚くべき能力をそなえているということです。国境や地名が今日のものとは違っていますが、人類初期の文明についても同じことがいえます。かつての名前、日付、場所がすべての過去世で簡単に思い出されるわけではありませんが、スピリットの世界に戻ってそこで経験される活動についての報告は、いつもきわめて鮮明なものです。

「ケース２」の場面はアメリカ南部の平原で、近距離から射られた矢がサリーの首に突き刺さった直後から始まります。私はいつも、過去世で暴力的なトラウマがかかわる死の場面には十分な注意を払うようにしています。というのも、潜在意識的な心がそれらの経験をいまだに覚えている場合が多いからです。このケースの被験者は長い間喉《のど》の不調を訴えてきました。このようなケースでは解除療法や脱プログラムが必要になることが多いのです。全般的に過去世回想で、私は死の瞬間はできるだけ穏やかな気持ちで振り返らせるようにし、痛みや感情を和らげるために、被験者を冷静な観察者の立場に立たせるようにしています。

ケース2

ニュートン　矢はとても痛いですか。

被験者　ええ……矢じりが喉を引き裂いたんです……私は死にかかっています（被験者は喉に手を当ててささやくような声で言う）。息が詰まります……血が流れています……ウィル（夫）が私を抱いています……痛い……怖い……今去ろうとしています……もう終わりです、どっちにしても。

注：魂は肉体が大きな苦しみの中で死を迎えようとしているときには、死に至る前に人間の宿主を去ることが多いようです。誰もこれをとがめることはできません。それでも魂は、死にゆく肉体のそばにとどまろうとす

るのです。苦しみを和らげるテクニックの後で、私はスピリットの記憶へと移行させるために、この被験者を潜在意識から超意識のレベルへと引き上げました。

ニュートン　さあ、いいですか、サリー。あなたは先住民に殺されたという事実を受け入れましたね。死の瞬間に何を感じたのか正確に説明してもらえますか。

被験者　まるで……力が……何かの力が……私を肉体から押し出したかのようでした。

ニュートン　押し出されたのですか、どこから？

被験者　頭のてっぺんから押し出されました。

ニュートン　何が押し出されたのですか。

被験者　もちろん、私ですよ！

ニュートン　その「私」が何なのか説明してもらえますか。頭の上から出ていったあなたは、どんな形をしているのですか。

被験者　（間があって）ちょうど……光の点のようで……輝いています……。

ニュートン　どんなふうに光を放っているのですか。

被験者　自分の……エネルギーからです。私は白っぽく透明に見えます……私の魂は……。

ニュートン　この光を放つエネルギーは肉体を離れた後も同じに見えますか。

被験者　（間があって）少し輝きが強くなりました……動き回っているので。

ニュートン　光を広げると、どんなふうに見えるでしょうか。

被験者　ぼんやりして……細長くて……たなびいています……。

ニュートン　肉体から抜け出すときの様子は、具体的にどんな感じでしょうか。

被験者　そうですね、まるで皮膚を脱ぎ捨てるような……バナナの皮をむくような感じです。一気にスルっと抜けたんです！

ニュートン　それは気持ちが悪いものですか。

被験者　いいえ！　痛みから解放されてとてもいい感じです。でも……私は……途方に暮れています……死ぬなんて思わなかったんです……。（被験者の声が悲しそうなものに変わってきましたが、私は彼女の注意を地面に横たわっている肉体に起こっていることではなく、もっと魂のほうに向けさせたかったのです）

ニュートン　分かりました、サリー。あなたの魂は今ちょっと行き場を失っているようですね。今あなたが経験している状況からすれば戸惑うのも当然です。でも私の質問をよく聞いて答えてください。あなたは浮かんでいると言いましたが、死んだ直後にも自由に動き回ることができるのですか。

被験者　奇妙なんですが……まるでこの空間とは違う空間に浮かんでいるみたいで……ここは限りがなくて……重力もなく……私には重みがありません。

ニュートン　まるで真空の中にいるような感じですか。

被験者　そうです……まわりには固いものは何もありません。ぶつかるものもないし……私は漂っています……。

ニュートン　自分の動きをコントロールすることができますか。どこに行こうとしているのですか。

被験者　ええ、いくらかコントロールすることができます……が、何かが……引っ張っています……白くまばゆい輝きのほうへ……とてもまぶしい！

ニュートン　その白さはどこも同じ明るさですか。

被験者　私から遠ざかるほど……もっと明るくて……私の身体に近いところは……白でもいくらか暗くて……灰色で……（泣き出す）……ああ私の身体が……まだ離れたくない。（被験者はまるで何かに抵抗するかのように後ろにのけぞろうとします）

ニュートン　大丈夫ですよサリー、私がここにいますからね。もっとリラックスして！　死の瞬間にあなたを頭のてっぺんから引っ張り出した力が、まだ引っ張っているのですか。それを止めることができないのか、答えてもらえますか。

被験者　（間があって）肉体から抜け出たら引っ張る力は弱くなりました。今はかすかに引く力が……私を肉体から引き離そうとしています……まだ行きたくないのです……が、何かが早く行くようにせきたてています……。

ニュートン　分かりましたサリー。でもあなたは今、自分でもいくらかコントロールできることが分かってきたのではないですか。このあなたを引っ張っているものを説明することができますか。

被験者　ある種の……磁石のような……力ですが……もう少しここにいたいんです……。

ニュートン　あなたの魂はこの引っ張る力にいつまでも抵抗することができるのですか。

被験者　（長い間があって、被験者は前世のサリーの心の中で葛藤しているようでした）ええ、できます、本気でここにいたかったら……。（被験者は泣き出す）ああ、あの先住民たちは私の身体に何てひどいことをしたんでしょう。私のきれいなブルーのドレスは血に染まっています……夫のウィルはまだ私を抱きかかえながら、仲間と一緒にカイオワ族と戦っています。

注：私は被験者のまわりの保護層のイメージをさらに強くしましたが、これはプロセスを穏やかに進める基盤と

してとても重要なものです。時間を幌馬車隊のライフルによって先住民たちが撃退された場面にまで進めた後も、サリーの魂はまだ肉体のまわりにとどまっていました。

ニュートン　サリー、襲撃が終わった今、あなたの夫はどうしていますか。

被験者　よかった……彼は怪我をしていません……でも……（悲しそうに）私の身体を抱いて……私に何か叫んでいます……彼にはもうどうすることもできないのですが、まだそのことに気がついていないようです。私は冷たくなっていますが、彼は手で私の顔をなでながら……私にキスしています。

ニュートン　あなたはこの瞬間に何をしているんですか。

被験者　私はウィルの頭の上にいます……彼を慰めようとして。私の愛が去ったのではないことを感じてほしいんです……永久に私を失ったのではなく、また会えることを知ってほしいんです。

ニュートン　あなたの気持ちは伝わりましたか。

被験者　とても悲しがっていますが、彼は……私のエッセンスを感じています……それなら分かるんです。仲間たちが彼のまわりに集まり……最後には私たちを引き離して……幌馬車を修理して出発したがっています。

ニュートン　今あなたの魂には何が起こっているのですか。

被験者　まだ引っ張る力に抵抗しています……ここにいたいんです。

ニュートン　どうしてですか。

被験者　それは、自分が死んだことは分かっていますが……まだウィルと別れることができないし……彼らが私の遺体を埋めるところを見たいのです。

ニュートン　今、自分のまわりに他の霊的な存在を見たり感じたりできますか。

被験者　（間があって）彼らは近くにいます……すぐに彼らと会えるでしょう……私がウィルに感じているのと同じような愛情を彼らからも感じます……彼らは私の準備ができるのを待っているんです。

ニュートン　時間はどんどん過ぎていきますが、ウィルを慰めることはできましたか。

被験者　彼の心の中に入ろうとしています。

ニュートン　それで、うまくいきましたか。

被験者　（間があって）きっと……少しだけ……彼は私のことを感じて……愛に……気がついたかもしれません……。

ニュートン　いいでしょうサリー。では時間をもう少し先まで進めましょう。幌馬車隊の仲間たちがどこかに墓を掘って、あなたの遺体を埋めるのが見えましたか。

被験者　（声がもっとしっかりしてきて）ええ、彼らは私を埋めてくれました。もう行かなければなりません……彼らが迎えに来たんです……私は動きだしました……もっと明るい光のほうへ……。

❖死んだばかりの人は、自分の死に打ちのめされていない

一部の人たちが信じているのとは違って、魂はいったん肉体が死んでしまうと、その後肉体がどうなるかにはほとんど関心をもたないことが多いのです。これは、魂が個人的な関係やこの世に残された人たちに冷淡だからではなく、肉体の死が決定的なものであることを受け入れるからです。そして一刻も早くすばらしいスピリットの世界へと入っていきたいのです。

しかし自分が死んだ場所に、この世の時間にして何日間か、たいていは葬式が終わるまでとどまりたがる

魂も少なくありません。時間はおそらく魂にとって加速しているらしく、この世の何日間かは彼らにとっては数分にすぎないようです。この世にとどまりたがる魂にもいろいろな動機があります。たとえば、殺されたり突然の事故で死んだ魂は、すぐに立ち去りたがらないことが多いようです。これらの魂は往々にして当惑したり怒ったりしていることが分かりました。魂が浮遊する状態は、特に若い人たちが死んだ場合に多いようです。

いきなり人間の身体から引き離されることは、たとえ長い病気の後であっても、平均的な魂にとっては衝撃的なことですから、魂が死の直後に立ち去るのをためらうことも十分に理解できます。また一般的に死後三日から五日ほど行われる葬式の行事は、魂にとっては象徴的な意味合いしかもっていません。スピリットの世界の感情は、私たちがこの世で経験する感情と同じではないので、魂は自分の肉体が埋葬されるのを特に見たいと思っているわけではないのです。ですが、後に残された家族や友人たちが、この世の自分の人生の思い出を大切にしてくれるのを魂が喜ぶことも事実です。

前のケースでも見たように、多くの魂が自分の肉体が死んだ場所をすぐに立ち去りたがらない一つの基本的な理由があります。それはスピリットの世界へと旅立っていく前に、愛する人たちに精神的に近づいて慰めたいという欲求に駆られるからです。死んだばかりの人は、自分の死に打ちのめされてはいません。なぜなら、この世に残された人たちとまたスピリットの世界で、たぶん来世でも再会できることを知っているからです。一方、葬式で嘆いている人たちは、自分が愛する人を永久に失ってしまったのだと感じていることが多いのです。

催眠の間、被験者は、ショックや悲しみのために受容的ではなくなっている親しい人々に触れることができなかった、自分の精神的なエネルギーを有効に使えなかったという失望感を思い出すことが多いようです。生きている人が自分の感情的なトラウマに圧倒されて、魂とコミュニケートする精神的な能力が失われてしまうこともあります。ほんの一瞬であれ、生きている人を慰めることができれば、今旅立ったばかりの魂は満足して直ちにこの世のアストラル界から離れていこうとします。

私は自分の人生で典型的な魂の慰めを経験しました。私の母が心臓発作で急死したときのことです。姉と私はすっかり悲しみに打ちひしがれて、葬儀の間ほとんど心が何も感じない状態になっていました。数時間後、私たちは配偶者と一緒に空っぽの母の家に戻って、しばらく休憩をとることにしました。

姉と私は同じ時刻に受容的なアルファ波の状態になっていたに違いありません。私たちは別々の部屋にいましたが、母は潜在意識の心を通じて、夢の中で見るようなぼんやりした白い姿となって、私たちの頭上に現れました。私たちが何か言おうとすると母はほほ笑んで、自分が死を受け入れて今は幸せであることを伝えました。そしてどこへともなく消えてしまったのです。ほんの数秒間でしたが、この出来事で気持ちに区切りがつき、私たちは二人とも深いデルタ波の眠りの中に落ちていったのです。

とりわけ葬儀の最中やその直後には、私たちは亡くなった愛する人の魂が自分たちを慰めているのを感じることができます。葬式の深い悲しみを乗り越えさせる霊的なコミュニケーションを得るには、たとえ短い時間であってもリラックスして心を空っぽにすることが大切です。このような瞬間なら超常的な体験にもっと心が開いて、愛、許し、希望といった肯定的なコミュニケーションを受け取ることができますし、愛する人が好ましい場所にいることを確認できるのです。

幼い子どもを連れた未亡人が、「困難な時期には、夫の魂が私たちを助けに来てくれました」と言ったら、私はそれを信じるでしょう。魂はこの世にいる人の心の深い部分をスピリットの世界と結びつけることで、彼らを手助けできると私の被験者たちは言っています。まさによく言われるように、この世に残った人たちが思い出しているかぎり、彼らは本当には逝っていないのです。

以下の章で、個人的な記憶は自分の魂の回想であり、また集合的な記憶はあらゆる魂の集合的な純粋なエネルギーの総体の一部だということが明らかになります。死によっても愛する人の不滅の魂とのつながりが断ち切られることはありませんが、それは彼らが限りある肉体の物質的な個体性を失ったにすぎないからです。どんな活動をしていても、旅立った魂は呼びかけられたらいつでも応えることができるのです。

❖死にゆく瞬間は、人生でもっとも霊的な気づきが容易な時期

ときどき迷える魂が、肉体が死んだ後もこの世を去らないことがあります。これは、未解決の問題が彼らの意識に深刻な影響を及ぼしているからです。こういった異常なケースではより高い慈しみをもった存在が、彼岸から彼らの適応のプロセスを助けるために手を差し伸べることでしょう。また私たちにも、迷える魂がこの世を去るのを手助けする方法があります。迷える魂に関しては第四章でさらに詳しく取り上げますが、本や映画に描かれる不気味な幽霊はあまりにも誇張されすぎています。

自分の死の準備をするにはどうしたらよいのでしょうか。私たちの人生は長いかもしれませんし短いかもしれません。健康的かもしれませんし病気がちかもしれません。が、いずれ誰もが自分にふさわしい方法で死とめぐり合うことになるのです。肉体の命が終わりかけると、私たちは誰でもより高い意識と融け合うことができるようになります。死にゆく瞬間は、私たちの人生の中でももっとも霊的な気づきが容易な時期であり、自分の魂が永遠の時間につながっているのを感じることができるのです。

死にゆく人のなかにはどうしても死を受け入れられない人もいますが、まわりで世話をしている人たちは、死が近づくと、ほとんどみな安らかな諦めの境地に入っていくと言っています。彼らは永遠の意識がも

たらす至高の知識にアクセスすることができるようになりますし、それはしばしば彼らの表情にも表れてくると信じています。彼らの多くは何か普遍的なものが自分たちを待っていること、それは好ましいものだということに気がつくのです。

こうして死にゆく人たちは、魂がそれまで宿っていた肉体から分離するという変容のプロセスを経験します。人々は死を「生命を失うこと」だと考えますが、実際にはその反対が真実です。私たちは死ぬときに肉体を失いますが、永遠なる生命エネルギーは神的な大霊の力へと融合するのです。死は暗闇ではなくて光なのです。

私の被験者たちは、前世での死の体験を思い出しているときに、地上に縛りつけられていた肉体から再び解き放たれる経験をした後、あの安らかな懐かしい場所に帰っていく魂の旅を早く始めたい――と感じたと言っています。

これから紹介するケースで、死後の生とはどのようなものなのかを見ていくことにしましょう。

第二章　スピリットの世界への入り口

何千年にもわたって、メソポタミアの人々は天国への入り口は、「魂の川」と呼ばれる天の川の大いなる架け橋の向こう端にあると信じてきました。人が死ぬと、魂は夜と昼の長さが同じになる秋分の日に、あの世への入り口である射手座が昇ってくるのを待たなければなりません。そして地上への転生は、双子座が夜空に昇る春分の時期にだけ起こったのです。

❖トンネル効果

私の被験者たちは、魂の転生は実際にはもっとはるかに容易だと言っています。この世を離れるときに経験するトンネル効果が、スピリットの世界への入り口となります。魂は肉体をすみやかに離れますが、その後にスピリットの世界に入るプロセスは注意深くゆっくりと行われるようです。のちに次の生でこの世に戻ってくるときには、そのプロセスはもっと素早いものになると被験者たちは言っています。

この世のどこにトンネルの入り口があるのかに関して、被験者たちはそれぞれに異なった報告をしています。何人かは、死んだ直後に肉体のすぐ上にそれが開いたと話しています。また地表をかなり離れたところからトンネルに入ったと言う人たちもいます。しかし、いずれの場合にも言えることは、この入り口に到達するまでの時間は、いったん魂がこの世を離れたなら、あっという間だということです。その霊的な位置関係を別の人物は次のように観察しています。

ケース3

ニュートン　今あなたは肉体を離れました。自分が死んだ場所からどんどん遠ざかっていく、地上界からどんどん遠ざかっていく光景を心に描いてください。自分が経験していることを報告してください。

被験者　最初は……地上に近いので……とてもまぶしいです……トンネルに入ると、少し暗くなってきました。

ニュートン　トンネルについて説明してください。

被験者　それは……中空の薄暗い通路で……向こう端には小さな丸い光が見えています。

ニュートン　分かりました。次にどうなりますか。

被験者　引かれているような……穏やかに引っ張られているような……このトンネルを通り抜けるしかないような感じがするので……そうします。だんだん明るくなってきました。明るい円がどんどん大きくなってきます。それはまるで……（ここで止まる）。

ニュートン　続けてください。

被験者　呼び招かれているような感じが……。

ニュートン　トンネル前方の向こう端の光の輪が、どんどん大きくなってくるのをイメージしながら、自分に何が起こっているのかを説明してください。

被験者　光の輪がどんどん大きくなってきて……あ、今トンネルから抜け出しました。ここは……ぼんやりした明るいところで……明るい霧の中にいるようです。それを通して見ているんです。

ニュートン　今トンネルを抜け出しましたが、はっきりとものが見えないということ以外に、何か印象に残ることはありますか。

被験者　（静かな声で）ここはとても……穏やかな……静かな空間で……たくさんのスピリットが集まるところです……。

ニュートン　魂であるあなたは、この瞬間に、その他の印象も感じますか。

被験者　思考です！　まわりじゅうに……思考のパワーが感じられます。私は……。

ニュートン　もっとリラックスして！　もっとスラスラと印象が出てくるようにして、自分に何が起こっているのかを正確に私に報告してください。どうぞ先を続けてください。

被験者　ええ、でも、言葉にするのが難しいんです。今感じるのは……愛情に満ちた考えや……人々の親しさ……共感……それらすべてをひっくるめて……期待のようなもの……まるでほかの人たちが……私を待っているかのような……。

ニュートン　安心感がありますか、それともちょっと不安が？

被験者　不安ではありません。トンネルにいたときは、もっと……混乱していました。今は安心して……思考がやってくるのを感じます……優しさや……守ってくれるような……。奇妙なんですが、私のまわりには自分は誰なのか、なぜここにいるのかといった理解があるように感じます。

ニュートン　周囲にそれをはっきりと示すものが見えますか。

被験者　（かすれた声で）いいえ、そう感じるんです。至るところに調和的な思考があるんです。

ニュートン　トンネルを出た直後に、まわりに雲のようなものがあると言いましたね。あなたは地球の上空の雲の中にいるのですか。

被験者　（間があって）いいえ、そうではなくて、この世の雲とは違う雲のようなものの中を浮かび漂っている感じです。

ニュートン　地面は見えますか。自分の下にありますか。

被験者　ええ、たぶん。でもトンネルに入ってしまったので見ていません。

ニュートン　今でも別の次元から地球に結びついているという感じがありますか。

被験者　それはあるかもしれません。私の心の中では地球は近いものに感じられるし……今でも地球とのつながりを感じていますが……自分が別の空間にいることも確かです。

ニュートン　現在の場所について、もっとほかに言えることはありますか。

被験者　まだいくらか……ぼんやりしています……が、そこから出ようとしています。

この被験者は死の体験後にトンネルを経て、どんどんスピリットの世界に引っ張られていきながら、肉体のない穏やかな精神状態にさらに適応していきました。初期のはっきりとしない状態が終わって、最初になされた報告には穏やかに招かれているような感覚が表現されていました。これは私の被験者に一般的に見られる感情です。

トンネルを通り抜けたときに、魂はスピリット世界へと通じる旅の最初の関門を通り抜けたことになります。大部分の人はここで、自分は本当に死んだのではなく、死によって足手まといになった地上の肉体を後にしたにすぎないことを完全に理解します。それぞれの魂によって程度の差はあるものの、この理解を境目に受容が訪れるのです。自分がいる場所を驚きの目で見つめている被験者もいれば、もっと具体的に自分が見たものを私に伝えてくれる人たちもいます。多くは彼らの受容性の成熟度と、当時の人生の体験によって決まってくるのです。もっともよく見られる反応は、「ああ、すばらしい！　この美しい場所にまた再び戻ってきたんだ！」という歓喜の声とともに安堵のため息も聞こえてきます。

❖肉体から抜け出た後に見る光景

高度に進歩した魂は肉体からあっという間に抜け出して、すみやかに自分の霊的な目的地へと戻っていくので、ここに詳しく説明されているようなことは目のかすみのようなものにしかすぎません。私が知るかぎりでは彼らは特別な人たちであって、明らかにこの世では少数派です。平均的な魂はそれほどすみやかに移動しませんし、中には大いにためらっている者もいます。死んだ肉体に何としてもしがみつこうとする、深く迷っている魂は別にしても、死の直後にこの世の状態にしがみつこうとするのは、いまだ多くの過去世を経験していない若い魂です。

私の被験者の大部分が報告しているのは、トンネルの向こう側に通り抜けたとしても、まだしばらくはもののごとがはっきりしてこないということです。これは神智論者たちが言う「カーマローカ」（欲望界）の密度によるのではないか、と私は考えています。次のケースでは、より分析的な被験者の視点からこの領域が描写されます。この人物の魂は、形、色、波動のレベルにかなり客観的な洞察を示しています。一般的に被験者がこういった視覚的・物質的な描写をするのは、彼らが周囲の環境になじんできて、もっと深くスピリットの世界に入ってからのことです。

注：「カーマローカ」（欲望界）の「密度」とは、密度が高いほど重くなり次元が低くなるということ。つまり欲望界でも密度が高ければ高いほど、物質的な欲望にとらわれていて次元が低いということです。逆に密度が低いほど、つまり希薄になるほど霊妙になっていき次元が高くなっていきます。さらに上の世界に近づいていくということでしょう。水は密度が高いと水や氷になり、密度が低くなると蒸発して雲や水蒸気になるという考え方と同じです。

ケース　4

ニュートン　トンネルを出てさらに先に進んでいったとき、まわりに見えるものをできるだけ詳しく説明してください。

被験者　あらゆるものが……層になっています。

ニュートン　どのような層ですか。

被験者　ええと、ある種の……ケーキみたいな。

ニュートン　ではケーキにたとえて、もう少し説明してもらえますか。

被験者　つまり、上が小さくて下が大きなケーキがあるでしょう。トンネルを通っているときはこんな感じではなかったのです。層が見えます……光のレベル……それは私にはちょうど……半透明の……階層になった……。

ニュートン　スピリットの世界は、ここからは硬いものからできているように見えるのですか。

被験者　今それを説明しようとしているんです。あなたは硬いものと言いましたが、そういったものではありません。それは層になっていて、光のそれぞれのレベルが一つに織り上げられていて……階層状の織物のようになっています。階級という意味の階層ではなくて、それらは互いに調和してバランスがとれています。でも、各層は厚みや色の屈折の点で違いがあります。またそれらは常に変動しています。いつもこの世から離れていくときにそれに気がつきます。

ニュートン　なぜそんなふうになっているのですか。

被験者　分かりません。私がつくったわけではないですから。

ニュートン　あなたの説明を聞いていると、スピリットの世界は上から下までそれぞれに色合いの違う層が積み重なっているように思えますが……。

被験者　そうです、そしてそれぞれの部分は丸い形をしています。その中を漂っていくと四方がカーブを描いているように見えるのです。

ニュートン　あなたが観察している場所から見て、それぞれの層の色合いの違いについて説明してもらえますか。

被験者　各層がそれぞれ固有の色からできていると言っているのではありません。すべては白のバリエーションなんです。私が行こうとしているところは、今までのところよりもっと明るくて……もっと輝いています。今私のまわりはぼんやりと白いのですが、トンネルにいたときよりはるかに明るいです。

ニュートン　これらのスピリットの層を漂っていくとき、あなたの魂は昇っているのでしょうか、降りているのでしょうか。

被験者　どちらでもありません。横切っているんです。

ニュートン　そうですか。ではこの時点で、スピリットの世界を横切っているとき、それは直線や角からできている平面的な次元のように見えますか。

被験者　（間があって）私には……それはほとんど均一な、非物質的なエネルギーからできていて、ただ明暗の色合いに差がある層に分かれているように見えます。今何かが……私を正しいレベルの行き先へと引っ張って、それからリラックスさせようとしています……。

ニュートン　どういうふうに？

被験者　音が聞こえます。

ニュートン　どんな音ですか。

被験者　それは……音楽のように……奏でられています……音楽的な調べで……風鈴のように……私の動きに合わせて振動し……とても安らかな感じです。

ニュートン　ほかの人たちは、この音は本質的に波動的なもので、音叉《おんさ》の音に共鳴するような感じだと言っています。この説明のとおりですか、それとも違いますか。

被験者　（うなずいて）そうです、まさにそんな感じです……ほかにも匂いや味の記憶もあります。

ニュートン　つまり肉体的な感覚は死後も残るということですか。

被験者　そうです、そういった記憶も……ここの音楽の旋律の波はとても美しくて……鐘や……弦楽器のような……とても安らかです。

多くのスピリットの世界の旅人が、とても安らかな音楽的波動について報告しています。死の直後から、ある種の音の感覚を感じているのです。何人かの被験者は肉体を離れた直後からブーンとうなるような音を聞いたと言っています。これは電話線のそばに立つと聞こえる音によく似ていて、魂が地球のアストラル界と思われるものから引き離される以前には、その大きさにも個人差があります。全身麻酔をかけられているときにこの音を聞いたという報告もあります。この単調なうなるような音はトンネルを抜けた向こうではもっと音楽的なものになります。この音楽は魂を活性化させるので、「宇宙的なエネルギー」というぴったりの名前で呼ばれてきました。

霊的な階層について語る被験者に関して、私は彼らがアストラル界を見ているのかもしれないと指摘しておきたいのです。形而上学の文献には、地球よりも上位の次元について多くのことが書かれています。古代インドのヴェーダ教典をはじめとして、のちの東洋の多くの文献の中でも、歴史的にアストラル界は物質的な、あるいは触知できる世界の上にあって、スピリチュアルな世界へと溶け込んでいく、幾重もの上昇する次元として語られてきました。これらの目に見えない領域は何千年にもわたって、瞑想的な体外での心による観察を通じて人々によって経験されてきました。またアストラル界は地球の重力による影響から遠ざかるほど密度が薄くなってゆくと説明されています。

次のケースは、トンネルを抜けた後も問題を抱えている魂の例です。この男性は一九〇二年にシカゴで心臓発作のために三十六歳で死にました。彼は幼い子どもたちと深く愛する妻の大家族を後に残しました。彼らはとても貧しかったのです。

ケース5

ニュートン　トンネルを抜けるとものがはっきりと見えてきませんか。

被験者　まだ抜けきっていません……まるで雲の中にいるみたいです。

ニュートン　それを完全に抜けきったところで何が見えるか教えてください。

被験者　（間があって）あっ……今抜けました……いやあ、ここは何て広いんだろう！　とても明るくてみずみずしくて、よい匂いさえする。今きれいな氷の城を見ています。

ニュートン　もっと話してください。

被験者　（驚いたように）何という巨大さだろう……まばゆく輝く水晶のようだ……自分のまわりで宝石が輝いている。

ニュートン　その水晶のようなものは透明な色をしていますか。

被験者　ええと、ほとんどは灰色か白です……でも、もっと先へ行くにつれてほかの色も見えてきます……まるでモザイクのように……すべてが輝いています。

ニュートン　その氷の城の中から遠くを見たときに、どこかに果てのようなものが見えますか。

被験者　いいえ、この空間には果てがなくて……広々として荘厳で……安らかです。

ニュートン　今何を感じていますか。

被験者　私は……完全には楽しめません……これ以上先へ行きたくありません……マギー（被験者の未亡人）……。

ニュートン　いまだにシカゴでの生活のことを心配しているようですが、それが原因でスピリットの世界をもっと先へ進んでいくことができないのですか。

被験者　（安楽いすから上体を起こして）よかった！　私のガイドがやってくるのが見えます。彼女は私に何が必要なのか知っているんです。

ニュートン　あなたとガイドとの間でどんなことが起こるのですか。

被験者　私は先に進めないと言いました……マギーや子どもたちが大丈夫かどうか確かめたいんです。

ニュートン　ガイドはどのように答えましたか。

被験者　彼女は私を慰めていますが、私の心には重荷がのしかかっています。

ニュートン　彼女に何と言ったのですか。

被験者　（叫ぶように）私は言ったんです。「なぜこんなことになってしまったんだ。どうしてこんな仕打ちをしてくれたんだ。私とマギーにあれほどつらく苦しい思いをさせておきながら、どうしてここで二人の人生の絆を断ち切ってしまったんだ！」

ニュートン　ガイドはどうしましたか。

被験者　私をなだめようとしています。私は一生懸命にやったのだし、彼らの人生はこれから思ったとおりの方向に進んでいくから……と言っています。

ニュートン　彼女の言うことを受け入れられますか。

被験者　（間があって）心の中に……情報がやってきます……この世の未来で……家族は私なしでも何とかやっていきます……私が死んだことを受け入れて……今の苦境を切り抜けて……そのうち私たちは再会するでしょう。

ニュートン　あなたはどんな感じをもちましたか。

被験者　安らぎを……感じます……（ため息をついて）……もう行くことができます。

❖懐かしいこの世のイメージ

「ケース5」の被験者がガイドに出会うことの意義について語る前に、この男性は最初のころスピリットの世界を氷の城のようなものとして見ていたことを指摘しておきます。さらにもっとスピリットの世界を進んでいくにつれて、この被験者は建物を見たり調度品のある部屋に入ったりします。催眠状態そのものがこのようなイメージをつくりだすことはありません。論理的には、こういった地球に特有の光景は、魂が肉体の死から移行してスピリットの世界に適応するためのものだと考えないかぎり、人々が非物質的な世界でこのような物質的な形を見ることの説明がつきません。これらの光景はそれぞれの魂にとって固有の意味をもっていますが、彼らが地球での体験に影響されているという点ではみな同じです。

魂がスピリットの世界で、自分がかつて暮らしたり訪れたりしたこの世の場所に関連した光景を見るとき、そこには理由があります。魂が、懐かしい我が家、学校、庭、山、海辺などを見るのは、慈しみ深い霊的な力が、私たちを懐かしい光景によって慰めるために天上的な幻影を見させているのです。私たちのこの惑星上での記憶が失われることはありません。人間の心の奥にあるスピリット世界のイメージがそうであるように、それらは永久に神秘的な夢のようなイメージとして、魂の心の中をそよ風のように吹き続けるのです。

被験者からスピリット世界での最初のイメージを聞かされるのは実に楽しいものです。長い不在の後、この憧れの場所に戻っていったときに、人々は花が咲き乱れる野原や、遠くにそびえる城の塔や、大空にかかった虹を見ます。被験者の描写にはそれぞれ違いはあるものの、スピリットの世界に戻っていく魂が、そこで最初に見るこの世によく似た光景は、どれほど多くの生を重ねても、それほど大きな違いはないようです。トランス状態にある被験者がさらに深くスピリットの世界に入っていって、そこでスピリットの活動の機能的な側面について語るときには、彼らのコメントはいっそう普遍的なものになります。

私が今紹介したケースでは、後に残されたソウルメイトのマギーに深い絆を感じている、居場所の定まらない魂の典型的な姿が描かれています。スピリットの世界の穏やかな影響力にもかかわらず、一部の魂が他の魂よりも長い間、つらく苦しい過去の否定的な重荷を背負い続けることは疑う余地がありません。人々は死後の魂が、例外なく全知全能になると考えがちです。これは適応の早さに差があることからして必ずしも真実ではありません。魂の適応の早さは、死の状況や、それぞれの魂が今終えた人生の思い出にどれだけ執着しているか、そして進歩のレベルなどによって違ってきます。

まだ若いうちに突然人生が終わった場合には、年齢退行のプロセスの中で怒りの声が聞かれることが多くあります。このような状況下でスピリットの世界に戻った魂は、ほとんど何の警告も受けずに愛する人たちと別れたために、しばしば当惑し混乱に陥るのです。彼らには死ぬ準備ができていなかったし、肉体を離れた直後には悲しみや喪失感を感じていたりします。

突然生が中断してしまったことで心残りがトラウマになっている魂が、死後最初に出会うのは彼らの「ガイド」であることが多いようです。彼らは高度に進歩した霊的な教師であり、早すぎた死から生じる魂の失望感の最初の矛先を受け止めることができます。「ケース5」では、被験者は自分のガイドに、残された家族の今後の行く末を見せてもらったことで、結果的にスピリットの世界に問題なく適応することができました。

しかしガイドは、スピリットの世界の入り口で不調和な思考を完全にぬぐい去ることに努めるわけではないことが分かりました。今生《こんじょう》のカルマのレッスンをより詳しく振り返るためには、もっと別の時間と場所が用意されているのですが、これについては後で触れることにします。「ケース5」では、被験者のガイドは地球の時間を加速し未来の光景を垣間見させて、この男性の妻や子どもたちの行く末に関する不安を解消させたので、彼は受容的になって旅を続けることができました。

死んだ直後の心の状態がどんなものであったにせよ、被験者たちはスピリット世界の驚異を再び見いだしたことに喜びを抑えきれません。特にこの感情はこの世のすべての心配を、とりわけ肉体的な苦痛を後にした幸福感と結びつきます。何よりもまずスピリットの世界は、戻ってきた魂にとってもっとも深い静穏さが支配する場所です。死の直後に孤独感を味わうことがあっても、私たちは孤立していませんし、やがて救いの手が差し伸べられるのです。目に見えない知性的なエネルギーが私たち一人ひとりを導きながら、門の奥へと連れていきます。

スピリットの世界に到着したばかりの魂が、自分はどこにいるのか、これから何が起こるのか——といったことを心配しながら漂っている暇はありません。ガイドやソウルメイトや友人たちが入り口付近で出迎えてくれて、魂はお互いと再会し愛情を交わし、自分たちが無事だったことを確認し合います。実際のところ、スピリットの世界に楽に適応するためには、帰還する魂を優しく出迎えるこれらの存在たちの影響が大きいので、私たちは死の直後から彼らの存在を感じることになるのです。

第三章　帰還

死の直後に出会う親しいスピリットの存在がそれほど重要であるとしたら、私たちは彼らをどうやって確認するのでしょうか。催眠下の被験者たちの報告を全体として振り返ってみると、スピリットの世界で魂はお互いをどのように確認し合うのかが分かってきます。

魂はエネルギーの塊《かたまり》として見えることもありますが、肉体をもたない魂は自分のエネルギーによって人間の姿を示すこともできます。魂は相手とコミュニケーションをとるときに、前世の姿を投影する能力を使うことが多いようです。投影される人間の姿かたちは、魂が自分の基本的なエネルギーを使ってかたちづくる無数のフォームの一つにすぎないのです。第六章では魂のアイデンティティが示す別の特徴――魂が放つ特定の色のオーラについて述べることにします。

被験者の大半が、スピリットの世界で最初に出会うのは自分のガイドだと報告しています。しかし、ある人生では死の直後にソウルメイトと出会うケースもあります。

ガイドとソウルメイトは同じではありません。かつての肉親や親友がこの世から戻ってくる魂を出迎えるとき、必ずしもその場に彼らのガイドが姿を現すとはかぎりません。しかしこういったケースでもガイドはどこか近いところにいて、再び戻ってきた魂を彼らなりのやり方で見守っています。

次のケースの魂はスピリット世界の門をくぐったばかりのところで、明らかに多くの過去世でごく親しい関係にあった進歩した存在と出会いました。このソウルメイトは被験者のガイドではありませんが、彼女を出迎えて愛情深く励ますためにそこに来たのでした。

ケース6

ニュートン　まわりに何が見えますか。

被験者　ちょうど……真っ白な砂の上を……浮かび漂っているような感じです。まわりじゅうで砂がうごめいていて……私はいろんな明るい色の布でできた大きなビーチパラソルの下にいます。パラソルのそれぞれの布はとても薄いのに、一つにまとまっています……。

ニュートン　誰かあなたに会いに来ている人がいますか。

被験者　（間があって）私は……自分一人だと思っていましたが……（しばらくためらったのち）遠くのほうに……あれは……光が……すごいスピードで私のほうに飛んできます……まあ、何てこと！

ニュートン　それは何ですか。

被験者　（興奮して）チャーリー叔父さんだわ！（大きな声で）チャーリー叔父さん、私ここよ！

ニュートン　なぜこの特定の人が最初にあなたに会いに来たのですか。

被験者　（何かにすっかり心を奪われているように）チャーリー叔父さん、ずいぶん長いこと会わなかったわね。

ニュートン　（同じ質問を繰り返す）

被験者 それは私が親戚の中では、彼のことをもっとも愛していたからです。彼は私が幼いときに亡くなりましたが、ずっと忘れることができなかったんです。（この被験者は直前の過去世でネブラスカの農園にいました）

ニュートン どうしてチャーリー叔父さんだと分かったんですか。あなたに分かるような外観をしているのですか。

被験者 （興奮して座ったまま身もだえしながら）そうよ、そうよ、すぐに彼だって分かったわ。陽気で、優しくて、面白くて、私と一番親しかったんですもの。（くすくすと笑う）

ニュートン 何がおかしいんですか。

被験者 チャーリー叔父さんは以前と同じように太っているんです。

ニュートン 彼はその次に何をしましたか。

被験者 ほほ笑みながら両手を私のほうに差し出しました……。

ニュートン つまり、彼には両手も含めた身体があるということですか。

被験者 （笑う）そうね、あるともないとも言えないわ。私が漂っているのと同じように彼も漂っているんです。つまり……私の心の中では……彼は自分の全身を私に見せているんですが……私が今意識しているのが……こちらに差し出されている彼の両手だということです。

ニュートン どうして彼ははっきりとしたかたちで、両手をあなたのほうに差し出しているのですか。

被験者 （間があって）それは……私を慰めて……もっと光の中へ……導いていくためです。

ニュートン あなたはどうしましたか。

被験者 彼と一緒に行きながら、私たちは農園の干し草の上で一緒に遊んだ楽しかったころのことを思い出していています。

ニュートン　彼がこういったすべてをあなたの心の中に見せているので、彼が誰なのか分かるということですか。

被験者　そうです……私は前の生で彼を知っていましたから……彼のことが怖くないんです。彼は、私がまだ死から完全には立ち直っていないことを知っています。（被験者は交通事故で急死しました）

ニュートン　ということは、死の直後には、これまで他の生でどれほど多くの死を体験してきたとしても、再びスピリットの世界に慣れるまでに少し恐怖心が残ることがあるということですか。

被験者　恐怖心とは違います。そうではなくて、まだ事情がよく呑み込めていないと言ったほうがいいでしょう。それはそのときどきで違います。交通事故はまったく予想していなかったんです。私はまだ少し混乱しているんです。

ニュートン　分かりました。もう少し先へ進みましょう。今チャーリー叔父さんは何をしていますか。

被験者　私を連れて……私が行かなければならない場所へと……行こうとしています……。

ニュートン　三つ数えたら、そこへ行きます。一つ、二つ、三つ！　何が起こっているのか教えてください。

被験者　（かなり間があってから）ここには……まわりには他の人たちがいて……彼らはとても……優しくて……私が近づいていくと……たぶん仲間として迎えてくれようとしているんでしょう……。

ニュートン　もっと近づいていってください。彼らがあなたのことを待っているという感じがしますか。

被験者　（気がついて）そうよ！　確かに、彼らとは以前にも会ったことがあるわ……（間があって）……待って、行かないで！

ニュートン　今度はどうしましたか。

被験者　（ひどく動揺して）チャーリー叔父さんが行ってしまうわ。なぜ彼は行ってしまうんでしょう。

ニュートン　（私はいったん対話をやめて、こういった状況でいつも使うことにしている、被験者を落ち着かせるためのテクニックを用いたのち、セッションを再開しました）自分の心の中を探ってみてください。なぜここでチャーリー叔父さんが行ってしまうのか分かるかもしれませんよ。

被験者　（前よりも落ち着いていますが、少し残念そうに）ええ……彼は私とは違う……別の場所に属しています……私に会いに来たのは……ここに連れてくるためだったんです。

ニュートン　なるほど、そういうことでしたか。チャーリー叔父さんの仕事は、死んだ後のあなたに最初に会って、あなたの無事を見届けることだったのですね。あなたにお聞きしたいのですが、前よりも気分が良くなって、もっと落ち着いてきましたか。

被験者　ええ、もう大丈夫です。だから、チャーリー叔父さんは私を他の人たちに任せて行ってしまったんです。

❖親しい存在が出迎えに来てくれる

スピリット世界の現象で興味深いのは、人生で重要な位置を占めていた人たちが必ず出迎えに来てくれるということです。たとえ彼らがすでに別の肉体に転生して別の人生を送っていたとしても、それが可能だということです。これについては第六章で説明することにしましょう。また第十章では、自分のエッセンスを分割して、同時に二つ以上のこの世の肉体に宿ることができる魂の能力について検証します。

通例、魂がスピリット世界に戻る旅のこの時点で、この世から持ち越した物質的・心理的な重荷が二つの理由から軽減されます。第一に、スピリットの世界には注意深く管理された秩序と調和がみなぎっているので、肉体に転生する以前に知っていたかつての状態を思い出すことができます。第二に、この世で先に亡くなって二度と会えないと思っていた人たちに再び出会えることが、計り知れないほど好ましい影響を与えるのです。ここでもう一つの似たようなケースを見てみましょう。

ケース7

ニュートン　あなたはスピリット世界の周囲の状況にだんだんとなじんできましたが、この場所が自分にどのような影響を与えているのか説明してもらえますか。

被験者　ここはとても……暖かくて穏やかだわ。この世から去ることができてとてもほっとしています。いつもここに戻りたかったんです。何の緊張も、心配もなくて、いつも幸せな気持ちでいられるから。私はふわふわと浮かび漂っています……何てすばらしいんでしょう……。

ニュートン　そのまま漂いながらスピリット世界の通路を進んでいくと、何かほかに強い印象を感じるものがありますか。

被験者　（間があって）親しさです。

ニュートン　何に親しさを感じるのですか。

被験者　（少しためらってから）そうですね……人々……友人たちが……ここにいるからでしょう、たぶん。

ニュートン　その人たちはこの世でもよく知っていた人たちですか。

被験者　彼らは……その感じからすると……よく知っていた人たちのようですね……。

ニュートン　いいでしょう。もっと先に進んでください。今度は何が見えますか。

被験者　光です……やわらかな……ぼんやりとした……。

ニュートン　そのまま進んでいっても、その光は同じように見えますか。

被験者　いいえ、だんだんと大きくなって……エネルギーの塊になって……あれは人々です！

ニュートン　あなたがそちらに向かっているんですか、それとも彼らがあなたのほうに近づいてくるんですか。

被験者　私たちは漂いながらお互いに近づいていますが、私のほうが彼らよりもゆっくりです……どうやって動いたらいいのかまだよく分からないので……。

ニュートン　リラックスしてそのまま漂いながら、見えるものすべてを報告してください。

被験者　（間があって）今半分だけの人間の姿が見えます……腰から上だけです。全体的に透明で……向こうが透けて見えます。

ニュートン　その人の姿はもっと細かいところまで見えますか。

被験者　（不安そうに）目です！

ニュートン　目しか見えないのですか。

被験者　……かすかに口が見えますが……ほんのかすかです。（びっくりしたように）今、私のまわりじゅうにたくさん目があって……近づいてきます……。

ニュートン　みな二つの目をもっているのですか。

被験者　そうです。

ニュートン　それは白目や瞳がある、人間の目のように見えるのですか。

被験者　いいえ……違います……それは……大きな……黒いボールのようで……光を放ち……私に向かって

……思考を……（思い当たったように）まあ！

ニュートン　続けてください。

被験者　彼らのことが分かってきました……私の心にイメージを送ってくるんです。彼らが誰であるかというイメージを……形が変わってきて……人間になりました！

ニュートン　人間の肉体のように見えますか。

被験者　ええ。まあ……見て！　彼だわ！

ニュートン　何が見えますか。

被験者　（笑い泣きしながら）あれはきっと……そうよ、ラリーだわ……一番前にいるのは……最初に見えたのは彼だわ……ラリー、ラリー！

ニュートン　（被験者がもう少し落ち着くのを待ってから）ラリーの魂が他の知っている人たちの前にいるのですね。

被験者　ええ、今まで会いたくてたまらなかった人たちが前のほうにいるんです……他の友人たちもその後ろにいます。

ニュートン　彼らはみなはっきりと見えますか。

被験者　いいえ、後ろのほうにいる人たちは……ぼんやりと……遠くて……でも、彼らがいることは感じられます。ラリーは一番前にいて……私に近づいてきて……ラリー！

ニュートン　ラリーはさっき言っていた前世のあなたの夫ですね。

被験者　（顔を赤らめて）ええ……私たちはとてもすばらしい人生を過ごしたんです……グンターはとてもたくましくて……彼の家族はみな私たちの結婚に反対したんです。ジャンはマルセイユでひどい暮らしをしていた私を助けるために、海軍を脱走しました……いつも私のことを……。

この被験者はあまりにも興奮したので、いくつもの過去世が入り混じってしまいました。ラリー、グンター、ジャンはみなかつての夫たちでしたが、同じ一人のソウルメイトでした。幸いなことに、このスピリットの世界でお互いと再会する場面の前に、それらの人たちが登場するセッションをやっていました。ラリーは一つ前の生のアメリカ人の夫、ジャンは十九世紀のフランス人の水兵、グンターは十八世紀のドイツ貴族の息子でした。

ニュートン　あなたたち二人は今何をしていますか。
被験者　抱き合っています。
ニュートン　他の人たちが、今抱き合っているあなたたちを見たら、どんなふうに見えるでしょうか。
被験者　（返事がありません）
ニュートン　（被験者は自分のソウルメイトとの再会にすっかり心を奪われていて、涙をこぼしていました。私は少し待ってから、また尋ねました）あなたとラリーはまわりで見守っている人たちにはどんなふうに見えるのでしょうか。
被験者　彼らにはたぶん……二つの明るい光の塊が、お互いのまわりをくるくると回っているように見えるでしょう……。（被験者が落ち着いてきたので、私はティッシュで彼女の涙をふいてあげました）
ニュートン　それは何を意味しているのですか。
被験者　私たちは抱き合って……愛を表現し……結びついて……二人で幸せになって……。

ニュートン　ソウルメイトと出会った後、次に何が起こりますか。

被験者　（安楽いすのひじ掛けをしっかりとつかんで）まあ、みんなここにいるわ……さっきはただ感じるだけだったのに。みんなが私のまわりに集まってきました。

ニュートン　それはあなたの夫がそばに来た後のことですね。

被験者　ええ……お母さん！　彼女が私のほうにやってきます……長いこと会っていなかったの……まあ、母さん……。（被験者はまた泣き始めました）

ニュートン　分かりました……。

被験者　お願い、今は何も聞かないで……しばらく二人だけにしておいて……。（被験者は前の生の母親と静かに話をしているようでした）

ニュートン　（二分ほど待った後）さて、あなたがこの出会いを楽しんでいるのは分かりますが、よかったら何が起こっているのか話してもらえますか。

被験者　（かすかな声で）私たちは互いを……相手と抱き合っています……また彼女と出会えてとてもうれしい……。

ニュートン　身体がないのにどうして互いに抱き合うことができるのですか。

被験者　（私にあきれたように）もちろん、光でお互いを包み込むんですよ。

ニュートン　それは魂にとってどんな感じなんでしょう。

被験者　愛の明るい光の布に包み込まれているような感じです。

ニュートン　分かりました、では――。

被験者　（かん高い声で相手を確認するように）ティム！……私の兄弟です……まだ小さいときに死んだ弟で

す（彼女の前世で溺死したのです）。ここでまた彼に会えるなんてとてもうれしいわ。（被験者は手を振って）あそこに一番の仲良しだったウィルマがいるわ。隣の家の子なの。一緒に彼女の家の屋根裏部屋に座って男の子たちのうわさ話をしたものだわ。

ニュートン　（被験者から叔母や他の何人かの友人のことを聞いた後で）これだけ多くの人たちがあなたに会いにきている理由はいったい何だと思いますか。

被験者　（間があって）なぜって、私たちがお互いにとってかけがえのない人だからでしょう、どうして？

ニュートン　いくつもの生で一緒に暮らした人もいますし、一度か二度しか暮らしたことのない人もいますね。

被験者　ええ……夫とはいつも一緒にいました。

ニュートン　まわりのどこかに自分のガイドが見えますか。

被験者　彼はここにいます。私の横に浮かんでいるのが見えます。彼は私の友人たちも知っています。

ニュートン　どうしてガイドを「彼」と呼ぶのですか。

被験者　私たちは自分を望んだ姿に見せるのです。彼はいつも私に男性的な側面からかかわってきます。それはまったく自然で当たり前のことです。

ニュートン　彼はあなたを多くの人生で見守ってきたのですか。

被験者　ええ、もちろん、そして死んだ後もね……。ここでも彼はいつも私を見守っています。

❖死後の歓迎の宴

私たちがスピリットの世界に入ったときから、すでにこの歓迎式のための準備が進められています。このケースは、スピリットの世界に戻った若い魂にとって、出迎えてくれる親しい人たちがどれほど励ましになるかを明らかにしています。

死後の歓迎の宴で待っている人たちの数は、それぞれの生によっても違うようです。個々の魂に特有の必要によって、この出会いのパターンは異なってきますが、自分と霊的に親しい人たちなら、私たちが到着したことをすぐに知ることができます。またどこで会えるのかも分かっていて、こういったことはけっして行き当たりばったりになされるのではないことが明らかになりました。

多くの場合、私たちがスピリット世界の入り口を通り抜けるとき、自分にとって大切な存在が、その場に立ち会っている他の人たちよりも少し前に出て待っていてくれます。迎えに出る人たちの数はそれぞれの生によって違うだけでなく、霊的な慰めが必要でなくなる進歩した魂の場合には劇的に少なくなって、まったくいないことさえあります。この章の最後に取り上げる「ケース9」は、そのような帰還のパターンの典型的な例といってよいでしょう。

「ケース6」と「ケース7」は、スピリット世界に戻ってきた魂が、他の親しかった魂たちと出会う三つのパターンのうちの一つです。いずれの場合も魂は死の直後に重要な存在と出会いますが、彼らの背後にはそれほど重要ではない他の者たちが控えています。「ケース7」の被験者は、「ケース6」の場合よりも、もっと簡単に人々を認識しました。死の直後に集まっているこれらの魂に出会ったとき、私たちはそれが過去世での配偶者、両親、祖父母、兄弟や姉妹、叔父や叔母、いとこ、親友たちであることを知るのです。私はスピリットの世界に帰還した時点で、被験者たちが強い感情をともなった経験をする場面を目撃しています。

スピリットの世界へ帰還する旅での魂と魂の感動的な出会いは、最終的に私たちが自分と同じ成熟度の魂たちのグループに分類される、その前奏曲にすぎません。このグループの仲間たちとの出会いは超意識的な回想状態にある被験者たちに、新たな感情的な高揚感をもたらします。このグループがどのようにかたちづくられるのか、グループ外の存在とはどのようにかかわるのか、といったスピリット世界の全体的な構造に関しては後の章で説明することにします。

この章では、出迎えにきた存在たちが、私たちがスピリット世界で所属する学習グループの一員ではないかもしれないことに留意するだけでいいでしょう。これは人生で自分に近しい関係にある人たちが、すべて同じ発達レベルにあるわけではないためです。愛情と慈しみゆえに死の直後に私たちに会いにくる人たちのすべてが、必ずしもこの旅で最終的に行き着くスピリット世界の学習グループの一員であるとはかぎらないのです。

たとえば「ケース6」では、明らかにチャーリー叔父さんは被験者よりも進歩した魂で、霊的なガイドの役割さえ果たしていたのかもしれません。チャーリー叔父さんにとって本来の役割の一つが、子どものときに急死する「ケース6」の被験者の心の支えになることであり、彼の責任が被験者が死んだ直後にまで及んでいることは明らかなようです。「ケース7」では、この重要な最初の出会いが、被験者と同じレベルの古くからのソウルメイトであるラリーとの間で起こりました。また「ケース7」で分かっているのは、被験者の霊的なガイドが彼女のかつての肉親や友人たちの中では目立つ存在ではなかったということです。しかし場面が進むにつれて、これらの出会いの背後でプロセス全体を演出しているのが、霊的なガイドであることが明らかになってきます。同様な例は他の多くのケースでも見られます。

死の直後に経験される第二のパターン、それは「ケース5」のように、見たところ近くには誰もいない状況の中で自分の霊的なガイドと静かな印象的な出会いをするという経験です。次の「ケース8」は、このような出会いのさらに典型的な例です。私たちが死の直後に経験する出会いのパターンは、私たちの性格的な特徴に応じて割りあてられた、霊的なガイドの個性の違いに深くかかわってくるようです。自分のガイドとの最初の出会いがどれほどの間続くのか、それぞれの生の状況によっても違うことが分かっています。「ケース８」は、霊的なガイドと非常に親しい関係にある被験者の例です。ガイドの名称はごくありふれたものもありますが、聞いたこともないような奇妙な名称も少なくありません。かつては古臭い宗教用語だった「守護天使《ガーディアンエンジェル》」という言葉が、現代では自分に共感を寄せるスピリットとして、象徴的な意味合いで使われているのは興味深いことです。正直な話、以前の私は、守護天使など単なる願望的思考であって、現代には似つかわしくない時代遅れの神話にすぎないと思っていました。現代人が守護天使の存在を信じることなどできないと思っていたのです。

私は魂に性別はないと何度も聞かされていますが、同時に被験者たちは、性別はけっして見過ごされるべきではない重要な要素だとも言っています。すべての魂は、自分を男性や女性の特徴をそなえた存在として表現することができ、また好んでそうすることが分かっています。「ケース６」と「ケース７」で明らかなのは、スピリット世界に帰還した魂にとって、性別をもつ昔なじみの「顔」がいかに大切であるかということです。それは次のケースでも同じです。「ケース８」を取り上げたもう一つの理由は、魂がスピリットの世界で他の存在に人間の姿を見せる理由とそのやり方が説明されているからです。

ケース８

ニュートン　今あなたは地球のアストラル界を離れて、どんどんスピリットの世界へと移動していきます。今どんな感じなのか教えてください。

被験者　静かで……安らかです……。

ニュートン　誰かあなたに会いに来ましたか。

被験者　ええ、私の友人のレイチェルです。彼女はいつも私が死ぬと出迎えに来てくれるんです。

ニュートン　レイチェルは他の生でもあなたと一緒だったソウルメイトですか、それとも常にこちら側にいる存在なんですか。

被験者　（いくらかムッとしたように）彼女はいつもこちら側にいるわけではありませんよ。それどころか、私が彼女を必要とするときには、たびたび私の心の中に来てくれます。彼女は私の守護者ですからね（自分の守護者であることを誇りにするかのように）。

注：ガイドのソウルメイトとしての側面や、その他の私たちを手助けする存在とはまた違った側面に関しては、第八章で検証することにします。

ニュートン　なぜこの存在を「彼女」と呼ぶのですか。スピリットに性別はなかったのではないですか。

被験者　それはそうです、基本的にはね。なぜなら私たちはどちらの性質をもつこともできますから。でもレイチェルは、見た目にも精神的な特徴でも自分を女性として表現したいんです。

ニュートン　スピリットとして存在するときも、男性か女性のどちらかの性別に固定しているのですか。

被験者　いいえ。魂の長い生の間には、どちらか一方の性別を選んでいる時期があるんです。長い目で見たら、男性であるときと女性であるときの比率は同じぐらいになります。

ニュートン　今レイチェルの魂はどのように見えるのか説明してもらえますか。

被験者　（穏やかに）若い女性です……もっとはっきり言うと……小柄で華奢な身体つきで……意志の強そう

な顔をし……知識が豊かで愛情深いといった感じですね。

ニュートン　では、この世でレイチェルを知っていたことがあるのですね。

被験者　（懐かしそうに）一度だけ……ずっと昔に……彼女は私の人生で親しい人でした。今は私の守護者なんです。

ニュートン　彼女を見たときにどんなふうに感じますか。

被験者　穏やかで……落ち着いて……愛情深く……。

ニュートン　レイチェルとあなたは人間のように目と目を見つめ合うんですか。

被験者　（ためらいながら）ある意味でね……でも、正確には違っています。私たちが目とみなすのは、実際にはその背後にある心ですが、この世で具体的に触れ合うのは目ですからね。もちろん、この世でも人間は同じことができますけれども……。

注：人間のソウルメイトの目にもさまざまなかたちで魂のアイデンティティの光が宿っていると、多くの被験者たちが言っています。私自身も、自分の人生で一度だけ――妻と初めて出会ったときに、この瞬間的な理解を経験したことがあります。そのインパクトは驚くべきもので、ちょっと恐れさえ感じるようなものでした。

ニュートン　たまにこの世で二人の人がお互いに目を合わせたときにも、以前から知っていたような気がすることがありますが、そんな感じですか。

被験者　そうです、それがデジャヴ（既視感）というものです。

ニュートン　スピリット世界のレイチェルの話に戻りましょう。もし守護者が自分の人間としての姿かたちを投影しなかったら、あなたは彼女のことが分からないのですか。

被験者　そんなことはありません。私たちは心を通じてお互いのことが分かりますよ。でも、このほうが気が利いているじゃないですか。ばかげているともいえますが、でもそれは……社会的な心遣いとでも言うか……おなじみの顔を見たほうが落ち着くんですよ。

ニュートン　では、この世を離れたばかりの再適応の時期に、過去世で知っていた人の姿かたちを見ることが望ましいということですか。

被験者　そうです。最初はまだいくらか戸惑いがありますから……寂しいし……混乱してもいるだろうし……帰ったばかりのときに、かつての知人たちの姿を見ればここに早く慣れることができるし、特にレイチェルの姿はいつ見ても大きな励ましになるんです。

ニュートン　レイチェルはあなたが死んだ後にいつも人間の姿で現れて、スピリットの世界にまた慣れるのを助けてくれるということですか。

被験者　（熱を込めて）そうです、そうです。彼女はその手助けをしてくれるんです！　私を安心させてくれるんです。もちろん、他の知っている人たちの姿を見ても気持ちは落ち着きますけどね……。

ニュートン　あなたはその人たちに話しかけるのですか。

被験者　私たちはしゃべるのではなくて、心でコミュニケートするんです。

ニュートン　テレパシーですか。

被験者　そうです。

ニュートン　魂が他の人たちにテレパシー的に盗み聞きされずに、お互いとだけ会話を交わすことはできるのですか。

被験者　（間があって）……もっと親密になるという意味なら、できますね。

ニュートン　どのように行うのですか。

被験者　触れることによってです……それは「触れ合いのコミュニケーション」と呼ばれています。

注：二つの魂がお互いのごく近くまで寄ると一体となって、触れることによって私的な思考を送ることができます。ちょうど「音のような電気的な刺激」に似たものを交わすことができると被験者たちは言っていますが、たいていの場合、そういった個人の秘密に関することは語りたがらないものです。

ニュートン　あなたは魂としてどうやって人間の姿を投影するのか、もう少し詳しく話してもらえませんか。

被験者　自分の……エネルギーをまとまらせて……ただ自分の望む姿かたちを思い浮かべるんです。でも、その力がどこから来ているのかはうまく説明できません。

ニュートン　そうですか。ではあなたや他の魂が、ときによって異なった姿を投影する理由を教えてください。

被験者　（長い沈黙があって）それはこの世界の活動の時期によって違います……いつ相手に会ったのか……それと、そのときの自分の心の状態によっても……。

ニュートン　それを知りたかったのです。お互いの確認についてもっと詳しく話してください。

被験者　ええ、お互いの確認の仕方は相手しだいです……ここで相手に会ったときの心の状態によって違います。相手は自分が見てもらいたい姿、または相手が見たがっている姿を示すんです。それは相手と会ったときの状況しだいです。

ニュートン　もっと具体的に言ってもらえますか。状況の違いと、他の魂に示す物質的なフォームの違いはどのように対応しているのですか。

被験者　それは相手の領域にいるのか、自分の領域にいるのかによって違います。相手はある場所では特定のコンビネーションの姿を見せるでしょうし、別の場所ではもっと違ったものを見せられることになるでしょう。

注：霊的な「領域」については、もっと深くスピリットの世界に入り込んだところで説明します。

ニュートン　つまり同じ一つの魂でも、スピリット世界の入り口では特定の顔を示し、別の状況では別の顔を示すということですか。

被験者　そのとおりです。

ニュートン　なぜですか？

被験者　さっきも言ったように、たいてい私たちが相手に示す自分の姿は、そのときにどんなことを感じているのかによって決まるんです……ある人物と自分がどのような関係にあるかとか、またどこにいるのかによっても……。

ニュートン　私の理解が正しいかどうか分かりませんが、魂がお互いに投影するアイデンティティはスピリット世界での時期や場所によって、さらには気分によって、たぶんお互いと出会ったときの心理的な状態によっても違うということですか。

被験者　そのとおりです、そしてそれは複合的に働きます……複雑に絡み合っているんです。

ニュートン　では、そのときどきのイメージにそれほどの違いがあるとしたら、魂の意識にそなわる本当の性格をどのようにして知ることができるのでしょうか。

被験者　（笑いながら）投影するイメージが、他の人たちから本当の自分を隠してしまうことはありません。

いずれにしても、それは私たちがこの世で経験する感情とは違うものなのです。ここでは、もっとそれは……抽象的なものです。特定の姿かたちや思考を投影するのは……どちらかというと……互いの心象を確認するためなんです。

ニュートン　心象？　そのときの感じ方や物の見方ということですか？

被験者　そう……ある意味ではね……というのも、こういった人間の姿かたちは、私たちがある場所で何かを理解し……心象を発達させた……この世の人生に属しているからです。それらはすべて……ここでも表現に使うことができる内面的に連続したものなのです。

ニュートン　では、多くの過去世でそれぞれに異なった顔をもっているわけですが、そのうちのどれを使うのですか。

被験者　どれもみな使います。何を伝えたいかにもよりますが、出会った相手がもっとも認識しやすい姿かたちをとるのです。

ニュートン　姿かたちを投影しないコミュニケーションについてはどうですか。

被験者　もちろん、それもありますし、そのほうが一般的ですが……。私は姿かたちを見るほうが、もっとすばやく相手を認識できますね。

ニュートン　自分が好んで投影する顔つきというものはありますか。

被験者　ええと……私は口ひげのある顔が好きですね……それとがっしりしたあごの……。

ニュートン　先ほど聞いたテキサスのカウボーイのジェフ・タナーの顔ですか。

被験者　（笑いながら）それですよ。私は他の生でもジェフみたいな顔をしていたんです。

ニュートン　でも、なぜジェフなんですか。一つ前の生の自分だったからというだけではないのですか。

被験者　いや、私はジェフでいるのが好きなんです。ジェフはとても幸せでシンプルな人生を送りました。実際の話、私はかなりの男前だったんですよ！　ほら、ハイウェイを車で走っていると、大きなタバコの看板を見かけるでしょう。あの広告の顔によく似ていました。（くすくす笑いながら）私はジェフでいて、カイゼルひげを人に見せるのが好きなんです。

ニュートン　でも、それは一度きりの人生ですよね。その生であなたにかかわっていなかった人たちは、ここにいるあなたが分からないのではないですか。

被験者　いや、彼らもすぐにそれが私だと分かるようになります。他の顔にも変わることができますからね。でも今のところ、私はジェフでいるのが一番好きなんです。

ニュートン　では、これはさっきあなたが言った——私たちは魂としていろんな顔を投影することができるけれども、誰でも本当のアイデンティティは一つしかない——ということと関係があるわけですね。

被験者　そのとおりです。誰でも本当の相手を見ることができますよ。なかには他人の評価を気にして、自分の良い面だけを見せたがる人もいますが、彼らは見かけよりも何かに精いっぱい努力することのほうが大事だという価値観がまだ分かっていないんです。私たちは、魂が自分の見かけにこだわって、この世でもったこともない顔をするのを見て大いに笑いますが、そういうことはあまり大事ではないということです。

ニュートン　あなたはより未熟な魂について言っているのですね。

被験者　おおむねそうですね。彼らはやりたいようにやればいいし……私たちはいちいち批判しないし……最後には彼らも理解するでしょうから。

ニュートン　私はスピリットの世界には、全知全能の究極の知性や意識をそなえた存在たちがいると思っていましたが、あなたの話を聞いていると、魂にもこの世と同じような気分があるし見栄をはることもあるみたいですね。

被験者　（大笑いして）物質の世界でどんな姿になろうとも、性格というものは変わりませんからね。

ニュートン　それはもしかしたら、地球以外の惑星に転生したことがある魂にも会ったことがあるということですか。

被験者　何度かね……。

ニュートン　地球以外の惑星から来た魂は、どんな姿かたちをしているのですか。

被験者　（はぐらかすように）われわれと……それほど変わりませんが、魂はコミュニケーションのためにどんな姿かたちでもとることができるんですよ……。

注：別の世界で、人間とは違う身体で過ごした過去世を思い出すことができる被験者から、何らかの情報を引き出すことはけっして容易なことではありません。後の章で登場しますが、このような経験を回想できるのはたいてい成熟した、もっと進歩した魂たちだけです。

ニュートン　この魂がお互いに姿かたちを示し合うことができる能力というものは、霊的な必要に基づいて創造主が私たちに与えたものなのでしょうか。

被験者　私に分かるわけがないでしょう……神じゃないんだから！

「魂も過ちを犯す」という考え方は、一部の人たちには驚きかもしれません。「ケース８」の発言や、他の多くの被験者が言っていることからも、私たちのほとんどはスピリット世界でも完璧さからほど遠い存在であることは明らかです。

輪廻転生の最大の目的は自己改善なのです。スピリットの世界であろうとこの世であろうと、人間の内面的な進歩を心理学的に分類するシステムが私の研究の基礎になっています。

私たちはスピリットの世界に戻るときに、他の存在と出会うことの大切さを見てきました。自分のガイドやその他の親しい存在と再会すること以外に、スピリットの世界に帰還する第三のパターンがあることについても触れました。それは魂が誰とも出会わないというかなり意外なパターンです。

被験者のごく一部にしか起こらなかったことですが、自分が目に見えない力に引かれて最後の目的地までたった一人で移動し、そこで初めて他の存在たちと接触したという経験を語ってくれた被験者たちに、いまだに同情に似た気持ちを感じていることも事実です。それはまるで、手荷物を運んでくれるポーターも、行き先を案内してくれるツーリストビューローもない異国の空港に、一人取り残されたような感覚ではないでしょうか。このタイプの帰還で私が一番心配になるのは、そこに魂の再適応のプロセスがまったく見られないということです。

私は一人でスピリットの世界にたどり着いて、さらにその先まで進んでいくというパターンを以上のようなイメージでとらえていますが、実は一人で行くことを選んだ魂たちは、まったく違う経験をしているようなのです。実際にはこのカテゴリーに属する人たちは、経験が豊富な旅行者です。年老いて成熟した魂である彼らは、最初に出会う人たちのサポートをまったく必要としていないようです。彼らは自分が死後にどこに行くのかを完全に把握しているので、このプロセスは、いっそうスピードアップされていくようです。というのも、彼らは他人と出会うために途中で止まっている人たちとは違って、ずっとすみやかに目的地にたどり着くことができるからです。

「ケース9」の被験者は何千年もの間、数多くの生を経験してきました。現在の生よりも前に八度の人生を経験し、もはやスピリット世界の入り口に会いに来る人たちがいなくなったのです。

ケース9

ニュートン　死の直後に何が起こりましたか。
被験者　すばらしい解放感を感じながら急速に離脱していきます。
ニュートン　この世からスピリット世界への旅立ちは、ひと言で表すとどんな感じですか。
被験者　投射された光線のように一直線に進んでいきます。
ニュートン　いつもこんなふうにすばやく進むのですか。
被験者　いいえ、ここ何度かの生になってからです。
ニュートン　どうしてですか?
被験者　今では行き方が分かっているし、誰にも会う必要がないからです。私は急いでいるんですよ。
ニュートン　誰にも迎えられなくても平気なのですか。
被験者　(笑って) 迎えられたほうがよかったときもありましたが、もう必要ないんです。
ニュートン　あなたが援助されずにスピリット世界に入ることを許されたのは、誰の決定なんですか。
被験者　(間があって、肩をすくめて) それは……相互の取り決めですよ……私と教師との間のね……すべて自分でやることができるようになってからの……。
ニュートン　今はもう、うろたえたり寂しく感じたりすることはないのですか。
被験者　冗談でしょう。もう何かにつかまらなくていいんです。自分の行き先は分かっているし、一刻も早くそこに着きたいんです。ちょうど磁石に引っ張られるようなもので、私はその流れに乗ることを楽しんでいますよ。

ニュートン　あなたを目的地へと連れていく、この導いていくプロセスがどのように働くのかを説明してください。

被験者　私は波に乗っています……光のビームにね。

ニュートン　そのビームは電磁的なものですか、それとも別のもの？

被験者　そうですね……いわば誰かがラジオのダイヤルを合わせて、私にふさわしい波長を見つけるようなものです。

ニュートン　つまり、あなたは目に見えない力によって導かれており、自分で意識的にコントロールできないということですか。

被験者　そうです。私はある光の帯域を通して行かなければならないんです……その波には方向性があって、私はそれとともに流れていくんです。すべては向こうがやってくれますからね。

ニュートン　誰がやっているのですか。

被験者　コントローラーたちです……私はよく知りませんが。

ニュートン　では、あなたがコントロールしているわけではないんですね。あなたには自分の目的地を見つける責任はないということですか。

被験者　（間があって）私の心はその動きに調和していて……共鳴しながら流れていきます……。

ニュートン　共鳴？　音が聞こえるのですか？

被験者　そうです、波のビームが……振動して……私はそれに包み込まれているんです。

ニュートン　先ほどのラジオの例えに戻りましょうか。スピリチュアルな世界への旅は、高い、中ぐらいの、あるいは低い共鳴の性質をもったある周波数の影響を受けているということですか。

被験者　（笑いながら）そういう言い方もありますね……そうです、私はある連続的な流れに乗っているんです。帰り道を示す、音と光のビーコンのようなものに……それは私自身の調性パターン、私の波長でもあるんですけど。

ニュートン　光と波動が一緒になって、どうやって方向性のある帯域をつくりだすのかよく分からないのですが。

被験者　ストロボ発光器の中に巨大な音叉があると考えてみてください。

ニュートン　では、ここにはエネルギーがあるということですか。

被験者　私たちにはエネルギーがあります……エネルギー場の中にいますから。ですから、ただ単に流れに沿って旅をするだけでなく……私たち自身がエネルギーをつくりだして……自分の経験に応じてそれらの力を使うことができるんです。

ニュートン　では、それぞれの成熟のレベルに応じて、旅の速度や方向の何らかの要素をコントロールできるということですか。

被験者　そうですが、今ここで……ではないですよ。もっと後になって、いったん落ち着いたら、もっと意のままに自由に動けるようになるでしょう。今現在は導かれているし、それと一緒に行かなければならないんです。

ニュートン　分かりました。では話を戻して、次に何が起こるのか説明してください。

被験者　（ちょっと間があって）私は一人で進んでいきます……自分にふさわしい場所へと……自分が属する

場所に帰っていくところです。

催眠下では分析的な意識の心は潜在意識的な心と協調して働いて、私たちの奥深くにひそむ記憶に向けられたメッセージを受け取ったりそれに答えたりします。

「ケース9」の被験者は電子技術者だったので、自分の霊的な感覚を表現するのに、いかにも技術者らしい説明の仕方をしました。魂の旅の印象を技術的な用語によって説明しようとするこの傾向は、私の暗示によって後押しされてはいても、それに誘導されたものではありませんでした。この被験者は魂の動きを説明するのに自分になじみの深い物理法則の用語を使いましたが、もし別の人だったら「魂は真空の通路の中を移動していく」などと言ったかもしれません。

スピリットの世界に戻っていく旅がこの先どうなるのかを見る前に、肉体の死後に、そこに到達しない、または通常のルートから外れてしまう存在について触れておきましょう。

第四章　道を外れた魂

あまりにも深い痛手を負っているために、スピリチュアルな世界の目的地へと帰っていく魂の主流から外れてしまう魂がいます。帰還する存在の総数と比べて、これらの異常な魂の数はけっして多くはありません。しかし彼らがこの世で引き起こすことは、彼らが他の転生した（この世に生まれた）魂に与える深刻な影響を考えるなら、見過ごすことができないものでしょう。

迷える魂には二つのタイプがあります。自分の肉体が死んだという事実を受け入れられず、個人的な苦悩からスピリット世界に帰っていくことに抵抗する者たち。もう一つは、人間の肉体がもつ犯罪的な異常性に堕落させられた、またはそれに手を貸してしまった魂たちです。前者の場合、道を外れることは魂自身の選択でしたが、後者のケースでは、問題の魂がその他の存在とそれ以上かかわりをもたないように、霊的なガイドは一定期間彼らを意図的に別の場所に連れていきます。

いずれの場合でも、魂のガイドは個別に彼らのリハビリテーションに努めますが、この二つのタイプの道を外れた魂を取り巻く状況はまったく異なっていますので、ここでは彼らを別個のものとして扱うことにします。

❖死後にも自由意志が存在する？

最初のタイプを、私たちは幽霊と呼んでいます。これらのスピリットは、肉体が死んだ後もスピリット世界に帰ることを拒み、安らかにこの世を去りたいと願っている人たちに、しばしば好ましくない影響を与えます。

この道を外れた魂たちは、人々の心に有害な意図をもって侵入すると考えられているために、誤って「悪霊」と呼ばれることもあります。否定的な魂が宿る被験者は、超心理学の分野では詳細な研究対象になってきました。残念なことに霊精神性《スピリチュアリティ》のこの分野は、他人の言葉を信じやすい人々の感情を食い物にする、オカルト関係のたちの悪い人々を引きつけてきました。

迷える魂は、この世に生きていたときの問題をいまだに抱えている未熟な存在です。彼らは自分たちによって混乱させられる、この世の人間たちとの間に個人的な関係はないのかもしれません。この執念深い性格を表現したがっている否定的なスピリットにとって、一部の人たちが好都合で受容的な媒体となることも事実です。ときに深い瞑想的な意識状態に入っている人が、いたずら半分のものや挑発的なものも含めて、肉体のない存在の執拗な信号パターンを拾ってしまうことがあります。このようなさまよえる存在は霊的なガイドではありません。本当のガイドは癒し手であって、有害なメッセージと共に侵入してきたりはしないのです。

このようなあまり一般的でない怨霊的な存在は、往々にして特定の地理的な場所と結びついています。この種の霊的な現象を専門とする研究者たちは、これらの迷える存在は、地球の低いアストラル界とスピリット世界との中間にある無人地帯にとらわれていると言っています。

私自身の研究からは、これらの魂が行き場もなく迷っているとか悪魔的であるとかいうことは信じがたいことです。彼らは大きな不満を抱えていますので、肉体が死んだ後も自分の意志でしばらく地球界にとどまることを選んでいます。私が見るところ、彼らが傷ついた魂であることは、自分のガイドさえ近寄らせまいとするほど混乱し、絶望していることからも明らかです。

私たちはさまざまな方法で（たとえば悪魔払いなどによって）、これらの否定的なさまよえる存在と接触し働きかけて、人間への干渉をやめさせられることを知っています。取り憑いている霊を立ち去るように説得し、最終的にスピリットの世界に無事に帰還させることもできるのです。

スピリットの世界が秩序によって支配され、ガイドが私たちの世話をしているとしたら、この世に転生している存在に否定的な影響を及ぼす不適応な魂の存在が許されるはずはありません。一つの説明として、私たちは死んだ後でさえ自由意思をもっていると言えるかもしれません。あるいは、物質的な宇宙でさえこれだけの異変や変動が起こっているのですから、霊的な変わり種や通常の帰還ルートから外れる魂があっても不思議はないのかもしれません。そして自分から罠に陥っている肉体のない魂もまた、宇宙の大いなる目的の一部なのかもしれません。しかるべき準備ができたら、これらの魂も地球のアストラル界から救い出されて、スピリット世界の彼らにふさわしい場所へと導かれていくのでしょう。

❖人間の五感が魂の意識に否定的な影響を及ぼす可能性

次に、もっとも一般的な第二のタイプのさまよえる魂に目を向けてみることにしましょう。彼らは邪悪な行いにかかわっている魂たちです。

その前に私たちは、暴力的な犯罪者の脳に宿っている魂に、罪や責任があるのかないのかを考えてみなければなりません。魂の心と人間の自我のどちらに責任があるのか、それとも両方に責任があるのか。ときどき「悪事をするようにそそのかす内側の力に取り憑かれているような感じがする」と漏らす被験者がいます。善と悪の拮抗《きっこう》する力に駆り立てられて、自分にはなすすべもないと感じている、精神的に病んでいる人たちもいます。

私は催眠下の超意識的な心を何年間も研究してきて、人間の五感が魂の意識に否定的な影響を及ぼす可能性がある——という結論に達しています。私たちは永遠なる自己を、支配的な生物学的な要求や環境からの刺激による圧力のなかで表現していきますが、それらは魂にとっては一時的なものでしかありません。私たち人間の身体の中に邪悪な自己が隠れているわけではありませんが、一部の魂は完全に身体に同化してはいません。自分の肉体に調和していない人たちは、人生で自分自身から切り離されているように感じます。

そのような条件が課せられているからといって、魂はこの世で悪に巻き込まれないために最善を尽くすことができないわけではありません。私たちはその可能性を人間の良心のなかに見いだすのです。何が自分の心に否定的な影響を及ぼすのかを識別することが大切です。自分を破滅に追い込むような、または他人に害を与えるような考えを、邪悪な霊的存在や異世界の住人、あるいは悪意ある背徳的なガイドが吹き込むわけではありません。否定的な力は私たち自身から発せられているのです。

感情の乱れによる破壊的な衝動は、もし放っておいたなら、魂の成長を阻害してしまいます。人生で解決不能の個人的なトラウマを経験した人は、自分のなかに破壊性の種を抱えこみます。この苦悩が魂に影響を及ぼし、私たちは自分の魂と肉体が一体であると感じられなくなるのです。たとえば個人的な苦痛から派生した過剰な欲望におぼれた行動は、魂の健全な表現を阻害し、魂をそれが宿る肉体に閉じ込めてしまうかもしれません。

現代の暴力の蔓延《まんえん》は、今日の世界が過去より多くの「道を外れた」魂を抱えているからなのでしょうか。

少なくとも現代の人口過剰や麻薬の類の氾濫は、この結論を支持しているように思われます。肯定的な側面を見るなら、人間の苦しみに対する地球的なレベルでの意識が高まっているようにも見えます。

地球で血塗られた歴史が繰り返されるたびに、やむにやまれぬ衝動から人間の残酷さに戦いを挑み、勝利を収める人たちが登場してきたと聞いています。遺伝子的な理由から脳内の化学的な仕組みに異常がある肉体に宿っている一部の魂は、特に暴力的な環境では危険にさらされます。子どもは家族の肉体的・感情的な虐待から大きなダメージを受けて、大人になると何のやましさもなく、計画的な残虐な行為に走ることが知られています。魂は最初から完璧につくられているわけではありませんから、そのような生活環境で成長したら、性格に悪影響が及ぶことも考えられるのです。

魂の移行に著しい問題があるとき、私たちは彼らを「邪悪」と呼びます。もともと邪悪な魂など存在しませんが、人間として生きるなかでそのレッテルを貼られることがある、と私の被験者たちは言っています。人間の病的な悪は、無力な犠牲者の立場に置かれている人が無力感や劣等感を感じ続けるところから生まれてきます。一般的に、非常に邪悪な行為にかかわる人物は魂の発達の程度が低いと見てかまいませんが、必ずしも未熟な魂だから人間の性格がダメージを受けたときに有害な行動に走るとはかぎりません。魂はさまざまな条件を課せられた人生で、多くの物質的に困難な課題を克服するなかで、未熟さから成熟へと移行していきます。あるいは魂には、何一つ学ぶべきものがない――いわば堕落した環境を選ぼうとする傾向があるのかもしれません。そのような間違った人生の選択によって、魂のアイデンティティが傷ついてしまうのかもしれません。

しかし魂には、自分が宿っていた肉体がこの世で行ったことを報告する義務があるのです。

❖他人に極度の苦しみをもたらした魂のゆくえ

次の章では、魂がスピリット世界の仲間のグループに戻っていく前に、ガイドとともに今回の人生を振り返るプロセスについて見ていくことになります。

しかし自分の肉体を使って他人に極度の苦しみをもたらした魂はどうなってしまうのでしょうか。自分が宿っていた肉体の非常に暴力的な衝動を矯正することができなかった魂が、はたして死後の世界で堂々と申し開きをすることなどできるのでしょうか。昔から多くの宗教が死後の裁きを説いてきたため、人間は善行や悪行によって天国や地獄に送られるのかという疑問が当然生じてきます。

私のオフィスの壁には、七千年前から知られる神話上の死の儀式、『エジプトの死者の書』でも述べられている「審判の場面」を描いたエジプトの絵画が飾られています。古代エジプト人は、彼らの神話的な世界観では「人生は死によって説明されるもの」だったために、死や墓場の向こうの世界に強い関心をもっていました。

その絵には亡くなったばかりの人が、生者の土地と死者の王国の中間の場所に到着した様子が描かれています。彼は天秤の横に立って、この世での行いを裁かれようとしているのです。この儀式の主神アヌビスは、「死者の心臓」を皿の上に載せ、もう一方の皿には「真実のダチョウの羽（真理の羽）」を載せ、注意深く裁きを下そうとしています。エジプト人は頭ではなく心臓に、その人物の良心が宿ると考えていたのです。緊張がみなぎる瞬間です。そばには大きな口を開けたワニの頭をもつ怪物が、「この世で犯した悪が善よりも重かったら心臓を食べてしまおう」と待ちかまえています。秤の部屋を通過できなければ、この魂の存在はそこで終わってしまいます。

この絵にコメントをした被験者はごくわずかしかいませんでした。ニューエイジ哲学も含めた形而上学的な傾向の強い人たちなら、「天秤が過去の行いにどれほど不利な答えを出そうと、死後の王国に入ることを許されない者は一人もいない」と主張するでしょう。この信念は真実なのでしょうか。生前に自分が宿っていた肉体で何をしたとしても、すべての魂は同じようにスピリットの世界に戻っていく機会を与えられるのでしょうか。

この疑問に答えようとするなら、私はまず世の中の多くの人が「あらゆる魂が同じ場所に戻っていくわけではない」と信じていることに触れなければなりません。最近の穏健な神学は、もはや罪人のための地獄の業火や硫黄の毒気といった考えを強調してはいません。しかし多くの宗教のセクトが善悪両方の心の状態が、霊的な意味で存在していることを認めています。古代の哲学的な見方からすれば、悪い魂は死んだ後に罰として神の本質から切り離されます。

キリスト教の聖書より数千年も古い宗教的な信仰の拠《よ》り所《どころ》である『チベットの死者の書』は、現世と来世の中間（バルド）にある意識は、自分自身が犯した悪によって霊的な分離へと追い込まれている状態にある——と説明しています。東洋人が、「悪事を犯した者は特別な霊的な領域に行く」と信じているなら、彼らの言うその場所は、西洋の煉獄《れんごく》の概念と同じものなのでしょうか。

キリスト教は早くからその教義の中で「煉獄とは人類に対してなされた、より軽微な罪を罰するための一時的な追放処分の場所である」と定義してきました。キリスト教の煉獄は、贖罪《しょくざい》、孤立、苦しみの場であるようです。すべての否定的なカルマが取り除かれて初めて、これらの魂は天国に入ることを許されるのです。一方で、きわめて大きな罪を犯した魂は永遠に地獄で責めを受けることになります。

地獄は、悪い魂を善良な魂から遠ざけておくために存在しているのでしょうか。被験者の魂へのケースワークを通じて、私はこの世こそ魂にもっとも大きな苦しみを与える場所であることを確信するようになりました。つまり、あらゆる魂は死後に同じスピリットの世界に行き、そこでは誰もが寛容と愛をもって扱われるということです。

しかし、一部の魂はスピリット世界で孤立した時期を過ごし、それがガイドとの最初の話し合いで決められることが分かりました。彼らは他の魂と同じ旅のルートに沿って進んではいきません。過去世で悪い影響に染まったことがある被験者たちは、「この世で他人を傷つける衝動を抑えられない魂は、スピリット世界に帰還するとただちに隔離される」と報告しています。これらの魂が普通のやり方で他の存在と交わりをもつことは一瞬たりともないらしいのです。

さらには、最初の何度かの生できわめて劣悪な人間の行いに日常的にかかわっていた若い魂たちは、個別に霊的な孤立のなかで過ごさねばならないようです。最終的には彼らも自分と似たようなレベルの者たちのグループに入れられて、厳しい監視の下でいっそう学習に励むように求められます。これは懲罰というよりも、他の魂とともに新たな自覚を育てるための煉獄のようなものです。

この世の間違った行いにもさまざまなものがありますから、霊的な指導や隔離の仕方もそれぞれの魂によって違ってきます。これらの細かなやり方の違いは、死んだ直後のオリエンテーションの場で決められるらしいのです。

孤立と再教育の期間もまた一定していません。たとえば正しい人生を生きることで自分自身を清めるという最短距離の道をとるために、隔離期間のすぐ後にこの世に戻ってきた若い魂についていくつかの話を聞いています。このような魂とかかわりがあった、ある被験者が次のような報告をしています。

ケース10

ニュートン　人生で他人を傷つけるという欠陥がある人間に宿った魂には責任が生じるのですか。

被験者　生じます。人生で他人に残酷な仕打ちをした人たちのことですね。そういった魂の一人を知っていますよ。

ニュートン　どんなことを知っていますか。その人生の後でスピリット世界に戻ったときに、その魂には何が起こったのでしょうか。

被験者　彼は……若い女性を傷つけたんです……むごいほどに……。そして私たちのグループには戻りませんでした。その肉体にいるときのあまりにもひどい行いのために、彼は個人的に一から学び直さなければならなかったんです。

ニュートン　彼はどの程度の罰を受けたのですか。

被験者　罰というのは……間違った解釈です。更生と言ったほうがいいでしょう。教師により大きな責任がかかることを忘れてはいけません。教師たちは残忍な行為にかかわった者たちにより厳しくなります。

ニュートン　スピリットの世界で「より厳しく」するとはどういうことなのですか。

被験者　ええ、その友人は私たちと一緒に……友人たちと一緒に戻ってきませんでした。少女を傷つけたこの劣悪な人生の後は……。

ニュートン　彼は死んだときに、あなたと同じようにスピリット世界の門を通ったのですか。

被験者　ええ、でも彼は誰とも会わず、まっすぐ教師と二人きりになる場所に行きました。

ニュートン　そこで彼には何が起こりましたか。

被験者　しばらくしてから……そんなに長くはかかりませんでしたが……彼はこの世に今度は女性として戻って……周囲に残酷な人たちがいる環境で……肉体的に虐待されて……。それは意識的な選択だったんです。友人はそれを経験する必要があったんです……。

ニュートン　この魂は少女を傷つけた人生で、自分が宿った肉体の脳を非難したのですか。その脳に責任があったのだと――。

被験者　いいえ、彼はちゃんと自分がやったことを受け止めました……自分自身に戻ってからね。人間の弱さを克服するだけの修練が足りなかった、自分の責任を認めたんです。理解を深めるために、次の生では虐待される女性になることを自ら求めました。自分がその少女に与えたダメージを、身をもって体験するために……。

ニュートン　もしもこのあなたの友人が十分に理解を深められなくて、再び間違いを犯す人間として何度も生まれ変わったら、スピリット世界の誰かから魂としての存在を抹消されることはありますか。

被験者　（長い間があって）エネルギーを完全に消してしまうことはできませんが……修正することならできます。手に負えない否定性も……多くの生をかければ……修正できるのです。

ニュートン　どのようにして？

被験者　（漠然と）……破壊によってではなく……作り直すことによって……。

「ケース10」の被験者は、この一連の質問にこれ以上詳しく答えてくれませんでした。また、このようなダメージを負っている魂を知っている他の被験者たちも、あまり詳しい情報は持ち合わせていないようでした。もっと後のほうで、知性的なエネルギーの誕生とその更生についてもう少し詳しく触れることにします。

大きな過ちを犯した魂でも、自分をむしばんでいる問題を解決することができます。間違った行いへの償いと、正しい行いから得られる報いはカルマの法則から生じてきます。他人に害を及ぼした者はカルマの公正さのサイクルのなかで、「将来の生で自分自身が犠牲者になる」ことによって罪の償いをすることになるのです。何千年もの試練を受けてきたもう一つの古代東洋の教典『バガヴァッド・ギーター』の中に、「邪悪な影響を及ぼす魂は自身の美徳を回復しなければならない」という一節があります。

❖カルマは新たな選択の結果に応じたものに変化する

魂にとって「カルマ」は、因果律や正義と同じような意味なのかどうか——という点をはっきりさせないかぎり、死後の生の研究は有意義なものになり得ないでしょう。カルマそのものが善行や悪行を意味するわけではありません。それはむしろ人生における肯定的または否定的な行為の結果を意味するのです。

「人生に偶然はない」とよく言われますが、これはカルマそのものが何かをするという意味ではありません。それはレッスンを授けようとして私たちを後押ししているだけです。私たちの未来の運命は、逃れることができない過去から影響を受けています。とりわけ他人を傷つけたときには——。

成長への鍵は、「私たちはすでにその能力を授けられている」と理解することにあります。私たちは人生で道を外れないように進路を修正することができますし、自分の行いが自分のためにならなければ、必要に応じて変化を起こす勇気をもてばいいのです。恐れを克服しリスクを負うことで、私たちのカルマのパターンは新たな選択の結果に応じたものとなっていきます。

それぞれの人生の終わりで、私たちの魂を喰らおうと怪物が待ちかまえているわけではなく、私たち自身が教師であるガイドの前で自分に対するもっとも厳しい批評家となるのです。カルマが慈悲深くしかも公正であるのはそのためなのです。自分の霊的なカウンセラー（ガイド）や同じレベルの者たちの助けによって、私たちは曇りなく公正な目で自分自身の行いに判断を下すのです。

　また輪廻転生を信じる人たちの中には、否定的な魂が何度となく転生の機会を与えられてもレッスンを学ぼうとしないなら、「彼らは抹消されてもっと肯定的な魂に置き換えられる」と信じる人たちもいますが、私の被験者たちはこの見解を否定しています。

　すべての魂が歩むことができる既成の「自己発見の道」というものはありません。ある被験者が言ったように「戦争が続くかぎり魂はこの世に生まれてこなければならない」のです。すなわち魂は成長のための変革を起こす時間と機会を与えられているということです。何度生まれ変わっても否定的な態度を示し続ける魂は、変わろうとする努力をさらに続けることによって、それらの問題を克服しなければなりません。私が見るかぎりでは、この惑星に何度も生まれ変わって努力し続ける魂が、否定的なカルマにとらわれ続けることはないようです。

　人間の無分別な、反社会的な、破壊的な行為の責任は全面的に魂にあるのだろうか、と誰しもが疑問を抱くことでしょう。魂は新たな人間の存在を割り当てられるたびに、異なった肉体との付き合い方を学ばなければなりません。魂の永遠のアイデンティティは、宿った人間の心に、その魂に固有の特徴的な性格を刻印します。しかし、私は魂の心と人間の脳との間に奇妙な二重性があることに気がつきました。この概念については、読者がスピリット世界における魂の在り方をよく理解した後で詳しく触れることにします。

第五章　生の振り返り（オリエンテーション）

スピリット世界の入り口で出会った存在たちが去っていった後、私たちは癒しの空間へと連れていかれることになります。次に立ち寄る場所では、魂が霊的な環境に再適応するための指導が行われます。この場所で私たちは自分のガイドから審査を受けるのです。

私はスピリット世界の個々の構成要素を場所とか空間とか呼んでいますが、これは便宜的な言い方にすぎませんし、実際には私たちは非物質的な宇宙を相手にしているのです。魂は次に二つの場所に立ち寄りますが、その場所の呼び方は個人によって違いがあります。しかしそこで行われる活動に関して、それぞれの被験者の説明内容は驚くほど似かよっているのです。そこは「応接室、旅の宿、途中停止地」などといった名前でも呼ばれますが、もっとも一般的なのが「癒しの場所」です。

この癒しのために立ち寄る場所は、この世という戦場から戻ってきた傷ついた魂のための、いわば野戦病院のようなものではないかと思います。次のケースで、この魂の再活性化プロセスを何度も経験した、霊的にかなり進歩した男性被験者とのやり取りを紹介しましょう。

ケース11

ニュートン　死後に友人たちに出迎えられた後、あなたの魂はスピリット世界のどんな場所に向かうのですか。

被験者　しばらくの間一人になって……長い距離を移動していきます……。

ニュートン　そして、次に何が起こりますか。

被験者　私は目に見えない力に導かれながら、もっと閉ざされた空間に入っていきます。純粋なエネルギーに満ちた空間への入り口があるんです。

ニュートン　そこはどんな場所ですか。

被験者　私にとっては……それは癒しの空間です。

ニュートン　あなたがここで経験することをできるだけ詳しく話してみてください。

被験者　私が中に吸い込まれるように入っていくと、まばゆく暖かい光のビームが見えてきます。まるで液体状のエネルギーの流れが押し寄せてくるかのようです。そこでは……まず蒸気のような……流れが私のまわりで渦巻いて……生きているかのように私の魂に触れてきます。その火のようなものが私に吸収されると、自分の傷が洗い清められて癒されたように感じます。

ニュートン　誰かがあなたを洗い清めるのですか、それとも光のビームがどこからともなく現れてあなたを包み込むのですか。

被験者　私一人きりですが、それは管理されています。私の本質は洗い清められて……この世で傷ついた私の魂を癒してくれるんです。

ニュートン　この場所は、一日汗をかいた後でシャワーを浴びてさっぱりするような感じだと聞いたことがあります。

被験者　（笑いながら）一生にわたる仕事の後でね。ここのほうがいいですよ、水に濡れることもないし……。

ニュートン　あなたにはもはや肉体はないわけですが、このエネルギーのシャワーはどうやってあなたの魂を癒すのですか。

被験者　私の存在の……深みに触れることによって……。今回の人生や肉体を伴った生に大いに疲れきっていますからね。

ニュートン　つまり魂は、肉体や人間の心が受けた負担や損傷を死後にまで感情的な痕跡として持ち越すということですか。

被験者　まったくそのとおりです！　私という表現、つまり私の存在のあり方そのものが宿っている肉体や頭脳からの影響を受けるんです。

ニュートン　その肉体から永久に別れてしまった後でも？

被験者　肉体は必ず何らかの……痕跡を……残します、少なくともしばらくの間はね。私もいくつかの肉体の影響から完全に抜けきれないでいます。たとえそれらが解消されたとしても、いくつかの生で宿った肉体の印象的な記憶がいくらか残ることは間違いないです。

ニュートン　分かりました。では癒しのシャワーの経験はそれぐらいにして、その次は何を感じるのでしょうか。

被験者　私は光の中を漂っているような感じがします……それは私の魂の中にも浸透してきて……否定的な毒素のほとんどを洗い流してくれます。おかげで今回の生のしがらみから解放されて……変容がもたらされて、私は再び一つのまとまりになることができるのです。

ニュートン　このシャワーは誰に対しても同じような効果をもつのですか。

被験者　（間があって）私がまだ若くて経験が少なかったころには、もっと損傷を負ってここに来たものです……ここのエネルギーを、自分の中の否定的な要素を完全に洗い流すためにどう使ったらよいのか分からなかったので、それにあまり効果があるようには感じませんでした。せっかく癒しのエネルギーがあったのに、私はいつまでも古傷を持ち運んでいたんです。

ニュートン　なるほど、分かりました。では次は何をしますか。

被験者　回復すると、ここを去ってガイドと話すために静かな場所に行きます。

癒しのシャワーと呼ぶこの場所は、戻ってきた魂のリハビリテーションの前奏曲にすぎません。（特に若い魂は）すぐこの後に控えているオリエンテーション（生の振り返り）のステージで、自分のガイドと突っ込んだ話し合いをすることになります。癒された魂はそこに到達すると、今終えたばかりの生について報告をしなければなりません。オリエンテーションにはまた、さらに感情を解放させスピリットの世界に戻っていくための準備をするという、いわば個人面接のような側面もあります。

そこで行われるカウンセリング内容について話してくれた催眠下の被験者たちによると、ガイドは基本的には優しいのですが、細かな点も見逃さないということです。子どものころに好きだった小学校の先生のことを思い出してみるといいでしょう。あなたの学習パターンや、長所や短所や、恐れまでみんなよく知っていて、努力の姿勢を示すかぎり協力を惜しまず、厳しいけれど面倒見のいい存在のことを――。あなたが努力をしなければ進歩は止まったままです。学生は霊的な教師に一切隠し事をすることができません。テレパシー的な世界では嘘やごまかしはあり得ないのです。

個々の魂の性格や今回の生の影響などによって、オリエンテーションの場面には無数のバリエーションが生じてきます。多くの魂がオリエンテーションは部屋で行われると報告しています。その場所の間取りや調度品や、最初の話し合いがどれだけ熱のこもったものになるかなども、それぞれの生によって違ってきます。次のごく短いケースは、このオリエンテーションが戻ってきた魂に、より高い存在が慰めを与えてくれる場であることを明らかにしています。

ケース12

被験者　この場所の真ん中には、私が子ども時代に大好きだった自分の寝室があります。たくさんのバラの花が描かれた壁紙、四隅に柱のあるベッド、ギシギシ音がするマットレス、その上には祖母が私のために作ってくれたピンクのキルトがかけられています。祖母がまだこの世に生きていたころには、私に何か問題があると一緒に座って仲良くおしゃべりをしました。彼女は私のベッドの端に腰かけて、まわりに私の好きな動物のぬいぐるみをたくさん置いて、私を待っていたものです。そのしわだらけの顔にはいつも愛情があふれていました。しばらくすると、彼女がガイドのアミファスであることが分かりました。私はアミファスに、今終えたばかりの人生の楽しかった経験や悲しかった出来事について話しました。確かにいくつか失敗もしましたが、彼女は優しく聞いてくれました。それから私が人生でするべきなのにしなかったことについて話し合いました。でも最後には、それも大した問題ではなくなりました。私がこの美しい世界で休まねばならないということを、彼女は知っていたのです。私はリラックスするべきでした。自分の本当の我が家はここですから、また現世に戻るかどうかはどっちでもいいことだったんです。

❖誰もが今終えた人生の報告をしなければならない

より進歩した魂は、このステージでオリエンテーションを必要としないようです。だからといって被験者の十パーセントに当たるこのカテゴリーに属する人たちが、この世から戻ってきたときにガイドに温かく迎えられて、無条件でこのステージを通過してしまうわけではありません。誰もが今回の人生の報告をしなければならないのです。それぞれの個人が人生の役割をどのように理解しそれを果たしたのか、その達成度が判断されるのです。進歩した魂への面接は上級の教師たちによって行われます。まだ経験が浅い存在にとって、物質的世界から霊的世界への突然の移行にはいっそうの困難が伴うため、たいてい面談者たちからの特別な配慮がなされます。

次に選んだケースでは、オリエンテーションのセラピー的な側面がより詳しく語られています。態度や感情の深みを探りながら未来の行動指針を示すのが、典型的なガイドのやり方です。「ケース13」の被験者は、平均以上の身長と体重をもつ堂々とした体格の三十二歳の女性です。ジーンズにブーツをはいて、だぶだぶのスウェットシャツを着たヘスターは、ある日かなり興奮した様子で私のオフィスにやってきました。

彼女の問題は三つの要素に分けることができます。彼女は不動産ブローカーとして成功していましたが、その生活があまりに物質的で精神的な喜びが少ないために、自分の人生に不満を感じていました。また自分には女性らしさが欠けているとも感じていました。クロゼットにあるたくさんのきれいな洋服は着てみたいとさえ思わないそうです。さらにこの被験者は、自分はこれまでの人生で、男たちを意のままに操ってきたと言いました。彼女は男のように攻撃的で、子どものころから人形で遊ぶよりも、男の子たちとの激しいスポーツを好んだのだそうです。

彼女の男性的な感情は成長しても変わらず、夫になる男性に出会えたのは、彼が二人の関係で彼女が優位に立つことを許したからです。ヘスターは自分が行為の主導権をとり、彼がそれに興奮を感じているときなら、彼とのセックスを楽しむことができたと言いました。さらにこの被験者は、頭の右側、耳の少し上のあたりに頭痛があって、医学的な精密検査を受けたりもしたのですが、医者たちはそれをストレスのせいにしました。

セッションを進めるうちに、この被験者が最近の転生では何度か男性としての人生を送り、最後の人生では一八八〇年代にオクラホマ州で検察官として短い一生を終えたことが分かりました。当時はロス・フェルダンという名前だった被験者は、三十三歳のときにホテルの部屋で頭を銃で撃って自殺したのです。ロスは法廷付きの検察官として一生を送ることに大きな不満を感じていました。

対話が進むにつれて、読者は強い感情が表現されるのを目にするでしょう。退行療法のセラピストはこれを、被験者が観察者と当事者の二役を努める催眠によるトランス状態とは対照的な、復活（よみがえり）の状態によく見られる「高揚した応答」と呼んでいます。

ケース13

ニュートン　今こうして、癒しのシャワーを出た後、あなたはどこへ行くのですか。

被験者　（当然のように）アドバイザーに会うんです。

ニュートン　それは誰ですか。

被験者　（間があって）……ディーズ……いや……クロディーズです。

ニュートン　スピリットの世界に戻った直後にクロディーズと話しましたか。

被験者　そのときは準備ができていませんでした。先に両親に会いたかったんで……。

ニュートン　どうして今クロディーズに会おうとしているのですか。

被験者　私は……ある意味で……人生の清算……のようなものをしなければならないんです。誰でも死んだ後にそれをしなければなりませんが、私は今回は本当に苦しい立場にあるんです。

ニュートン　なぜですか。

被験者　自殺したからです。

ニュートン　この世で自殺した人はスピリットの世界で、罰のようなものを受けるということですか。

被験者　いえいえ、ここには罰のようなものはありません。それはこの世にしかないものです。クロディーズは私が早々と逃げ出してしまって、困難な状況に立ち向かう勇気をもたなかったことに失望するでしょう。私のように死を選んだとしても、また再びこの世に戻ってきて、別の人生で同じことを最初からやり直さなければならないんですから。私は早々にチェックアウトすることで、多くの時間を無駄にしてしまったんです。

ニュートン　では自殺したからといって、誰一人あなたを非難したりはしないんですね。

被験者　（ちょっと考え込んで）でも「よくやった」と背中を叩いてくれる友人はいないでしょうね。私は自分の行動を後悔しています。

注：スピリットの世界では自殺はこのように受け止められていますが、肉体の慢性的な苦痛や重大な身体的な障害から逃れるために自殺したのなら、魂がそれを後悔することはない――ということをここで付け加えておきます。ガイドや友人たちも、このような動機の自殺にはより寛容な態度を示します。

ニュートン　いいでしょう。ではクロディーズとの会見に臨むことにしましょう。最初にアドバイザーと会見する場所の様子を説明してください。

被験者　私はその部屋に入りました……壁があって……（笑う）。おや、ここはバックホーンバーだ！

ニュートン　何のことですか。

被験者　オクラホマの有名なカウボーイバーです。私はここの常連だったんです。家庭的な雰囲気、美しい木の内装、柔らかな革張りのいす……。（間があって）クロディーズがテーブルに座って私を待っているのが見えます。これから話をするところです。

ニュートン　どうしてスピリットの世界にオクラホマのバーがあるのですか。

被験者　彼らは私たちの心を和ませるためにそうしてくれるんです。（深いため息をついて）でもこの話し合いは、お酒を飲みながらのパーティーとはいかないでしょうね。

ニュートン　ガイドと今回の人生について親しく会話を交わすというのに、あまりうれしそうではないですね。

被験者　（訴えるように）私は投げてしまったんですよ！　彼に会って、なぜちゃんとした結果が出せなかったのか説明しなければなりません。あの人生は厳しすぎたんです！　私はしっかりやろうとしましたが……。

ニュートン　何をしっかりやるのですか。

被験者　（苦悩の色を浮かべて）自分で決めた目標に向かって努力するとクロディーズに約束したんです。彼はロスである私に期待していました。なのに！　こんな状態で彼と会わねばならないなんて……。

ニュートン　あなたはアドバイザーに約束した、ロスとして学ぶはずのレッスンを十分に学びきれなかったと考えているのですか。

被験者　（もどかしそうに）ええ、私がいけなかったんです。だから……もちろん、もう一度最初からやり直さなければなりません。でも完璧にやるなんてことできるはずがありません。（間があって）いいですか、この世がこれほど美しい場所でなかったら……小鳥や、花々や、木々や……そういったものさえなかったら、ここには戻ってこなかったでしょう。あまりにも苦労が多すぎますからね。

ニュートン　不愉快な気持ちなのは分かりますが、でも、いいですか……。

被験者　（興奮のあまり途中でさえぎって）それに起こってしまったことから逃れることはできません。ここにいる人たちはみんなお互いのことをよく知っています。クロディーズには何も隠すことができないんです。

ニュートン　ここで大きく深呼吸をしてからバックホーンバーの中に入り、そこで起こることを話してもらえませんか。

被験者　（肩をいからせて大きく息を吸う）漂いながら中に入っていき、バーの正面に近い丸テーブルにいるクロディーズの向かい側に座りました。

ニュートン　今あなたはクロディーズのそばにいますが、彼もあなたと同じように今回の生に対して不愉快な気持ちをもっていると思いますか。

被験者　いいえ、私は自分が何をしたかしなかったかということよりも、自分自身に腹を立てているんです。クロディーズもそれをよく分かっています。アドバイザーは何かを好ましく思わなかったとしても、それで私たちを蔑んだりはしないし、そういったことはとっくに超えているんです。

❖人生の否定的な筋書きを正面から見つめ直す

指導的なガイドが相談相手になることで、魂の癒しのプロセスはいっそう深いものになりますが、それによって進歩を妨げている防御のバリアーが完全に取り除かれるわけではありません。過去の苦痛に満ちた感情の記憶は、肉体のように簡単には死なないのです。事実を歪曲《わいきょく》することなく、ヘスターはロスであった人生の否定的な筋書きを正面から見つめ直さなければなりません。

催眠下でスピリチュアル世界のオリエンテーションの場面を再現することは、セラピストである私にとって大いに参考になりました。サイコドラマのロールプレイ手法が、現在の行動にも影響を及ぼす感情や古い思い込みを解明するうえで役に立つことも分かりました。「ケース13」のオリエンテーションは非常に長くかかったので、ここでは要点だけをかいつまんで紹介しておきます。この場面で私は、被験者のガイドにも質問の矛先《ほこさき》を向けることになります。

ロス・フェルダンの人生が明らかになるにつれて、私はロスとクロディーズを仲介する第三者の役割を演じることになりました。このカウンセリングのセッションで、ヘスター＝ロスがクロディーズの考えを述べる「役割の転移」を起こさせることにしたのです。被験者をガイドと一体化させることは、より高次な存在から助力を引き出して、問題をより鮮明化させるためのよい手段になります。たまにセッション中に私自身のガイドが指示を与えてくれているように感じることさえあります。

はっきりした目的もないのにガイドを呼び出すことは、すべきではないと考えています。被験者のガイドと直接コミュニケーションをもとうとしても、たいてい不鮮明な結果しか得ることができないからです。私の介入が不都合であったり不必要であったりすれば、ガイドは沈黙や不鮮明な比喩的な言い方で被験者の応答を妨げようとします。

かつてガイドに被験者の声帯を通して話させたことがありますが、その声にはいら立ちが感じられましたし、話が主題から外れてしまい、およそ質問に対する答えとは感じられませんでした。ガイド自身が被験者を通して話すのではなく、被験者がガイドを代弁するのなら、その口調がそれほど不自然になることはありません。このケースでは、クロディーズの意思はヘスター＝ロスを通して容易に伝えられましたし、私も彼の被験者に何らかの働きかけをすることができました。

ニュートン　ロス、私たちは、クロディーズのオリエンテーションの最初から、あなたに心理的に何が起こっているのかを理解していく必要があります。私を手助けしてほしいんです。やってみる気はありますか？

被験者　いいですよ。

ニュートン　そうですか。では、あなたはいつもとは違ったことができるようになります。私が三つ数えると、あなたはクロディーズと自分自身の両方の役割を演じることができるようになります。自分の考えだけでなくクロディーズの考えも私に伝えることができます。ガイドになり代わって、私の質問に答えることができます。準備はいいですか。

被験者　（ためらったのち）ええ……たぶん。

ニュートン　（すばやく）いち、にい、さん！（私は転移を促すために被験者の額に手を当てました）さあ、クロディーズがあなたを通して自分の考えを話しますよ。あなたはテーブルをはさんでロス・フェルダンの反対側に座っています。彼に何か言いたいことはありますか。すぐに言って！（私は被験者がこの難しい暗

示に批判的な考えを交えずに反応させようとしました）

被験者　（ゆっくりと反応し、ガイドの立場から話し始めます）いいか……君はもっとうまくやることができたんだ……。

ニュートン　すぐに交替して！　ロス・フェルダンに戻ってクロディーズに答えてください。

被験者　私も……できるだけのことはしましたが……目標を達成することができませんでした……。

ニュートン　また立場を替えて！　クロディーズの声になって、ロスに答えて。さあ！

被験者　本当に人生を変える気があったら、何とかなっていたかもしれないよ。

ニュートン　ロスとして答えて。

被験者　無理だったんですよ……私は堕落していたんですから……権力と金によって。

ニュートン　クロディーズの立場から答えて。

被験者　どうして大きな志を捨てて、金や権力に負けてしまったんだね。

ニュートン　（低い声で）よくできていますよ。そうやってテーブルの向こうとこっちの立場を切り替えてください。さあ、ガイドの質問に答えて。

被験者　何かに頼りたかったんです……世間で認められる地位につき……他人よりも出世して評価されたかった……強くたくましい人間として……。

ニュートン　クロディーズとして答えて。

被験者　特に女性からね。君が性的に彼女らを支配しようとしたことは知っている。相手に縛られることなく相手を征服したかったんだ。

ニュートン　ロスとして話して。

被験者　ええ……おっしゃるとおりです……（頭を振って）説明する必要などありません。どっちみちあなたはすべてを知ってるんですから。

ニュートン　クロディーズとして答えて。

被験者　だが、やったのは君だよ。そういったことを乗り越えるには君自身の自覚が必要なんだ。

ニュートン　ロスの立場から答えて。

被験者　（憮然として）あの連中を権力で抑えつけなかったら、彼らが私を支配していたでしょうよ。

ニュートン　クロディーズとして答えて。

被験者　そんなことをしても無益だし、君らしくないよ。君の当初の志はそんなものではなかったはずだ。私たちはまず両親を注意深く選ぶことから始めたね。

注：ロス・フェルダンはつましく暮らす農家に生まれ、家族は正直で忍耐強く献身的で、そのおかげで彼は法律を学ぶことができました。

ニュートン　ロスとして答えて。

被験者　（まくしたてるように）ああ、それは分かってるさ。彼らは私が清廉潔白《せいれんけっぱく》な人間になるように、弱者を助ける人間になるように育てたし、私もそうなることを望んでいたけれど、思ったとおりにはいかなかったんだ。あなたも何が起こったのかを見ているはずだ。弁護士になりたての私には借金があった……それはつまらないこと……取るに足りないことではあった。だが私は弁護料を払えない人たちのために弁護し続け、そのまま貧乏暮らしを続ける気にはなれなかった。私は農場が嫌いだったし、金持ちたちのそばにいるほうが好きだった。政府側の検察官になったら体制を内部から改革し、農場の人たちを助けてやろうと思っていた。間違っていたのは社会のシステムのほうだったんだ。

ニュートン　君は社会の仕組みに堕落させられたと言っているわけだが、それを説明してくれないか。

被験者　ロスとして答えて。

ニュートン　クロディーズとして答えて。

被験者　（興奮して）私は人々にとても払いきれないほどの罰金を科したし、不本意にも違反をした連中でさえ刑務所に送ったし、絞首刑にした奴らもいた！（声の調子が変わって）私は合法的な殺し屋になったんだ。

ニュートン　他人を傷つけた犯罪者を告発することに、どうして君が責任を感じなければいけないんだね。

被験者　ロスとして答えて。

ニュートン　彼らの何人かは……その大部分は……私の両親のようなごく普通の人たちで、単に社会の仕組みの犠牲になったにすぎなかった……ただ生きるために金が必要だっただけで……ほかにも単に心を病んでいるだけの人たちもいた……。

被験者　クロディーズとして答えて。

ニュートン　少なくとも君が告発した者たちにはその犠牲になった人たちがいたんだろう。君は世の中を助け、農場や町の人たちを法律によって守ろうと、自分の一生を法律にささげる決心をしたんじゃなかったのか。

被験者　ロスとして答えて。

ニュートン　（大きな声で）分からないのか、事態はそういうふうには運ばなかったんだ……私は野蛮な社会のお抱えの殺し屋になってしまったんだ！

ニュートン　クロディーズとして答えて。

被験者　それで自殺したというわけか。

ニュートン　ロスとして答えて。

被験者　私は道から外れてしまったんだ……もはや普通の人間に戻ることはできなかった……かといって前に進むこともできなかった。

ニュートン　クロディーズとして答えて。

被験者　君はうかつにも個人的な利益や名声にしか興味がない人間たちと付き合うようになった。本来君はそんな人間ではなかった。どうして本当の自分から逃げ出したんだ。

ニュートン　ロスとして答えて。

被験者　（怒りをあらわにして）何で私をもっと助けてくれなかったんだ！　私が公定弁護人の仕事を始めたときに。

ニュートン　クロディーズとして答えて。

被験者　事あるごとに君を助けたとしても、はたしてそれが君のプラスになっただろうか。

ニュートン　（ヘスターにロスとして答えるように言いましたが、この質問を最後に沈黙を守っているので、私はさらに立ち入って）ロス、横から口出しするようだが、クロディーズは、君が今感じている心の痛みと今回の人生に関して彼をなじることで得られる自己満足と、どちらのほうが君の利益になるのか……と尋ねているのだよ。

被験者　（間があって）同情してほしいだけなんだ……たぶん。

ニュートン　では、この考えにクロディーズとして答えて。

被験者　（のろのろと口ごもりながら）これ以上の何をしてほしいんだね。君は自分の内側を十分に探らなかったじゃないか。私は君の心の中に、「節制、中庸、責任、本来の目的、両親の愛情」といった考えを植え付けた……なのに君はそれらの考えを一切無視して、正反対の方向に走った。

被験者　（ロスが私の仲介なしで答える）あなたが伝えようとした「しるし」を私が見逃したことは分かっています……私はせっかくの機会を無駄にしてしまったんです……私は怖かったんです……。

ニュートン　今の言葉にクロディーズとして答えて。

被験者　自分の中でもっとも価値があるものは何だと思うかね。

ニュートン　ガイドに答えて。

被験者　世の中を変えたいという気持ちです。最初のうちは、世の中の人々のために何かを変えてやろうと思っていたんです。

ニュートン　クロディーズとして答えて。

被験者　君はその責任から早々と逃れてしまい、今ここでまたしても機会を逃そうとしている。危険を冒すことを恐れ、自分をだめにする道を選んで、自分ではない誰かになろうとし、またもや悲しみに襲われている。

催眠セッション中にオリエンテーションの場面を再現していると突然の転移が起こります。「ケース13」の被験者がクロディーズとして話すときには、この被験者のヘスターや彼女の前世の自己であるロスとはまったく違った、もっと明瞭なきっぱりとした性質が応答に表れてきます。被験者に前世のオリエンテーションの場面で自分のガイドの洞察に満ちたコメントを代弁させることに、いつも必ずしも成功するわけではありません。それにもかかわらず、スピリット世界のどのような場面においても、過去世の記憶が現在の問題の中に流れ込んでくることがよくあります。

時間枠を操作したバックホーンバーの場面で、会話の主導権を実際に握っていたのが被験者だったのかガイドだったのか、それは大した問題ではありません。いずれにしてもロス・フェルダンなる人物はすでに死んでいます。しかしヘスターは同じ泥沼でもがいているのです。ですからこの破壊的な行動パターンを打ち破るために、できるだけのことをしてあげたいと思いました。私は数分間にわたってこの被験者とともに、彼女のガイドが、自己イメージの欠如、心理的な孤立、価値観の喪失として示唆していたことを振り返ってみました。クロディーズにこの先も支援をしてくれるように頼んだ後で、私はオリエンテーションを終わらせ、直ちにヘスターを、彼女が今生に生まれ変わる直前のステージへと移動させました。

ニュートン あなたはロスとして生きることで自分の多くの面を経験し、スピリット世界で自分の霊的なアイデンティティをいっそう深く確認しましたが、今なぜこの肉体に生まれることを選ぼうとするのですか。

被験者 私は人々に威圧感を与えないように、女性の肉体に生まれ変わることを選んだのです。

ニュートン 本当ですか。ではなぜあなたはこのようにたくましい、がっしりとした体格の二十世紀の女性の肉体を選んだのでしょう。

被験者 あの連中は法廷の黒い法服を着た私の姿を見ることはないでしょう。今生では、私はびっくり箱になったんです。

ニュートン びっくり箱？　それはどういう意味ですか。

被験者 女性ですから、私は男性にそれほど威圧感を与えることはありません。私は彼らを無防備にして、死ぬほど驚かしてやることができるんです。

ニュートン　どんなタイプの男たちをですか。

被験者　のさばっている連中です、世の中の権力構造の中にいる……。私が女性なのですっかり安心しきっているときに、彼らをまんまと罠に落としてやるんです。

ニュートン　罠に落としてから、どうするのですか？

被験者　（右のこぶしで左の手の平を叩いて）さらし者にしてやるんです……世の中の小魚を食いつくそうとするサメから弱い人たちを守るためにね。

ニュートン　（私は被験者を超意識の状態を保ったままで現世へと移行させました）あなたが今回の生で女性を選んだ理由をもう一度お尋ねします。あなたは前世で男の立場では助けられなかった人たちを助けたいと思っている――これでいいですか。

被験者　（悲しそうに）ええ、でも最善の方法ではないですね。思っていたほどうまくいかなかったんです。私は今でも強すぎるし、たくましすぎます。エネルギーがありすぎて間違った方向に行ってしまうんです。

ニュートン　どんな方向にですか。

被験者　（過去を振り返るように）また同じことを……人々を利用してしまうんです。男性さえ威圧する女性の肉体を選んでしまったことで、自分を女性として感じることができません。

ニュートン　具体的に言うと？

被験者　性的にも仕事のうえでも……。またもや権力ゲームに陥ってしまい……節操を失って……以前（ロス）のように道を外れてしまいました。今生では私は不動産ブローカーをやっています。金を稼ぐことにしか興味がありません。地位を求めているんです。

ニュートン　ヘスター、そのどこが自分を傷つけるのですか。

被験者　金と地位の魅力は私にとって前世と同じように麻薬のようなものです。私は今生では女性になりましたが、人々を支配しようとする欲望はこれっぽっちも変わっていません。まったく……ばかげています……。

ニュートン　では、女性を選択すること自体が間違っていたということですか。

被験者　そうです。私は男性として生きるほうがより自然なんです。でも今生で女性に生まれたら……もっとデリケートになれると思ったんです。今生では別の性で試してみようと思って……クロディーズもそれを許してくれました。（いすに沈み込むようにもたれて）なのに、とんでもない失敗を犯してしまいました。

ニュートン　ヘスター、あなたは少し自分に厳しすぎるのではありませんか。私の感触ではあなたが女性になることを選んだ理由には、異なった視点からレッスンに取り組むために、女性の直感と洞察力が必要ということもあったのではないかと思うのです。今でも必要なときは男性的なエネルギーを引き出しながら、それでもなお女性として生きることもできるのではないですか。

このケースを終える前に、私は同性愛の問題にも触れておかなければなりません。私の被験者の大部分は約七十五パーセントもの確率で一方の性の肉体を選んでいます。このパターンは男性と女性を交互に選ぶことで、一定のバランスを維持している進歩した魂を除けば、すべての存在にあてはまります。この世に生まれる魂の大多数には性別に好みがありますが、彼らが男性や女性として生まれた残りの二十五パーセントの場合には幸せではなかったというのではありません。

ヘスターがそのような肉体の選択をしたからといって、必ずしも彼女がゲイやバイセクシュアルであるということではないのです。同性愛は彼らが宿る人間の肉体にとって自然なものかもしれないし、そうでないかもしれません。私のもとにゲイの被験者が来ると、彼らはよく自分の同性愛は今生に関して「間違った性」の選択をした結果だろうかと尋ねます。セッションが終わるころには、たいていこの疑問には答えが出ています――。

魂が性別の選択に至る経緯にはいろいろありますが、この決定はこの世にやってくる前になされるのです。ゲイになる人たちの中には以前の生でほとんど使われなかった性を試してみようと、あらかじめ生まれる前にこのような生き方を選んでいたということもあるようです。

私たちの社会ではゲイは性的に不名誉なことととされ、人生の道を歩むことがいっそう困難になります。この道を選んでいる被験者の場合、たいていあるカルマ的な必要にまでたどり着くことが多いようです。それは過去の特定の出来事とかかわりがあって、彼らは性差のアイデンティティの複雑な違いに関して、個人的な理解をさらに深めねばならないのです。「ケース13」の被験者は、ロス・フェルダンとして経験したつまずきの石を克服しようと、この生に女性として生まれてきました。

❖記憶喪失《アムネシア》で生まれてくる理由

ところでヘスターは、三十歳をすぎてから催眠によってロスであった過去を思い出すよりも、生まれたときからそれを知っていたほうが、得るところが大きかったのでしょうか。

以前の存在を意識的に思い出さない状態を記憶喪失と呼びます。人間に課せられたこの条件が、輪廻転生に関心のある人たちを困惑させています。なぜ私たちは、「自分とは誰なのか、何をなすべきか」を見つけるために人生で手探りし、はたして霊的な神のごとき存在が私たちの世話をしてくれているのか――と心配しなければならないのでしょうか。私はこの女性とのセッションの最後に、彼女の記憶喪失について尋ねてみました。

ニュートン　あなたが、「自分はロス・フェルダンの人生の記憶を意識的に覚えていない」と考える理由は何でしょうか。

被験者　この世に戻ってくる直前に肉体を選んで予定を立てるとき、私たちは自分のアドバイザーと約束をします。

ニュートン　何についての約束ですか。

被験者　私たちは……他の生を思い出さないことを……約束するんです。

ニュートン　なぜですか。

被験者　以前にやったことが原因でこういったことが起こるかもしれないと前もって知っているよりも、何もない白紙の状態から学んだほうがいいんです。

ニュートン　でも過去世の失敗を知っていたら、今生ではそれを避けることができるのではないでしょうか。

被験者　過去のすべてを知っていたら、多くの人はそれに気をとられて、同じ問題に別のアプローチを試みようとしなくなるでしょう。新しい人生に……真正面から取り組まねばならないのです。

ニュートン　そのほかにも理由がありますか。

被験者　（間があって）昔の記憶がなかったら……過去の恨みを晴らし……自分がこうむった苦しみに仕返しをしようとしないから……時間を無駄にすることもない……とアドバイザーは言っています。

ニュートン　でも結局のところ、それがヘスターの人生の動機や行動の一部になっているようにも思えますが。

被験者　（きっぱりと）だからあなたのところに来たんです。

ニュートン　それでもなお、この世ではスピリットの永遠なる生が完全な暗闇に包まれているほうが進歩には好適だと考えるんですか。

被験者　一般論としてはそうですね。でもそれは完全な暗闇ではありませんよ。危機的な状況に遭遇したら……夢からひらめきを得たり……誰でも必要に迫られればどちらの方向に行ったらいいのか直感的に分かるものです。それに、ときには友人がこっそり教えてくれることもあるし……。

ニュートン　友人とは、スピリチュアルな世界から来た存在ということですか。

被験者　ええ、まあ……彼らはスピリットの世界からこの世に転生している人間にアイデアを吹き込んだり、ヒントを与えたりできるんです。私自身も現世に存在している友人に対して、そのようにしてきました。

ニュートン　それにもかかわらず、あなたは意識の記憶喪失を回復するために私のところに来なければならなかった……。

被験者　（間があって）人間には……必要なときに必要なことを知る能力があるんです。あなたのことを聞いたときに、私には準備ができていました。それは私のためになることだったので、クロディーズはあなたの助けで過去を見ることを許したのです。

ニュートン　そうでなければ、あなたの記憶喪失はさらに続いたということですか。

被験者　そうです。もしここに来なかったのなら、私はまだ知るべきではなかったということでしょう。

被験者が簡単には催眠状態に入れないとき、あるいは彼らがトランス状態でごく大ざっぱな内容しか思い出せないとき、そのような障害には何らかの原因があるようです。そういった人たちには過去の記憶がないというのではなく、彼らはそれらを白日の下にさらす準備ができていないのです。

この被験者は何か自分の成長を阻害しているものがあると分かっていましたし、それを明らかにすることを望んでいました。魂の超意識的なアイデンティティのなかには、この人生の目標も含めた私たちの連綿と続く記憶が含まれています。人生でしかるべき時機になったら、私たちは人間としての物質的な要求と、魂のここでの目的とを調和させなければなりません。私は過去と現在の経験を整合させるために常識的なアプローチをとることにしています。

私たちの現在の状態がどのようなものであれ、永遠のアイデンティティは逃げ去ったりはしません。内省、瞑想、祈りのなかで、何を選ぶべきかという日々の決断のなかで、本当の私たちの記憶がかすかに漏れ伝わってきます。ちょっとした直感のように記憶喪失の雲を通して、私たちは自分の存在を正当化する手がかりを与えられます。

頭痛の原因に過敏になりすぎないための暗示を与えた後で、彼女が女性としての生を選んだのは、単に男性を威嚇するだけではない目的があったということを確認して、ヘスターとのセッションを終えました。彼女には「もう少しガードをゆるめて、もう少し攻撃の手を弱めても大丈夫」と言ったのです。また彼女の仕事を人々に役立つものという視点から見直し、ボランティア的な奉仕活動をしてみてはどうかと提案もしました。彼女は最後には自分の現在の生活を、性別の選択の失敗ではなく、学ぶための大いなる機会として見ることができるようになったのです。

このケース以降、私は魂の一途な正直さを称賛してやまないようになりました。自分自身にも周囲の人たちにも有益な豊かな人生を送った後では、魂はスピリット世界に熱烈な喜びとともに戻っていくということを知ったのです。しかし「ケース13」のように、過去に人生を無駄にした経験をもつ被験者たち、特にまだ若いうちに自殺してしまった魂はかなりの落胆の気持ちを抱いて戻っていくようです。

被験者のオリエンテーションが混乱したものになる根本的な原因が、過去の多くの生の記憶をいきなり取り戻す唐突さにあることが分かりました。この世で死んだ後に人間としての肉体の妨げがなくなると、魂は突然、知覚の洪水に見舞われます。そして人生で犯した愚かな行いが、オリエンテーションの場で魂を激しく責め立てるのです。

被験者をさらにスピリット世界へと導いていくと、彼らはもっとリラックスして思考の働きもはるかに明晰になってくるようです。魂は大いなる愛と知恵という肯定的な基質からつくられているので、地球のような惑星を訪れ、原始的な状態から進化してきた人間の肉体に宿ると、その身体がもつ暴力性に衝撃を受けます。人間は石器時代の生存競争と結びついた恐怖と苦痛の副産物である怒りや憎しみといった、荒々しい否定的な感情をもっています。

魂と宿主の肉体の間では、相互の利益のために肯定的な感情と否定的な感情の双方が混じり合っているのです。魂が愛と安らぎしか知らなければ、けっして洞察を得ることはありませんし、それら肯定的な感情の価値を本当に認めることもできないでしょう。地球にやってくる魂にとって輪廻転生の試練とは、このような人間の肉体の中で、恐れを克服することだと言ってもよいと思います。

魂は多くの人生を耐え抜いて、「ケース13」に示されるように、しばしば傷や痛みとともにスピリット世界に帰り、恐れと結びついたあらゆる否定的な感情を克服することで成長していきます。この否定性の一部はスピリット世界に帰っても失われず、別の人生で新たな肉体に生まれ変わったときにまた表れてきます。

一方、見返りというものもあるようです。この世で個々の魂の本性が輝きを放ち、それが人間の幸せな表情となって表れてくるとき、その喜びや心からの楽しさのなかにこそ見返りがあるのです。ガイドとのオリエンテーションの話し合いは、私たちが自分自身の本質を振り返る人生と人生のはざまの長いプロセスの始まりだといえます。その直後にもう一つの話し合いが行われますが、そこにはいっそう進歩した〝師〟ともいえる存在が同席しています。

前の章でこの世を旅立った魂が、今回の生の清算のために裁きの間へと連れて行かれる古代エジプトの伝説について触れました。それぞれのパターンこそ違いますが、死の直後に厳しい裁きを下す審判が待っているという考え方が、さまざまな文化の宗教的な信仰のなかに存在しています。時折トラウマ的な状況に置かれた感受性の鋭い人が、幽体離脱を経験し、恐ろしい亡霊に死後の闇の中に連れて行かれ、悪鬼のような裁判官から厳しい判決を言いわたされた、といったヴィジョンを報告することがあります。こういうケースには、地獄の存在を信じる宗教の強い条件づけが反映されているのではないかと私は疑っています。

催眠下の穏やかでくつろいだ状態にある、すべての心的な機能が維持されている——被験者たちの報告では、ガイドとのオリエンテーションで準備が整った魂は、さらに優れた存在たちの評議会に出ることになります。この会合を言い表すのに、法廷や裁判といった言葉は使われません。一部の被験者はこれら聡明な存在たちを、理事とか判事とか呼ぶこともありますが、ほとんどはマスターあるいは長老と呼ばれています。この評議会はふつう三人から七人のメンバーで構成され、魂は自分が所属する場所に戻った後に彼らの前に出ることになっているので、この会議の詳しい内容については次の章の最後で触れることにします。

相手がガイドであれ仲間たちであれ、またはマスターの評議会であれ、魂を評価するいずれの話し合いも、ある一点で共通しています。これら審査会の席でもたらされる助言や過去世の分析においては、人生の行為だけでなく選択の真意も重視されるのです。私たちの動機が問われ評価されるのですが、非難されて苦しみがもたらされるわけではありません。また第四章で説明したように、反省しさえすれば他人を傷つけた魂の責任が免除されるということでもありません。

カルマの支払いは、未来の生でなされなければならないのです。聞いたところでは、人間の脳の中に倫理的な善悪の観念は存在しないので、「良識については魂が責任を負わなければならない」と、スピリット世界のマスターたちは言っているそうです。

とはいうものの、スピリットの世界には圧倒的な許しのエネルギーが満ちあふれています。その世界は時間を超えていますし、私たちの学ぶべきことにも終わりというものがありません。私たちは成長の苦闘のなかで新たなチャンスを与えられるのです。

最初のガイドとの話し合いが終わるとオリエンテーションの場を去り、移動する無数の魂を中央の送迎センターのような場所に導いてゆく、スピリット世界のあらゆる活動の中軸となる一つの流れへと加わっていきます。

第六章　本来の居場所へ

過去の経験が多い少ないに関係なく、最終的にすべての魂は、私が「集結地」と呼ぶスピリット世界の中央区域へと到着します。死の直後に魂が移動するスピードには、霊的な成熟度に応じて差があると前に言いましたが、オリエンテーションが終わってスピリチュアル世界の空間に入った魂が、それ以上のまわり道をすることはないようです。戻ってきた魂はみなスピリット世界のいわば大量輸送機関によってここに運ばれてくるらしいのです。

❖戻ってきた魂の集結と移動

ときに魂はガイドに伴われてこの区域に入ってきます。特に若い魂にはこれが一般的な慣習のようです。その他の魂は目に見えない力に導かれてこの集結地へと引き寄せられてきて、さらにその先の、仲間たちが待つ場所へと向かいます。私が確認したかぎりでは、他の存在が付き添うかどうかはガイドの決定にゆだねられています。ほとんどの場合、急ぐ必要はまったくありませんが、旅のこの段階でぐずぐずしている魂はいません。この道を経由するときに私たちがどのような感情を抱くかは、人生を終えた直後の心の状態によって決まります。

この魂の集結と移動には、実際には二つの局面があります。魂は移送され集結し、そして行くべき最終的な目的地へと送り出されます。この集結地について報告を聞いたとき、私は多くの人々が集まってきてそれぞれの目的地へと出発していく、国際空港のターミナルをイメージしました。被験者の一人は、「この集結地は巨大な車輪の車軸《ハブ》のようなもので、私たちはその中心からスポークに沿ってそれぞれの決められた目的地へと運ばれていく」と説明しています。

彼らは、「この区域で大勢の魂が、整然と、何一つ混雑を生じることなく集まってきて散っていくのを見た」「渋滞していないロサンゼルスのフリーウェイのようだ」などと言っています。スピリットの世界にはほかにも、こういった高速道路のように流入してそれぞれの目的地へと分かれていく車輪の中心のような場所があるのかもしれませんが、被験者たちはここに入って出ていくルートは、自分にとって一つしかないと考えています。

スピリットの世界に関する報告は、この集結地に入った時点で、以前の層を成すややもやした場所という印象からは大きく変化します。いわば魂は巨大な渦を巻く星雲の腕の部分を通りすぎて、もっと秩序正しい星間宇宙に入っていくと言ってもいいでしょう。広大な集結地を漂いながら次の決められた空間へと移送されるために待機しているとき、被験者たちの声には期待に満ちた興奮の響きが感じられます。彼らは目前に広がる無限の世界に驚嘆し、このどこかに万物創造の源泉があるに違いない――と感じているのです。

周囲に広がる無限の丸天井を目にして、スピリットの世界はさまざまな色の光を放って輝くばかりだと報告しています。一般に深淵宇宙《ディープスペース》という言葉で連想される漆黒の闇のイメージは一度も聞いたことがありません。被験者がこの「円形競技場」の広がりで目にする群れ集う魂たちは、さながら鮮やかな光を放ちながらそれぞれ違った方向へと進んでいく無数の星々のようにも見えます。速く動くものもあれば浮かび漂っているものもあります。遠くのほうのエネルギーの集まりは「霧のベールに包まれた島」のように見えるそうです。スピリット世界のきわだった特徴は、そこには万物を神秘的な調和へと導く一貫した力強い精神がみなぎっているということです。彼らは「ここは純粋な思考の場」だとも言っています。

思考はさまざまなかたちをとります。この帰還の旅の中継地点で、魂はその先で自分を待っている他の魂たちとの出会いに期待を抱きます。すでに何人かの仲間と入り口の門で会っていても、まだ多くの仲間と出会っていません。誰であれ互いと接触を求める魂たちは、特に移動中には、望む相手を思うだけでコンタクトをとることができます。突然呼ばれた相手が移動する魂の心の中に現れるのです。あらゆる霊的存在が用いるテレパシー的なエネルギーの交わりは、視覚を伴わない交感を可能にしますが、二つのエネルギー的存在が実際に互いと接近するとさらにダイレクトなつながりをもつことができます。被験者たちの報告は、途中で見るものには個人差があるものの、魂の旅のプロセスやルート、その目的地に関しては共通しています。

❖ 最終目的地に至る経緯

私はケースファイルから、このルートを通ってスピリット世界の最終目的地に至る経緯を、明快かつ典型的なかたちで説明しているケースを探してみました。選んだのは洞察力がある成熟した魂をもつ四十二歳のグラフィックデザイナーのケースです。この男性の魂は過去に何度もこのコースを旅しています。

ケース14

ニュートン　今あなたは、我が家に帰還する旅……魂がスピリットの世界で自分が所属する本来の場所に戻っていく旅の最後の一歩を踏み出そうとしています。三つ数えたら、この旅の最終区間の様子がはっきりしてきます。あなたはこのルートをよく知っていますから、自分が見たことを詳しく報告することも簡単なはずです。それではいいですか。

被験者　はい。

ニュートン　（大きな声でテンポよく）一つ！　さあ、出発しましたよ。二つ！　今あなたの魂はオリエンテーションの区域から外に出ていきます。三つ！　最初の印象はどんな感じですか。

被験者　見わたすかぎり……無限の空間が……どこまでもどこまでも……。

ニュートン　スピリットの世界には果てがないということですか。

被験者　（長い沈黙があって）正確に言うと、私が漂っているところから見ると、無限に見えるということです。でも実際に動き始めると変わってきます。

ニュートン　どんなふうに変わるのですか。

被験者　そうですね……あらゆるものに……はっきりした形がなく……私が速く移動するにつれて……まるで逆さまに伏せた巨大なお椀の中を動き回っているような感じになります。このお椀には縁があるのか、いや、そんなものはないかもしれませんね。

ニュートン　では移動するときには、スピリット世界は球形のように感じられるということですか。

被験者　そうです。でもそういう感じがするだけです……閉じられた均質な空間のような……私が急速に移動しているときにはね。

ニュートン　なぜ急速な移動、つまりスピードが、お椀の中にいるような感じを与えるのでしょうか。

被験者　（長い間があって）とても不思議ですね。魂が漂っているときにはあらゆるものが直線的に感じられますが……それが一変して……接触のライン上を急速に移動するときには丸く見えるんです。

ニュートン 接触のラインとは何ですか。

被験者 特定の目的地へと向かうラインです。

ニュートン なぜ特定の旅のラインに沿って急速に移動しているときに、スピリット世界が丸みを帯びたように感じられるのでしょうか。

被験者 スピードがあるとラインが……曲がって見えるからです。曲がり方がよりきわだってきて、動きの自由がより少なくなったように感じられます。

注：やはり論理的な説明をしがちな他の被験者たちは、座標的な空間属性をもつベクトルに沿って移動したと言っています。ある人はそれを「バイブレーションの糸」と呼んでいました。

ニュートン 自由がより少ないとは、自分でコントロールしにくいということですか。

被験者 そうです。

ニュートン 魂は湾曲した接触のライン上をどのように進んでいくのか、もう少し詳しく説明してもらえますか。

被験者 単に方向性が強まるということです。魂がライン上のある場所へと導かれているときにはね。ちょうど激流に乗っている感じです。水ほど密度が高くはないですけど。その流れは空気よりも軽いんです。

ニュートン するとスピリット世界には、たとえば水のような密度の感覚はないということですね。

被験者 ええ、ありません。でも言いたかったのは、まるで水面下の流れの中にいるように運ばれていくということです。

ニュートン　どうしてそのような表現になるのですか。

被験者　いわば私たちは水中にいるようなものですから……逆らうことができない速い流れに押されて……誰かに導かれながら……空間を浮き沈みしながら……まわりには硬いものは何一つなくて……。

ニュートン　自分の上や下にいる魂たちも決まった行き先に向かって移動しているように見えますか。

被験者　ええ、私たち戻ってきた魂たちは、小川が大河に合流していくような流れに乗っているのです。

ニュートン　他の戻ってきた魂たちがたくさん見られるのはどのステージですか。

被験者　たくさんの川が合流して……うまく説明できません……。

ニュートン　やってみてください。

被験者　（間があって）私たちは集められているんです……海に……ゆっくりゆっくりと……あらゆるものが渦巻いています。次にまた小さな支流に引き込まれて、もっと静かになって……たくさんの心のざわめきからも遠ざかって……知っている人たちの元へと向かっていきます。

ニュートン　もっと先へ行っても一般的な魂の旅では、今言ったような小川や大河に流されていく感じがするものですか。

被験者　いいえ、その先ではがらりと変わりますよ。私たちは産卵場所に向けて川をさかのぼっていく、ふるさとへと戻っていく鮭のようなものなんです。いったんそこに着いたら押し流されることはありません。そこでは漂うことができるんです。

ニュートン　ふるさとへと連れ戻されるとき、誰があなたを後押ししているんでしょう。

被験者　より高い存在たちです。私たちをふるさとへと連れ戻すことに責任がある人たちです。

ニュートン　あなたのガイドのような存在ですか。

被験者　もっと高い存在でしょう、たぶん。

ニュートン　ほかに何を感じますか。

被験者　安らぎです。二度と失いたくないような安らぎ……。

ニュートン　ほかには?

被験者　エネルギーの流れに乗ってゆっくり移動しながら、ある種の期待のようなものも感じています。

ニュートン　分かりました。ではこのエネルギーの流れとともにさらに先へと進んで、自分が行くべき場所へと向かってください。注意深くあたりを見まわして、何が見えるのか教えてください。

被験者　いくつもの区画があって……色とりどりの光が見えます……それらは通廊《ギャラリー》によって……互いから隔てられています……。

ニュートン　通廊とは両側にいくつもの小部屋がある通路のことですか。

被験者　というよりも……長い廊下の両側にいろいろな展示室がある美術館のように……通路のあちこちに突き出した区画があって……この形が果てしなくどこまでも続いているんです。

ニュートン　では、光とは?

被験者　人々です。区画の中にいる人々の魂が光を放っているんです。それぞれの区画の中で光が飛び交っているのが見えます。

ニュートン　人々の集団が通廊のあちこちにある区画の中にいて、互いに壁で隔てられているということですか。

被験者　いいえ壁はありません。ここには角度や面のようなものはないんです。正確に説明するのは難しいんですが……。

ニュートン　あなたはよくやっていますよ。でも一体何が通廊に沿って並ぶ光の集団を互いから隔てているのでしょうか。

被験者　人々は……ごく薄い……布……のようなもので隔てられ……そのために光は不透明な曇りガラスを透かして見える感じです。近くを通りすぎると彼らのエネルギーが発する燃えるような輝きが見えます。

ニュートン　集団の中の個々の魂はどんなふうに見えますか。

被験者　（間があって）光の点として、ぶどうの房のようにたくさんの点が群がり集まっていて……一つひとつが光っています。

ニュートン　今言った「群れ」とは、多くの魂のエネルギーが集まっているさまざまなグループのことですか。それらがそれぞれ空間で隔てられているということですか。

被験者　そうです……魂は小さなグループに分かれています。私は自分の群れに向かっているんです。

ニュートン　自分の集団に向けて近くを通りすぎながら、ほかに何か彼らについて感じることはないでしょうか。

被験者　彼らの思考がやってくるのを感じます……きわめて多様ですが……全体にある種のまとまりがあって……完全に調和しています……が……。（止まる）

ニュートン　続けて。

被験者　今通りすぎたグループは初めてですが……でも、それはどうでもいいことですね。

ニュートン　分かりました。では通廊からせり出している、それらの群れのわきを通りすぎていきましょうか。遠くから見たときに全体がどんなふうに見えるのか、何か例をあげて説明してもらえませんか。

被験者　（笑いながら）両脇に凹凸がある長いツチボタル（蛍の幼虫）のようで……その動きは……リズミカルですね。

ニュートン　通廊そのものがうごめいているように見えるということですか。

被験者　ええ、その一部がね……遠くに離れていくと、風にそよいでいるリボンのように見えますよ。

ニュートン　その先へ漂っていって、次に何が起こるのか教えてください。

被験者　（間があって）別の通廊の端にいます……だんだんゆっくりになってきました。

ニュートン　なぜですか。

被験者　（徐々に興奮して）なぜなら……ああ、ここだ！　私の友人たちが占める区域に近づいています。

ニュートン　どんな感じがしますか。

被験者　最高です！　なじみの心が私を呼んでいます……私のほうに向かって……あ、彼らの手がかりをつかまえました……彼らの思考に加わって……自分の場所に帰ったんだ！

ニュートン　あなたが所属するグループは、他の通廊にいる魂グループとは切り離されているのですか。

被験者　誰一人実質的には切り離されていませんが、まだ若い一部の魂たちはそう考えるかもしれませんね。（落ち着いた声で）でも私はずっと昔からここにいるし、たくさんのつながりがありますから。

ニュートン　では他の通廊ともつながりを感じたんですね、その内部にいる魂を過去の経験から知っていなくても。

被験者　もちろん感じます、これまでのつながりがありますから。ここではみなが一体なんです。

ニュートン　スピリット世界での他の魂とのかかわり方は、人間としてのそれと比べたとき、もっとも大きな違いは何でしょうか。

被験者　ここでは誰も他人ではありません。誰に対しても敵意というものがまったく存在しないんです。

ニュートン　これまでにかかわりがあったかどうかは別にして、魂はみな他の魂に対して友好的だということですか。

被験者　そのとおりです。いや友好的以上のものですよ。

ニュートン　具体的に言うと？

被験者　私たちはお互いと宇宙的なつながりを感じていて、それがみんなを同等にしているんです。お互いに疑いを抱くことはまったくありません。

ニュートン　どのようにして初めて出会った魂同士にも、こういう気持ちが生まれてくるのでしょうか。

被験者　完全に心を開いて受け入れることによってです。

ニュートン　だとすると、魂にとってこの世に生きることは難しいことではありませんか。

被験者　そうです、特に若い魂にとってはね。というのも、彼らは公正に扱われることを期待してこの世に生まれてくるからです。現状がそれとは違っているとき、それはショックですよ。一部の魂たちにとっては、この世の肉体に慣れるのに何回も生を繰り返す必要があります。

ニュートン　まだ若い魂はこの世の多くの条件と闘うことになりますが、彼らは人間の心の中で活動するのが、まだあまり上手ではないということですか。

被験者　そう言わざるを得ないですね。人間の脳は多くの恐れや暴力を私たちの魂に吹きこみますからね。それは過酷な経験ですが、だからこそ私たちはこの世に生まれてくるんです……それを克服するためにね……。

ニュートン　あなたの話を聞くかぎり、若い魂はまだひ弱なので、自分の集団に戻っていくにも仲間たちのサポートが必要になるのでしょうね。

被験者　まったくそのとおりです。みんな自分の居場所に帰りたがっているんです。そろそろ話をやめてもいいですか。友人たちと会いたいんですよ。

被験者が違っても彼らがスピリット世界の現象を説明するときに使う用語には、何らかの共通性が見られました。「ケース14」の被験者もいくつかの新たな用語を使っています。先ほどの「あちこちが出っぱっているツチボタル」は、別の人に言わせると「ふわふわと浮かび漂う風船」になります。あるケースの「巨大な半透明の球の集まり」は、他の人にとっては「透明なシャボン玉の房」になります。流れや川など水にかかわる用語は、ある方向に押し流される動きを説明するものであることが多く、雲など空に関連した用語は、ふわふわと浮かび漂う動きを表します。特に一般的なのは「エネルギーの集まり」とか「群れ集うグループ」といった魂そのものを表す視覚的なイメージです。私もこれらのスピリット世界を表現する言葉をいくつか使うようになりました。

戻ってきた魂が最後にたどり着いて、温かく迎え入れられる友人たちのグループの大きさは、魂の進歩のレベルや、もう少し先の章で扱うその他の要素によって決まります。「ケース14」とは対照的な次のケースでは、それほど成熟していない魂が、スピリット世界をもっと孤立したところとして見ていることが分かります。

❖仲間の元へ

「ケース15」では、魂の集合地から仲間の集団への移行が、かなり速いテンポで進んでいきます。このケースが重要であるのは、そこに自分たちが属するグループへの忠誠心や、このシステムを管理している者たちへの敬意といった感情が表れているからです。この被験者の女性は魂としてはまだ経験が浅く、自分が順応すべきものにいくらかとげとげしい感情を抱いています。そのためにグループの割り振りに関して、スピリット世界のガイドラインをもっと別の角度から見ることができるのです。

ケース15

ニュートン　スピリット世界でいつもいる場所へと向かう旅についてお聞きします。あなたの魂はこの目的地に向けて移動しています。自分が見たものや感じたことを説明してください。

被験者　（不安そうに）私は……どこか外のほうへ……向かっています……。

ニュートン　外のほうですか。

被験者　（戸惑いながら）私は……何か連続したものに沿って……浮かび漂っていきます。いくつもいくつも……連続しているものを縫うように進んで……ぼんやりした迷路のようなところを通って……そして……開けてきました……ああ！

ニュートン　どうしましたか。

被験者　（畏敬の念に打たれたように）今私は……見わたすかぎりの広々とした空間へ入って……ほかにもたくさんの人たちが……周囲を行き交っています……。（落ち着きがなくなる）

ニュートン　もっとリラックスして！　あなたは集結地に入ったのです。ガイドはまだそばにいますか。

被験者　（ためらいながら）ええ……すぐそばに……そうでないと迷ってしまいますから……ここはとても

……広いんですよ……。

ニュートン　（被験者の額に手を当てて）そのままリラックスして！　何もかも初めてのように見えるかもしれませんが、以前にも来たことがあるんですよ。今は何をしていますか。

被験者　私は……前のほうに流されて……あっという間に……他の人たちのそばを通りすぎて……それから……何もない……広い空間に入りました……。

ニュートン　何もない空間とはまわりじゅうが真っ暗だということですか。

被験者　真っ暗ではないんですが……ただ光が……私のスピードが速いために弱くなったように見えるんです。ゆっくりになるとまた明るくなってきます。（他の人たちもこの観察を裏づける報告をしています）

ニュートン　そのまま進んで次に何が見えるのか報告してください。

被験者　しばらくすると……たくさんの人たちが見えてきました……。

ニュートン　それはグループの人たちですか。

被験者　ええ、人々が集まっているような動く光の群れが見えてきました……ホタルのような……。

ニュートン　分かりました。そのまま進んで感じることを話してください。

被験者　暖かく……親しくて……懐かしい……夢のような……あっ……。

ニュートン　どうしましたか。

被験者　ゆっくりになると、まわりの様子が変わってきました。

ニュートン　どんなふうに？

被験者　何もかもはっきりしてきて（間があって）……この場所は知っているわ。

ニュートン　自分の本拠地（グループのあるところ）に着いたのですか。

被験者　（長い間があって）いいえ、まだです、たぶん……。
ニュートン　まわりを見まわして、見えるものや聞こえることを正確に報告してください。
被験者　（震え始める）……遠くのほうに……たくさんの人たちが……集まっているのが見えます……あっ、あれ、あれは！
ニュートン　何が見えますか。
被験者　（かすれた声で）私の知っている人や……家族の者たちが……遠くにいます……でも……（不安に駆られて）彼らのところに行くことができません！
ニュートン　なぜですか。
被験者　（うろたえて泣きそうになりながら）分かりません！　ああ、私がここにいることが分からないのかしら。（被験者はいすの中でもがきながら、オフィスの壁のほうに両腕を差し伸べました）父のところに行けません！

注：私はしばらく質問するのをやめました。被験者の一つ前の過去世の父親が彼女に大きな影響を及ぼしていたことから、特別に気持ちをなだめるテクニックが必要だったのです。セッションを再開する前に、彼女の保護層をもっと強くする暗示を与えました。

ニュートン　遠くにいるあなたのお父さんに近づけない理由は何だと思いますか。
被験者　（長い間があったので、私は涙と汗で濡れた被験者の顔をきれいにふいてあげました）分かりません……。
ニュートン　（被験者の額に手を当てて命じるように）今度はお父さんに近づけますよ……はい！

被験者　（間があって、被験者はリラックスして）もうだいじょうぶです……父は、忍耐強くやればすべての問題が解決するだろうと言っています……私は向こうにいる父のそばに行きたいんです。

ニュートン　彼はそれについて何と言っていますか。

被験者　（悲しそうに）父は……そばにいてほしいならいつでも心の中にやってくるから……これ（テレパシーで考えること）をもっと練習しなければいけない……自分は別の場所にいなければいけないから、と言っています……。

ニュートン　あなたのお父さんが別の場所にいなければならない基本的な理由は何だと思いますか。

被験者　（泣き声で）彼は私のグループには属していないからです。

ニュートン　ほかには？

被験者　彼ら……管理者たちが……許さないからです……（また泣きながら）分かりません……。

注：私は被験者が移動しているときには、できるだけ干渉しないようにしています。このケースでは被験者が混乱して方向を見失っているので、少し助言をすることにしました。

ニュートン　あなたが今すぐお父さんのいる場所に行くことができない理由を分析してみましょう。別れていなければならないのは、もっと高い存在たちが、今はあなた一人で自分自身と向き合わなければならないし、自分と同じ発達レベルの魂とだけ付き合う必要がある——と考えているからではないでしょうか。

被験者　（落ち着きを取り戻して）そうです……そのようなメッセージが送られてきます。私は自分の力で何とかしなければならないんです……自分と同じレベルの人たちと一緒に。管理者たちは私たちを励まし……

父も私に理解させようとしています。
ニュートン　今あったことに満足していますか。
被験者　（間があって）ええ。
ニュートン　いいでしょう。では遠くに何人かの家族の姿を見たところから移動を再開してください。次はどうなりますか。
被験者　はい、もっとスピードが落ちてきて……とてもゆっくり進みながら……以前にもたどったことがある道を運ばれていきます。他のいくつかの人々の群れ（仲間たちのグループ）を通りすぎました。

注：最後のグループへの移行は、まだ若い魂にとってとりわけ重要になります。ある被験者は目を覚ました後で、この場面は長い旅を終えて夕方に我が家に帰ってきたような感じだった――と言っています。郊外から市街地に入り、最後に自分が住んでいる区画にたどり着きます。隣近所の家々の窓には明かりがともり、中にいる人々の姿を見ながら家々の前をゆっくりと通りすぎて、やがて自分の家の玄関に到着します。トランス状態にある人たちは、自分の我が家にあたる場所を遠くから見たとき、それを「群れ」とか「集まり」とか呼ぶことが多いのですが、この光景はそれぞれの集団に入っていくとさらに鮮明になります。この時点で周囲の環境は、市街地や学校など、この世の安心や楽しみの目じるしとなる生活区域を連想させるものです。

ニュートン　さあ、ゆっくりと落ち着ける場所に来ました。どんな感じがしますか。
被験者　ここは……広々として……いきいきとして……まわりにたくさん人がいます。知っている人もいるし、知らない人もいます。
ニュートン　彼らにもう少し近づくことはできますか。

被験者　（急に憤慨したように大きな声で）あなたは分かっていないんです！　あっちには行けないんです。（と、オフィスの壁を指差しました）

ニュートン　なぜですか。

被験者　そうしてはいけないんです。勝手に動き回ることはできません。

ニュートン　でも、ここが最後の目的地ではないんですか。

被験者　そのことは関係ありません。向こうに行ってはいけないんです。（またオフィスの壁を指差しました）

ニュートン　これは、お父さんに会ったとき受け取ったメッセージとつながりがありますか。

被験者　ええ、そうです。

ニュートン　あなたの魂は自由に漂うことができないのですか。たとえば自分のグループの外へとか？

被験者　（指で示しながら）向こうにいるのは私のグループの人たちではないんです。

ニュートン　向こうとは具体的にどういうことですか。

被験者　（急に声を落として）あそこにいる人たちは……あそこが彼らの場所なんです。（次に床を指して）ここが私たちの場所です。私たちはここにいます。（自分で言いながら一人うなずく）

ニュートン　彼らはどういう人たちですか。

被験者　他人です。つまり私のグループの人ではないんです。（神経質に笑い出して）まあ、見て！　私のグループの人たちだわ。また会えるなんてうれしいわ。彼らが私のほうにやってきます！

ニュートン　（自発的な答えを引き出すために、こんな話を初めて聞いたかのように）本当ですか。それはよかったですね。彼らは今回の生でかかわりがあった人たちですか。

被験者　今回だけじゃなくずっとよ。（誇らしそうに）彼らは私の仲間なんです！

ニュートン　彼らはあなたのグループに所属する魂たちなのですか。
被験者　もちろんです。彼らとは長い付き合いです。ああ、また彼らに会えるなんてうれしいわ。（被験者がこのイメージに興奮したので、しばらくそのままにしておきました）
ニュートン　あなたの考え方はここに来てからちょっとの間に、ずいぶん変わったようですね。この空間のあの遠いほうにいる人たちを見てください。彼らはどんなところに住んでいるのですか。
被験者　（興奮して）知りたくなんかないわ。どうでもいいことだもの。分からないの？　彼らになんか興味がないわ。私は一緒にいなければならない人たちのことで頭がいっぱいなの。ずっと前からよく知っている、愛している人たちのことで……。
ニュートン　もちろんそうでしょうが、少し前にあなたはお父さんに近づくことができなくて、ずいぶんがっかりしていましたよね。
被験者　彼には彼の仲間たちや集まる場所があるということが、今やっと分かりました。
ニュートン　ここに到着したときは、どうしてそれが分からなかったのでしょうか。
被験者　さあ……たぶん最初はショックが大きかったからでしょう。今はいろいろな事情が分かってきました。いろいろなことを思い出したんです。
ニュートン　どうして付き添っているはずのガイドは、お父さんと会う前にそれを教えてくれなかったんでしょうね。
被験者　（長い間があって）分かりません……。
ニュートン　たぶんお父さん以外の、あなたが知っているかつて愛していた人たちも、それらのグループにいるかもしれないですね。さっきあなたはスピリット世界のいるべき場所に落ち着いたので、今ではもう彼らとコンタクトをとることができない、と言いませんでしたか。
被験者　（私にうんざりしたように）いいえ、心でコンタクトすることならできますよ。何度言ったら分かるんですか。私はここにいなければならないんです。
ニュートン　（もう少し情報を集めるために、被験者をいくらか刺激しました）他のグループを訪ねていったりはしないということですね。
被験者　とんでもない！　そんなことは許されません！　他人のグループに行って他人のエネルギーをじゃましてはいけないんです。
ニュートン　でも精神的なコンタクトなら、彼らのエネルギーを妨げたりしないのではないですか。
被験者　タイミングさえよかったら……。彼らに私と付き合っている暇があったら……。
ニュートン　では、ここではみな自分のグループの空間にとどまり、他を訪問したり気ままに精神的なコンタクトをとったりしないわけですね。
被験者　（落ち着いて）そうです。彼らは自分の空間の中で指示に従っているんです。あちこちを行ったり来たりするのは主に管理者たちです。
ニュートン　ありがとう、これですべてがはっきりしました。あなたやグループの仲間たちは、他人のスペースを侵さないように特別な配慮をしているということですね。
被験者　そうです。少なくとも私がいる区画の近くではそういうことになっています。
ニュートン　そしてあなたはこの決まりに息苦しいものを感じないと?
被験者　もちろんです。規則をちゃんと守っているかぎり、ここはとても広々とした場所だし、自由な雰囲気に満ちています。

ニュートン　もし守らなかったらどうなるのでしょう。それぞれの魂グループがいるべき場所にとどまっていることを、誰かが判断するのでしょうか。

被験者　（間があって）教師たちが手を貸してくれます。そうでなければ私たちは道に迷ってしまうでしょう。

ニュートン　最初にここに来たときに、あなたは迷っていたのかもしれませんね。

被験者　（自信なさそうに）私は一体になることができなくて……精神的に調和していなくて……混乱していたんです……あなたはここがどんなに広い場所なのか分かっていないんだわ。

ニュートン　他の魂たちがいる空間を見まわしてください。スピリットの世界は魂でいっぱいなのではないですか。

被験者　（笑って）たまに道に迷うことがありますが、それは自分が悪いとはいえ、この場所がとても広いからなんです！　ですから混雑するなんてことはけっしてありません。

この章の二つのケースは、初心者とより進歩した魂とでは、スピリット世界に戻ってくる旅の最終段階で、異なった反応を示す典型的な例です。集結地の壮大な眺めから最後に到達する自分の所属グループの場面まで、被験者によってそれぞれに解釈が違ってきます。何人かはスピリット世界の門からグループへの復帰まであっという間に進んでしまうので、到着するタイミングを調整しなければならなかったほどです。

帰還からグループへの復帰までの記憶をたどる途中で、ときに大事な人物がそこに光として存在していなかったり、テレパシー的に彼らと交感できなかったりするために不安を訴えることがあります。大事な人物というのは、今終えたばかりの生の両親や配偶者であることが多いようです。移行のステージの最終局面を迎えると、その理由が明らかになってきます。しばしばそれは大事な魂が、今現在肉体に宿っているかどうかとかかわりがあるようです。

これまで帰還する平均的な魂が、どれほど喜びに満ちているかを見てきました。仲間たちは明滅するまばゆい光として一つの集団をつくっています。ときに音楽的な特定の和音の共鳴が帰還する旅人たちを導くこともあります。ある被験者は次のように言っています。「自分の場所に近づくと『アーアーアー』といううたくさんの人が合唱する単調な調べが聞こえてきました。暖かく輝かしいエネルギーで高速に振動する音だったので、それが現時点では肉体に宿っていない魂からのものだと分かったんです」。

これは逆に考えれば、現在一つまたはそれ以上の肉体に宿っている魂は、戻ってきた者の歓迎に積極的に参加できないことを意味しています。

別の被験者は「自動操縦装置に運転を任せて自分は眠っているようなものだ。誰が向こうに行っているか、誰がこっちに来ているかはすぐに分かるよ」と述べています。肉体にとどまっている魂が発する光は薄暗く、エネルギーの振動パターンも低く、ほとんど誰とも交わりをもたないように見えます。しかしたとえそうであっても、これらの魂も戻ってきた魂をグループの中で穏やかなやり方で迎えることができるのです。

「ケース15」の被験者が経験したような、それぞれのグループの間に障壁があるという印象は、魂の年齢や被験者によって微妙に違ってきます。次のケースには、魂にはどれだけ移動の自由があるのかという別の視点が示されています。

多くの、初等の学習をまだ済ませていない平均的な魂は、同じ学校にいくつもクラスがあるように、自分たちのグループは他のグループと分かれていると主張します。同じ学校の中で完全に隔離されていると感じる被験者も何人かいました。彼らが「教師のガイドが指導するスピリット世界の学校」という比喩をあまりにもよく使うので、私も同じ比喩を頻繁に使うようになりました。

前にも述べたように、自分のグループに戻って落ち着いたら、それぞれの魂は長老たちの会議に呼び出されます。この評議会は何かを告発するためのものではなく、魂をグループに戻す前にその行動を詳しく吟味することが目的です。この評議会でのやり取りを詳しく語りたがらない被験者も少なくありませんが、これらは意図的に妨害されていると私は信じています。あるケースでは次のような報告がなされました。

「友人たちと出会った後に、ガイドのヴェロニカ（被験者の若い教師）は私を長老たちの評議会に出席させるために、別の場所に連れていきました。彼女は私につき添って、私が理解できないことを通訳し、今回の人生での行いを説明する手助けをしてくれました。ときに彼女は私に代わって弁護士のような立場から話してくれましたが、クワズル（ヴェロニカより先に到着していた被験者の上級ガイド）のほうが評議会に対して影響力がありました。かつてのように私の前には、白く長いローブを着た同じ六人の長老たちが座っていました。

彼らは優しい表情で、今終えたばかりの人生で私が何を理解したのか、どれだけ自分の才能を伸ばすことができたのか、何か有益な行いができたのか――といったことを評価しました。私は自分の失敗や将来への希望を自由に話すことができました。どの長老にも親しみを感じましたが、特に他の人よりも若く、より多くの言葉をかけてくれた二人にはいっそうの親しみを感じています。

誰が男性で誰が女性なのかも分かっているつもりです。それぞれ尋ね方には違いがありますが、どの長老も率直で誠実で、私はいつも正当な扱いを受けています。彼らには何一つ隠すことができませんが、ときに彼らがすばやく思考をとり交わしているとき、何が起こっているのか分からなくなることもあります。私の手に負えなくなると、彼らが私について何と言っているのかヴェロニカが通訳してくれますが、彼女はすべてを話してくれていないように感じます。再びこの世に戻るときに、私は彼らと二度目の会見をすることになっています」。

魂は昔なじみのクラスメイトたちと合流して、初めて本来の居場所に帰ってきたことを実感できます。彼らが同じ魂たちの元にとどまることは、とりもなおさず教育的な目的から魂たちをそれぞれのグループに分ける仕組みが存在している証です。魂の理解力や現在の発達レベルに応じて、どのグループに分けられるかが決められます。学校のクラスのように、教師と親密なつながりをもつ生徒もいれば、そうでない生徒もいます。

次の章では魂のグループ分けのプロセスと、彼らがスピリット世界で自分たちの立場をどのように見ているのかについて検証します。

第七章　魂の分類

魂の存在を信じる多くの人たちは、魂は空間のある場所に大挙して集まっている――と想像しているのではないでしょうか。私の被験者の多くも、セッションが始まるまではそう信じていました。目を覚ました後で、誰にもスピリットの世界には帰属すべき場所があるのだと知って、彼らが驚いたのも当然だといえるでしょう。私自身も催眠下の被験者を通じてスピリット世界の研究を始めたばかりのころには、整然と組織された魂のサポートグループがあるなどとは夢にも思っていませんでした。この世を去った魂はあてもなくふらふらとさまよっているのだとイメージしていたのです。

❖グループを構成するのは同じ気づきレベルの友人たち

魂はそれぞれのレベルのグループに振り分けられます。肉体が死んだ後で、魂がある程度の成熟に達しているか、または第四章で述べたようなその他の理由で隔離されるのでないかぎり、魂の本来の居場所に帰還する旅は仲間たちが集う特定の空間に着いた時点で終わります。グループを構成しているのは、ほとんど同じ気づきレベルにある古くからの友人たちです。

トランス状態にある人々の話から明らかになってくるのは、魂のグループは人間の家族と同じように、お互いに非常に親密な関係にある魂たちで構成される基本的な小ユニットだということです。それぞれのメンバーがお互いに示す親密な配慮は、この世の常識からは想像もつかないほどです。

この世の地域に相当する中規模の魂グループは複数の初等グループから構成されていて、個々の初等グループ間にはあまり活発な交流はありません。中程度のグループは規模が大きく、一つの池に無数の蓮の花が咲いているように、非常に多くの初等グループを含んでいます。そしてスピリット世界には無数の「池」が存在しているようです。その数は膨大なもので、魂の総数が数千を下回る中規模グループについては聞いたことがありません。

中規模グループを構成する多くの初等グループの間にはたまに行き来があるか、あるいはまったく接触がない場合もあります。異なった中規模グループに属する魂同士が実質的な交流をするケースはほとんどありませんが、これは中規模グループに属する魂の総数が圧倒的に多いために、他と交流をもつ必要がないからです。

小規模な初等グループでは、魂の数は三人から二十五人とかなり幅があり、平均的集団は十五人前後でインナーサークルと呼ばれているようです。

ときどき異なったグループのメンバー同士に密接なかかわりが生じますが、この世で学ぶべきレッスンが何らかのかたちでかかわっているからのようです。それが過去世の出会いに由来するものなのか、またはその魂たちの個性の中に互いの要求を満たすものがあるのかはケース・バイ・ケースです。グループが異なる魂同士のかかわりは、この世の人生では周辺的な役割を演じるにすぎず、ちょうど、かつては親友だったけれど今は同窓生にすぎない知人のようなものです。

同じグループのメンバー同士はいつまでも綿密な結びつきを保っています。このきわめて結束が固い集団は、たいてい気の合う仲間同士で構成されていて、共通の目的に向けて絶えず協力し合っています。彼らの多くはこの世に転生したときも、身内や親友として一緒に暮らすことを選ぶのです。

❖魂の成長に貢献するのは両親ではなく兄弟姉妹

前世の両親の魂よりも、兄弟や姉妹の魂が、スピリット世界では同じグループに属していることが多いようです。両親とは死んだ後にスピリット世界の門で会えますが、その後に彼らの魂に会うことはめったにありません。このような状況は魂の成熟レベルによって生じるものではなく、その証拠に両親の魂が子どもの魂よりも進歩していないこともあるのです。

それよりも重要なのは、同じ時間の枠内で同世代として生きる兄弟姉妹たちの社会的な学習です。両親は子どもにとって、良い意味でも悪い意味でもカルマ的な影響を及ぼす最初の人格をそなえた存在なわけですが、多くの場合、個人の成長にもっとも大きな貢献をするのは、生涯の伴侶や兄弟、姉妹、親しい友人たちとの関係なのです。しかしこれは別の世代という立場から、私たちに異なった影響を与える両親や叔父、叔母、祖父母の重要性を否定するものではありません。

図表1と図表2（138～139ページ）は、魂がスピリット世界で所属するグループの構成を示しています。図表1では、より大きな中規模グループAを構成する初等グループ1の魂は、同じグループ内の他のすべての魂と緊密なかかわりをもっています。しかし初等グループ9と10（図表2に詳解）の一部の魂は、お互いに境界を越えて働きかけることができます。

中規模グループAとB、そしてCのまだ若い魂たちは、スピリット世界でもこの世でも他の中規模グループとはおそらくほとんどかかわりをもたないか、あるいはまったく接触がないでしょう。魂同士の親密さは

図表1　初等・中規模の魂のグループ間の社会的なかかわり

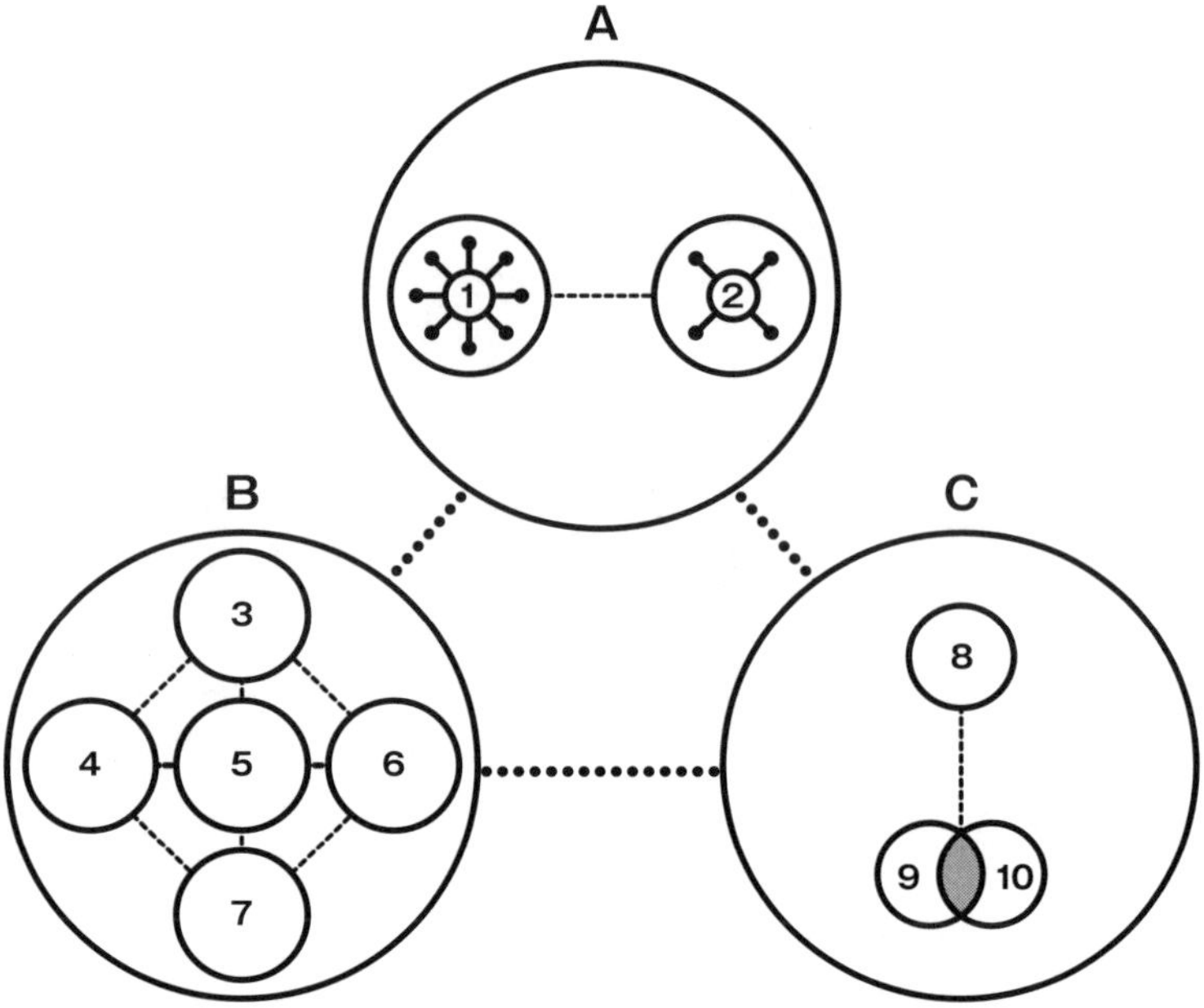

━━ 初等グループ内の魂同士には密接な相互の関係がある
------- 中規模グループ内の初等グループ間ではまれに魂同士の接触がある
••••• 中規模グループ間のあまり進歩していない魂同士ではほとんど交流がない

この図は、初等グループ（1から10）と中規模グループ（A、B、C）内での魂同士の全般的な関係を示しています。これらのグループ内の小グループや魂の総数は推測にすぎませんし、報告した被験者のスピリットの世界内での視点によってその見積もりも違ってきます。

図表２　初等の魂のグループ内の社会的なかかわり

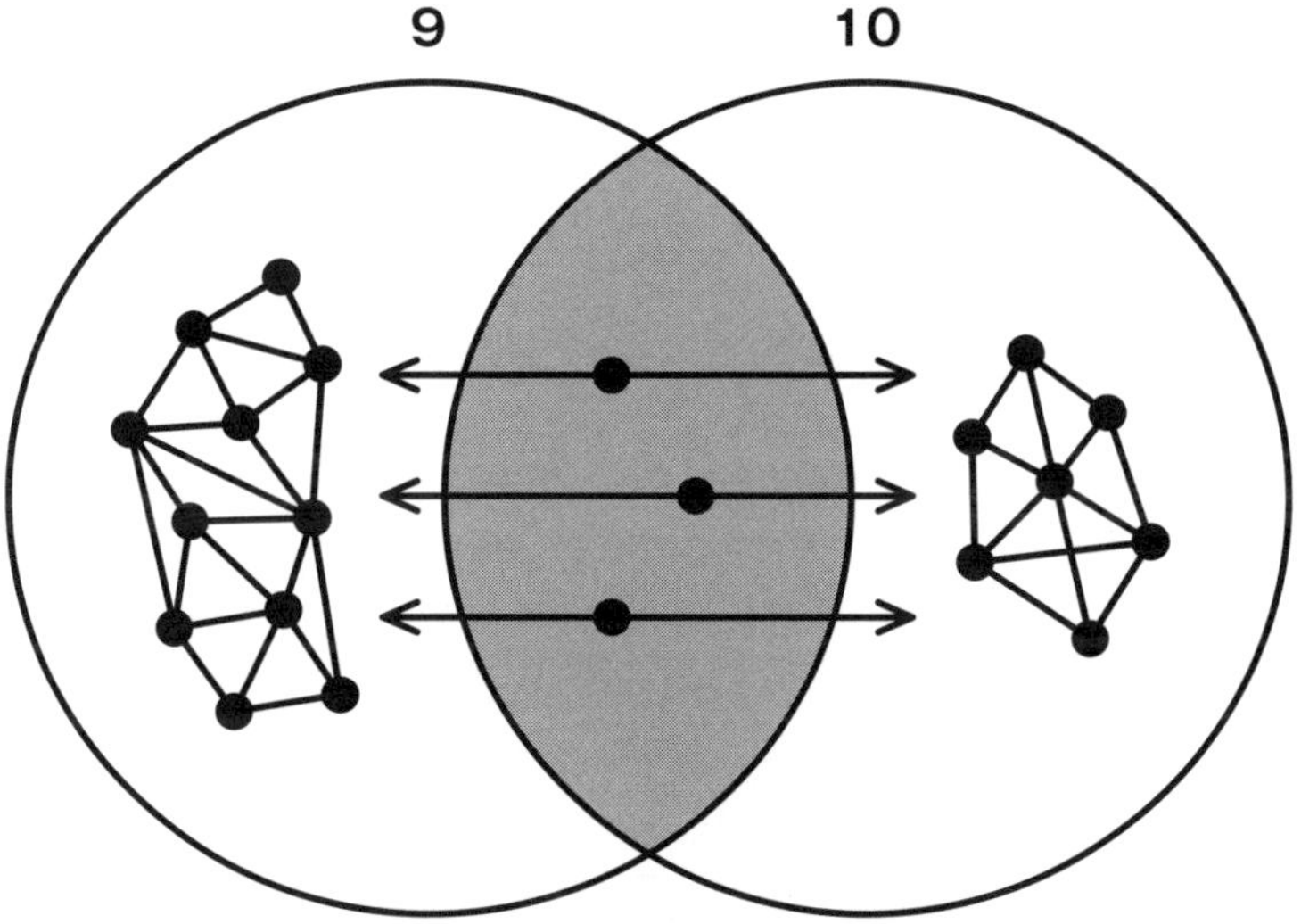

このソシオグラムは、図表１のグループ９と10の拡大図です。二つのグループが重なり合っている、あまり一般的ではない例です。（灰色の領域の）一部の魂の間には相互の接触があって、両方のグループと選択的な関係をもっています。

グループ内のお互いの関係距離によって決まり、彼らはこの世の人生を共にするので知識や感情も共通しています。

次のケースでは、魂が肉体の死後に自分のグループに戻った後の活動が具体的に報告されています。

ケース16

ニュートン 集結地を出てスピリット世界で自分が属するスペースに到着した後、あなたは次に何をするのですか。

被験者 友人たちと学校へ行きます。

ニュートン あなたはスピリット世界の学校に通っているのですか。

被験者 ええ、私たちはそこで学んでいるんです。

ニュートン あなたの経験を正しく理解したいので、この学校に着いてからのことを、一つひとつ順を追って説明してもらえますか。まず学校はどんなふうに見えますか。

被験者 (当然のように) 彫刻が施された大きな円柱が立ち並ぶ正方形のギリシャ神殿が見えます……とても美しい建物です。サイクル (生) が終わるたびに戻ってくるので、見ればすぐに分かります。

ニュートン どうしてスピリット世界に古代ギリシャの神殿があるのですか。

被験者 (肩をすくめて) なぜそう見えるのか分かりませんが、私にはそれが自然であることは確かですね……ギリシャには何度も生まれていますから……。

ニュートン 分かりました、続けましょう。誰かあなたに会いに来ましたか。

被験者　（大きく顔をほころばせて）私の先生のカーラです。

ニュートン　彼女はどんなふうにあなたの前に現れるのですか。

被験者　（誇らしげに）彼女は神殿の入り口から私のほうに向かって降りてきます……女神の姿で……背が高く……長くゆったりとしたローブを着て……一方の肩をむき出しにして……髪を高く結って黄金の髪飾りで留めて……こちらに手を差し伸べながら……。

ニュートン　自分の姿を見てください。あなたも同じような衣装を着ていますか。

被験者　私たちは……みなおそらく同じ衣装を着て……まばゆく輝いて……他の姿にも変われますが……カーラは私の好みの外見で出迎えてくれたんです。

ニュートン　他の人たちはどこにいるのですか。

被験者　カーラは私を連れて神殿の学校に入っていきます。大きな〝学習の神殿〟が見えます。少人数のグループが席に座って……静かな声で話し合っています。私にはおなじみの……落ち着いた……暖かい……安心できる雰囲気があります。

ニュートン　その人たちはみな大人で性別が分かりますか。

被験者　ええ、でも、私のグループは女性のほうが多いんですよ。

ニュートン　どうしてですか。

被験者　それが今のところみんながもっとも快適に感じられる原子価だからです。

注：この被験者が性別の好みを表すのに使った「原子価」という言葉は、最初は奇妙に感じられましたが、まさにぴったりの表現でした。科学における原子価は正または負の数値であり、他の元素と結合するときの比率

を表します。一般的にグループ内の性別は男性か女性のどちらか一方に偏る場合もあるし、半々のこともあります。

ニュートン 分かりました。では次に何をしますか。

被験者 カーラが近くの席に連れていき、そこで友人たちが出迎えてくれました。戻ってこられて本当によかったです。

ニュートン なぜこの人たちはあなたと一緒にこの神殿にいるのですか。

被験者 私たちはみな同じ学習グループの一員だからです。彼らと再会できたこのうれしさは、とても言葉では言い表せません（被験者はこの場面で興奮してしまい、対談を再開できるまでしばらく待たねばなりませんでした）。

ニュートン この〝学習の神殿〟にはあなたのほかに何人くらいの人がいるのですか。

被験者 （心の中で数えてから）およそ二十人くらいです。

ニュートン この二十人はみなあなたの親友なんですか。

被験者 ええ、みんな親友です……ずっと昔から知っているんです。でもそのうちの五人が一番の親友です。

ニュートン この二十人の人たちはほとんど同じ学習レベルですか。

被験者 ええ……ほとんど。いくらか先に進んでいる人たちもいますが……。

ニュートン 知識に関してはあなたはどのぐらいのレベルなんですか。

被験者 真ん中くらいです。

ニュートン レッスンの理解力ではどうですか。

被験者　私たちはみなほとんど同じですよ……だから一緒に学ぶことが多いんです。
ニュートン　彼らを何と呼んでいますか。
被験者　（くすくす笑って）お互いにニックネームで呼んでいます。
ニュートン　なぜニックネームで呼ぶのですか。
被験者　それは……お互いの本質をはっきりさせるためです。私たちはお互いをこの世にある物の名前で呼んでいるんです。
ニュートン　あなたのニックネームは？
被験者　シスル（アザミ）です。
ニュートン　それが個人的な特徴の一部を表しているのですか。
被験者　（間があって）私は……ローテーション（生のサイクル）で未知の状況におかれると……とげとげしい反応を示すことが多いんです。
ニュートン　そうなんですか。ほかにぴったりのニックネームをもつのは誰ですか。またその理由は？
被験者　（軽く笑って）スプレー（水しぶき）でしょう。彼はいつもローテーションに全力でぶつかって……まさに水しぶきをはね上げるように……あっという間にエネルギーを使い果たしてしまうんです。彼はこの世の水にかかわることが大好きなんです。
ニュートン　あなたが属しているグループの人たちは個性的な人ばかりのようですね。ではあなたや他の友人たちはこの〝学習の神殿〟で具体的に何をやっているのですか。
被験者　席に着いてみんなで本を読んでいます。
ニュートン　本？　どんな内容の本ですか。

被験者　「生の書」です。

ニュートン　もっと分かるように説明してもらえますか。

被験者　それは絵本なんです。表紙が白くて……厚さが十センチ近くもある……とても大きな本……。

ニュートン　では生の書を一冊開いて、あなたや友人たちが見ているものを説明してください。

被験者　（本を開くように両手を開いて）どこにも文字は書いてありません。私たちは動く絵を見ているんです。

ニュートン　動く絵というと、写真とは違うのですか。

被験者　ええ、三次元なんです。動いたり……変化したり……光を受けて変わるんです……水晶の……中心から……。

ニュートン　では絵は平面ではなくて、奥行きと動きがある光の波ということですか。

被験者　そうです、まるで生きているようです。

ニュートン　あなたや友人が本をどのように使うのか教えてください。

被験者　そうですね、まず最初に本を開いたばかりのときは焦点が合っていません。次に自分の望むことを考えていると、水晶がだんだんと明るく輝いて……波長が合ってきます。すると私たちの目の前の……ミニチュアの世界で……私たちの過去世や将来の人生が繰り広げられるのです。

ニュートン　このような本の中では時間はどのように扱われるのでしょうか。

被験者　枠組みによって……ページによって分けられて、時間は生の書の中では凝縮されています。

ニュートン　今はあなたの過去世に深く立ち入ることはしませんが、本を見て最初に目に入るのは何ですか。

被験者　前回の生での自制心の欠如です。それが私にとって大きな問題なんです。恋人とけんかして、自分が若くして死んでいくのが見えます……この死に方は意味のないものでした。

ニュートン　生の書では未来も見ることができるのですか。

被験者　未来の可能性を見ることができます……断片的ですが……レッスンの一環として……たいていワークの後半で他の人たちの助けを借りてね。これらの本の主な目的は、過去の行いを振り返ることにあります。

ニュートン　グループの人たちとこの〝学習の神殿〟で行う活動にはどのような目的があるのでしょうか。

被験者　私たちはお互いに助け合って、今回のサイクルでの失敗を振り返ります。教師がいつもそばについていますから、一緒にじっくりと勉強しながら自分たちの選択の意義について話し合うのです。

ニュートン　この建物には他の人たちが勉強する場所もあるのですか。

被験者　いいえ、ここは私たちのグループ専用です。近くには他のグループの人たちが学んでいる多くの建物があります。

注：図表1（138ページ）を見てもらえば分かりますが、ここで語られている状況は、この図の中のBの円にあたります。この図では、3から7までのグループでは相互の交流はたまにしか見られませんが、スピリット世界の中での位置関係はかなり近いと見てよいでしょう。

ニュートン　他の建物で学んでいる人たちのグループは、あなたのグループの人たちよりも進歩しているとか進歩していないとか、そういった理由があるからですか。

被験者　どちらのケースもありますね。

ニュートン　あなたは魂が学ぶ他の建物を訪れることはできるのでしょうか。

被験者　（長い間があって）よく行くところが一つあります。

ニュートン　どこですか。

被験者　私たちよりも、もっと若い魂のための場所です。彼らの教師がいないときに手伝いに行くんです。必要とされるというのはすばらしいことですよ。

ニュートン　どのように彼らの手伝いをするのですか。

被験者　（笑って）宿題を手伝うんです。

ニュートン　でも、それは教師であるガイドの責任でしょう。

被験者　いいですか。教師というのは……（霊的な成長が）ずっと先まで進んでいるんです……このグループの人たちが私たちの手伝いを喜んでくれるのは、私たちが彼らと親しく心を通わすことができるからです。

ニュートン　では、このグループの人たちを下級生として教えているわけですね。

被験者　ええ、でも私たちはそういう手伝いを受けたことはありません。

ニュートン　どうしてですか。ときにはもっと進歩したグループが〝学習の神殿〟に来て、あなた方の手伝いをしてもおかしくないのではないですか。

被験者　私たちは若い魂よりも先に進んでいるので、それはありません。また私たちは彼らに干渉しません。誰かとつながりをもちたいのなら、学習センターの外でそれをするでしょう。

ニュートン　学習エリアの他の魂のじゃまをしないかぎり、どこでも好きなところに出かけていくことができるのですか。

被験者　（質問をはぐらかすように）私はこの神殿のある区域が好きですが、その気になれば誰とでも接触をもつことができます。

ニュートン　精神的には遠くに出かけることができても、あなたの魂のエネルギーはこの区域に制限されているのではないですか。

被験者　制限されているようには感じません……他のいろんな部屋に行くこともできますが……ただその気にならないだけなんです。

「ケース16」の被験者は、スピリットの世界に制約はないと言っていますが、これは前のケースで目撃された魂がいる空間を隔てる境界の存在に矛盾するかのように見えます。被験者が初めてスピリット世界に導かれ、まず自然に目にするのは、そこでの秩序や自分たちが魂の生活を送る場所のことです。平均的な被験者なら生活や活動のためのスペースだけでなく、プライベートな空間についても語ることがありますが、スピリット世界を制約のある場所として見ている者は一人もいません。超意識的な回想が始まると、ほとんどの人が移動の自由や多様な学習レベルの魂が集うレクリエーションのための公共スペースについて報告します。

このような共有的な空間では、浮かび漂う魂は社会的な多くの活動に参加します。中には遊び好きな年長の魂が、年若い魂の行く末を「からかっている」場面に出くわしたり、また「私たちは子どものようにみんなで集まって遊ぶことがあります。かくれんぼをして若い魂が迷ったときには、彼らが元の場所に戻るのを助けてやったりします」などと言う被験者もいます。中世の吟遊詩人のようなゲストが現れて演技したり物語を語ってくれたり、また別の被験者のグループには「ユーモア」という名前の一風変わった人物が現れて、滑稽なしぐさでみんなを笑わせたりすることもあるそうです。

往々にして催眠下にある人たちは、この魂の交感の背後にある神秘的な意味合いを明確に説明することができないと感じています。

集まって輪になった魂が互いとの調和を高めて思考を投射する——という遊びについてもよく聞きます。一部の人は「思考のリズムが完全に調和するとある種の歌が生まれる」と言います。また魂が互いの周囲を旋回してエネルギーを混じり合わせ、エキゾチックな光と色のパターンを混合させたり分離させたりして、優雅で絶妙なダンスが踊られることもあるようです。このようなダンスの輪の中心には、神殿、船、動物、樹木、海辺のような物質的光景が呼び起こされることもあります。こうしたこの世のイメージはそれぞれの魂グループにとって特別な意味があって、かつて生きた多くの生の肯定的な記憶を強める働きをしています。

これらの物質の幻像は、肉体を懐かしむ魂の悲しみを表すものではけっしてありません。自分たちが個のアイデンティティを確立するために貢献した過去の出来事との、歓びに満ちた交感なのです。この魂の神秘的な表現は本来が儀式的な性格のものですが、私の見るところ単なる儀式をはるかに超えています。

スピリット世界の多くの場所を超意識状態にある被験者の誰もが、同じ機能を果たすものとして説明していますが、それらの領域がもつイメージはそれぞれ違っています。このケースでギリシャ神殿のように描かれた学習エリアを、他の人なら現代の学校の建物のように描くかもしれません。その他の報告の中にはさらにいっそう矛盾しているものもあります。たとえば前章で見たように、スピリット世界で、ある場所から別の場所へと心の旅をした多くの被験者たちが、周囲の空間を球のようだと説明していますが、一方で彼らはスピリットの世界は「無限」であり閉じられてはいないと言うかもしれません。

ここで私たちが心に留めておかなければならないのは、トランス状態にある人たちは自分の視点を、意識的な心がこの世で見たり聞いたりした経験からかたちづくろうとする傾向があるということです。かなり多くの人たちがトランス状態から抜け出た後に、スピリットの世界にはあまりに多くの現象があって、この世の言葉では説明しつくすことができないと言います。誰もが自分が経験した抽象的なスピリットの状態を、自分に意味のある解釈のシンボルに置き換えようとするのです。ときに被験者は、スピリット世界の特定の場所に初めて導き入れられたとき、自分の見たものを信じようとしないことさえあります。これは彼らの意識的な心の批判的な部分がまだメッセージを送り続けているからです。トランス状態にある人たちは、じきに無意識の心が告げているものに適応するようになります。

❖魂のレベルを判断するには

魂のグループに関する情報を集め始めたとき、彼らの魂がどのレベルに属しているのかを判断する基準を彼らの知識においていました。この評価基準しか使っていなかったために、被験者の発達レベルをただちに判断することが難しかったのです。しかしスピリット世界の研究を始めてしばらくして「ケース16」の事例に出合いました。これは魂の進歩をその色で判断することを知ったという意味では重要なセッションでした。

実はこのケース以前にも、被験者がスピリット世界で目にする色、魂のエネルギー集合体が放つ色について報告していましたが、それが魂の本質にかかわる重要な情報であるとは認識できず、明確な結論を出すには至りませんでした。思い返せば私は正しい質問をしていなかったのです。

私はキルリアン写真やカリフォルニア大学の超心理学の研究について知識がありましたし、それらの研究では生きている人間が特有の色のオーラを発することが示唆されていました。人間がチャクラと呼ばれる主要なエネルギー中枢のネットワークと結びついている、肉体の外部や周辺に流れ出すイオン化されたエネルギー場をもっていることは確かです。霊的なエネルギーは能動的な活力を与えられたエネルギーだと聞かされていましたし、魂を物質界にとどめておくのに必要な電磁的エネルギーが介在して、この世に特有の色がつくりだされていることも考えられました。

また人間のオーラは、個人の肉体的な健康をも含めた思考や感情を反映するものだとの説も聞いていました。私は個々の人間が発散するエネルギー場と、被験者から聞いたスピリット世界で魂が放つ光とは、直接的な関係があるのではないかと考えたのです。

「ケース16」で、魂から見た魂の放つ光は、完全な白ではないことを知りました。被験者の心には、魂はそれぞれ特有の色のオーラを放っているように見えます。私はこのケースと出合って初めて、これらのエネルギーの色合いの意味を読み解くことができたと信じています。

ニュートン　いいでしょう。では〝学習の神殿〟の外に出てみましょうか。あなたのまわりや遠くのほうに何か見えますか。

被験者　他の人たち……大勢の人たちが見えます。

ニュートン　どれぐらいいると思いますか。

被験者　そうですね……遠くですから……よく数えられませんが……何百も何千も……ずいぶん大勢いますね。

ニュートン　その大勢の魂が誰なのか分かりますか。彼らとかかわりがあるのでしょうか。

被験者　いいえ、ありません。全員を見ることさえできないんです。何というか……全体にぼやっとしていて……でも、私の仲間は近くにいますよ。

ニュートン　あなたのおよそ二十人の仲間たちの魂を初等グループと呼ぶとしたら、現在は周囲のもっと大きな中規模の魂の集団の一員になっていると言えるわけですか。

被験者　私たちは……みな……互いとかかわりがありますが……それは直接的な関係ではありません。私はこの人たちのことは知りません……。

ニュートン　神殿の中で自分のグループの人たちがそうであったように、ここにいる他のすべての魂も、肉体の姿かたちがあるものとして見えているのでしょうか。

被験者　いいえ、そのように見えなくてもいいんです。そのほうが……ここのような広い場所では自然ですからね。みな魂として見えていますよ。

ニュートン　そこから遠くのほうを見てください。他の魂たちはどんなふうに見えますか。何に似ているでしょうか。

被験者　さまざまな光に見えます……まるでホタルが飛び交っているようです。

ニュートン　お互いに活動を共にしている教師と学生のような魂は、いつも一緒にいるのでしょうか。

被験者　私たちのように仲間は一緒にいますが、教師たちは自分のクラスで手伝いをしていないときは、彼ら同士で一緒にいることが多いです。

ニュートン　今いるところから教師のガイドが見えますか。

被験者　（間があって）何人か……ええ……彼らのほうが数ははるかに少ないんですよ、もちろん。カーラが二人の友人と一緒にいるのが見えます。

ニュートン　肉体の姿が見えなくても彼らがガイドであることが分かるのですか。単に明るくて白い光を見ただけで、彼らがガイドだと分かるのですか。

被験者　もちろん、そうですよ。でも完全に白いわけではないんです。

ニュートン　魂は完全に真っ白でないのですか。

被験者　ある意味でそうです……エネルギーの強さの違いでいくらか輝きが落ちることがあります。

ニュートン　ではカーラと二人の友人は、白でもいくらか色合いが違うということですか。
被験者　いいえ、彼らは白くなんかないですよ。
ニュートン　それはどういうことですか。
被験者　いいですか、彼女と二人の友人は教師なんですよ。
ニュートン　どこが違うのですか。ガイドたちは白くないエネルギーを放っているということですか。
被験者　そのとおりです。
ニュートン　では、どんな色なんでしょうか。
被験者　黄色ですよ、もちろん。
ニュートン　そうですか。ではガイドはみな黄色のエネルギーを放っているのですか。
被験者　いいえ、そんなことはありません。
ニュートン　何ですって?
被験者　カーラの教師はヴァラーズといいます。彼は青いんです。彼はたまにここに来ます。とてもいい人です。とても聡明なんです。
ニュートン　青ですか。どうして彼は青になるのでしょう。
被験者　ヴァラーズは明るい青色をしています。
ニュートン　分からなくなってきました。あなたのグループにヴァラーズという別の教師がいるなんて一度も聞いていませんよ。
被験者　あなたが聞かなかったからです。いずれにしても彼は私たちのグループに所属していません。カーラも同じですけどね。彼らにも自分のグループがあるのです。

ニュートン　そしてこのガイドたちは黄色や青のオーラをもっているのですか。
被験者　そうです。
ニュートン　まわりに浮遊する魂で、その他のエネルギーの色をもっている者はいますか。
被験者　いいえ。
ニュートン　赤や緑のエネルギーの光はないのですか。
被験者　いくらか赤みがかった者はいますが、緑色の光はありませんね。
ニュートン　どうしてでしょう。
被験者　私には分かりませんが、ふとまわりを見まわしたときに、この場所が色とりどりの明かりがともったクリスマスツリーのように見えることがあります。
ニュートン　ヴァラーズについて知りたいのですが、グループには必ず二人の教師がついているのですか。
被験者　そうですね……場合によりますけど。カーラはヴァラーズの下で修行を積んだので、私たちには二人の教師がいるのです。彼はめったに来ません。私たち以外にもグループをもっているからです。
ニュートン　ではカーラ自身も学生なんですね、初歩的なガイドとして教えてはいるようですが。
被験者　（いくらかムッとして）彼女は私から見ると十分に進歩していますよ！
ニュートン　分かりました。でも色のことをもっとはっきりさせたいのですが、手助けしてもらえますか。なぜカーラは黄色、そしてヴァラーズは青色の光を放っているのでしょうか。
被験者　それは簡単です。ヴァラーズは……知識において私たちよりもずっと先に進んでいるので、より暗い色調の光を放つのです。
ニュートン　青という色は、黄色や完全な白と比較して魂の違いを表しているのでしょうか。

被験者　説明してみましょうか。青は黄色よりも深く、黄色は白よりも強く、それはその人がどれだけ進歩しているかによります。

ニュートン　だとすると、ヴァラーズの輝きはカーラほど明るくはなく、彼女はあなたのエネルギーほどまばゆくはないということですか。つまりあなたはそこまで進歩していないですからね。

被験者　（笑って）はるかに遅れていますよ。彼らはどちらも私よりももっと重々しく、もっと安定した光をもっています。

ニュートン　カーラの黄色とあなたの白は、進歩のレベルから言ってどのくらいの差になるのですか。

被験者　（誇らしげに）私は赤みを帯びた白になりつつあります。最終的には金色の光をもつことになるでしょう。最近気がついたんですが、カーラはいくらか暗い黄色になってきています。これは予想していたことです。彼女の知識は深まっているし性格は善良ですからね。

ニュートン　本当ですか。では彼女は最終的には暗い青のエネルギー、青の強いエネルギーをもつことになるのでしょうか。

被験者　いいえ、初めは明るい青になります。進歩は常に段階的で、エネルギーは少しずつ密度が高くなっていくのです。

ニュートン　では魂の進歩の度合いを示す白、黄、青という基本的な三つの色があって、それらはどんな魂からも見えるわけですね。

被験者　そのとおりです。そして変化はきわめてゆっくりとしています。

ニュートン　まわりを見回してください。ここには魂が放つそれらすべての色のエネルギーがあるのですね。

被験者　そんなことはないです！　ほとんどは白で、いくらか黄色もありますが青はごくまれです。

ニュートン　詳しく話してくれてありがとう。

私はいつもトランス状態にある人たちに、彼らの色合いを聞くことにしています。スピリット世界そのものが全般的に白いのは別にして、被験者たちは他の大多数の魂が多様な色合いの白に見えると報告していす。明らかにくすんだ白またはグレーが成長の出発点になるのでしょう。そしてスピリットのオーラは白を基調にして赤、黄、青という原色が混じり込んできます。黄や青に緑の色合いが混じったものを見る人たちもいます。

魂のエネルギーの色に関する報告と、この世の色のスペクトルを支配する物理法則とを同じと見ることは仮説にすぎません。しかし、何らかの類似性が見られることは確かです。夜空の温度の低い星から放たれる光は赤みがかったオレンジ色ですが、エネルギーが大きく温度が高い星は黄色から青みがかった白っぽい光を放ちます。温度は光の波長と関係があって、スペクトルの可視波長の固有の周波数に比例しています。人間の目はこれらの波を、だんだんと色合いが暗くなってゆく光の帯として視覚化します。

魂のエネルギーが表す色はたぶん水素やヘリウムといった元素の色とはあまり関係がないのでしょうが、おそらく高い電磁波のエネルギー場とは何らかのかかわりがあると思われます。

私は、魂の光は調和的な知恵の霊的な一体性に合致するバイブレーションの運動から影響を受けていると推測します。量子力学のある分野では、宇宙が波動の波からできており、複数の波の相互作用が物質の集合にも影響を及ぼすことが示唆されています。物質空間では光、運動、音、時間のすべてが相互にかかわりあっています。私はこれらと同じ関係が霊的な事象に見いだされるケースをいくつも扱いました。

意識は、「霊的にも物質的にも光のエネルギーを放ったり受けたりする」というのが私の最終的な結論になります。個人のバイブレーションの波動パターンが魂のオーラに相当するのだと信じています。魂が放つ光の密度、色、状態は、その人の知識や認識の深さに比例し、私たちが進歩するにつれて光のエネルギーが高まっていきます。個人のエネルギーパターンはその人の人柄を表すだけでなく、他人を癒したり自分を回復させたりする潜在能力をも示しています。

催眠下の被験者は、魂の見かけを説明するのに色に関連した言葉を使います。特に遠くから見たときや魂が形をとらないときには、進歩した魂は高速で運動するエネルギーの粒子を放ち、それは青い色をしていて、もっとも集中度が高くなると紫色になることが多くのケースから分かりました。

この世の可視光線のスペクトルでは青紫がもっとも短い波長をもち、目に見えない紫外線がもっとも強いエネルギーをもっています。色や密度が知恵の反映であるとしたら、魂が放つ白から黄色の低い波長の光はより低い集中度の波動エネルギーを表しているに違いありません。

図表3は、被験者の報告を参考に作成した、色の違いによる魂の進歩レベルの分類表です。左端の縦の列は魂の霊的な段階、学習が進んだレベルを表します。右端の縦の列はガイドの等級を表し、他人に貢献する役割を担う能力がどれだけあるか、その準備がどれだけ進んでいるかを示していますが、これに関しては次の章でさらに詳しく検討することにしましょう。

魂の学習は魂の誕生とともに始まり、肉体を伴う生を割り振られるようになると進歩の速度はぐっとスピードアップします。生まれ変わるたびに私たちの理解力は成長して、ときにはいくらか後退する生があったとしても、再び足場を固めて改めて前進していくしかありません。いずれにしても私が確認できたかぎりでは、魂がいったんある霊的なレベルに達すると、そこから大きく後退することはないようです。

図表3で転生する魂の六つのレベルを示しました。私はふだん被験者たちをビギナー、平均的魂、進歩し

図表3　魂の発達レベルの分類モデル

学習ステージ		色の範囲	ガイドの能力
レベルⅠ	初等	白（明るく均質）	なし
レベルⅡ	中等下	白っぽい （赤みがかっているが、最後には黄色みを帯びる）	なし
レベルⅢ	中等	黄（純色で、白っぽさはない）	なし
レベルⅣ	中等上	暗い黄色 （深い黄金色で、最後には青みがかる）	初級
レベルⅤ	高等	明るい青 （黄色みはなく、最後には紫がかる）	上級
レベルⅥ	最高	暗い青紫色（輝く光に包まれる）	マスター

た魂という大まかなカテゴリーに分けていますが、実際にはレベルⅡからレベルⅣまでの間には微妙な違いがあります。

たとえばある魂が、レベルⅠのビギナーの段階からレベルⅡに入ろうとしているかを判断するためには、どれだけ白いエネルギーが残っているかを知るだけでなく、学習の進み具合を示す、被験者の質問に対する応答も分析しなければなりません。過去世における学習の経歴や未来に対する期待、グループ内でのかかわり、被験者とガイドとの対話、これらすべてが成長のプロフィールを描き出すのです。

被験者の中には、スピリット世界を図表3に示されるような社会的構造や運営システムをもっている場所として描くとに、異議を唱える者もいます。しかしこのような被験者でさえ、仲間や教師たちと協調して進められる組織的な自己啓発のプロセスについて語っているのです。もしもスピリット世界が巨大な学校に似ているとしたら——教師の魂が一人ひとりを見守っていて、彼らが指導する無数のクラスからスピリットの世界全体が成り立っているとしたら、それには構造があると言わねばなりません。

図表3は、私自身が使っている基本的なレベル分けのモデ

ルです。確かにこれは不十分なものでしょう。今後の退行療法家たちの研究によって（彼ら自身の魂の成熟度を測る調査を通じて）、私の概念図が確証されることを期待しています。

この章は読者に、この世の社会で人々が階級による差別を受けるように、スピリット世界でも魂は光のレベルによって差別されるという印象を与えるかもしれません。しかしこの世の社会状況をそのままスピリットの世界にあてはめることはできません。

魂の知識は光の周波数の違いによって測られますが、いずれの光も同じエネルギーの源泉から生じてきます。魂たちは思考において完全に統一されているのです。スピリット世界のあらゆる活動にたった一つのレベルしかなかったら、魂のトレーニングシステムは貧弱なものにしかなり得ません。

この世でも昔は学校に一つしか教室がなかったために、年齢の違う生徒に制約を課していました。スピリット世界では、魂は自分の進歩の度合いに応じて同じレベルの者たちと活動を共にすることができます。成熟した教師のガイドは自分たちの後を継ぐ、いわば魂の次世代を訓練しているのです。

スピリット世界に学習と進歩の度合いに対応するシステムが存在することには、それなりの実用的な理由があるのです。この教育システムは光明を、そして最後には魂の完成をもたらすものです。私たちが学ぶべき課題で間違った選択をして苦しむことがあっても、マスターたちの魂によって守られ支援され導かれていることは、ぜひとも理解しておかなければなりません。私はこれを「スピリット世界における魂の管理システム」とみなしています。

魂の等級という考え方は、東洋や西洋の文化に古くからありました。

プラトンは、魂が倫理的な理性の多くの段階を経て、幼児期から成年期へと成熟し変容していくと考えていました。ギリシャ人は、人間は道徳を知らず未熟で暴力的な存在から多くの生まれ変わりを経て、最後には哀れみ、忍耐、寛容さ、誠実さ、愛情をそなえた社会的な存在へと進歩していくと考えていました。

二世紀になると新興キリスト教の神学はプロティノスから大きな影響を受けましたが、彼の新プラトン主義の宇宙観では、魂の存在に階層的な等級があるとされていました。最高の存在は超越者または創造主であり、そこから魂の自己が生まれて人間の中に宿るのです。最終的にはこれらより低い魂の自我も、宇宙的な大霊との完全な合一へと回帰していきます。

私が提示する魂の発達レベルの分類は、社会的にも知性的にもエリート主義を排除するものです。高度に進歩した魂はこの世ではつつましい境遇に見いだされることが多いのです。これと同じ理由から、人間社会で影響力がある特権階級の人間も、必ずしも成熟した魂の至福を体現しているわけではありません。それどころか、実情はその逆だったりすることも少なくありません。

魂の発達レベルについて考えるとき、仲間たちのグループの重要性はいくら強調してもしすぎることはありません。ビギナーの魂（レベルⅠとⅡ）を扱う九章では、魂のグループの働きをさらに詳細に検証することにします。しかし次の章に移る前に、私が提唱する魂の分類システムの基本的原則をここで要約しておきましょう。

●魂の誕生時期に関係なく初歩的な段階が終わると、同じ理解力レベルの魂のグループに割り振られる。
●いったん新たな魂のサポートグループがつくられると、将来的に新メンバーが加えられることはない。
●似たような魂を集めるための選抜手続きがあり、自我、認識力、表現力、欲求などの類似性が考慮される。
●グループの大小に関係なく魂の集団同士がエネルギーを混じり合わせることはほとんどないが、個々の魂は初等・中規模なグループの境界を越えてコミュニケートできる。
●レベルⅠとⅡの初歩的グループは、学習の必要からもっと小さなサブグループに分けられることもあるが、グループの全体的なまとまりから切り離されることはない。
●学習の進度は同じグループのメンバーでも違う。ある魂が他の魂より早く進歩したとしても、その魂がカリキュラムすべての分野で有能かつ優れているとは必ずしもいえない。
●平均的な学習レベルでは、特別な才能（ヒーリング、教育、創作など）を示す魂は、元の初等グループにとどまりながらも、さらに進んだ学習のために特別なグループに加わることを許される。
●魂の要求、動機、実行能力があらゆる自己開発の分野において完全にレベルⅢに達したと判断された時点で、彼らはゆるやかな「自主学習」のグループに組み込まれる。通例、以前のガイドは一人のマスターの教師から彼らについての報告を受け続ける。このようにして多くの初等グループからレベルⅢへと完全に進級した一群の魂たちが、一つかそれ以上の中規模グループの中でまとめられる。
●レベルⅣに近づくと魂はグループの活動から離れ、さらに自立の機会を与えられる。魂が進歩するにつれてグループは小さくなっていくが、本来のグループの仲間たちとの親密なつながりは失われない。
●霊的なガイドは、グループの特色に合わせて、幅広い教えの手法や教育上の人物イメージを使い分ける。

第八章　霊的なガイド

どんな被験者もトランス状態に入ると、必ず何らかのかたちで自分のガイドに出会うことになります。ガイドによっては催眠セッション中にはっきりとその存在が感じられる者もいます。

私はいつも被験者に、肉体をもたない第三者の存在が見えないか、感じられないかと尋ねることにしています。それを見たり感じたりするときには、この第三者が守護のガイドであることが多いようです。多くの場合、被験者は顔や声を認識する以前に肉体のない人物の存在を感じます。瞑想を深く実践している人は、一度も自分のガイドを呼び出したことがない人と違って、こうしたヴィジョンにふだんから慣れています。

霊的な教師を認知した人々は、温かく愛情に満ちた創造的なパワーをより身近に感じるようになります。自分のガイドを通して、私たちは生の連続性や魂のアイデンティティにいっそう敏感に気がつくようになります。ガイドは私たちの人生に恩恵をもたらす人物ですが、それは彼らが人々の運命の成就の一翼を担っているからです。

ガイドは複雑な性格をもっており、特にマスターガイドの場合は顕著です。被験者の魂の気づきレベルはある程度まで担当するガイドの進歩レベルで測ることができます。実際、あるガイドがどれほど成熟しているかも、彼が何人ぐらいの生徒を指導しているかで測ることができます。

上級レベル以上の能力をもつガイドは、たいていスピリット世界とこの世で一つのグループ全体を受け持っています。これらのガイドには補佐役の存在たちがいます。私が知るかぎり、魂グループにはたいてい一人かそれ以上の実習中のかなり新しい教師がいます。結果的に人によっては、手助けしてくれるガイドが二人以上いることになります。

被験者が使うガイドの名前には常識的なもの、風変わりなもの、聞き慣れない発音のものから、実に奇抜なものまであります。往々にしてこれらの名前は、教師が生徒とともに過ごした特定の過去世にまでさかのぼります。

なかには自分のガイドの名前を言えない人もいますが、これは催眠下で姿がはっきり見えていても音をまねることができないからです。こういった人たちには、名前よりもそのガイドが自分に割り振られた目的を知ることのほうが大事だと指摘することにしています。被験者がガイドを呼ぶとき、管理者、助言者、教師、あるいは単に「私の友人」といった一般的な名称を使うこともあります。

そのため、友人という呼び名の解釈には注意が必要です。ほとんどの場合、トランス状態で霊的な友人について話すときには、その人はガイドではなくてソウルメイトまたはグループの仲間です。友人の存在は、私たち自身よりもそれほど高くも低くもない（魂）レベルにあります。こういった友人は、私たちがこの世にあるときにはスピリット世界から精神的な励ましを送ることができますし、またこの世に生まれて人間の仲間として共に人生の道を歩むこともできます。

私の重要な目的の一つは、被験者が「自分のガイドが人生で果たす役割を意識的に正当に評価する」手助けをすることです。これらの教師である存在は、私たちをその熟練した指導テクニックによって啓発するのです。自分が考えついたと思っているアイデアも、実は私たちを心配するガイドが呼び覚ましたものかもしれません。

ガイドはまた、私たちの人生の試練のときに（特にまだ子どもで優しさを必要としているときに）、慰めを与えてくれます。人生で初めてガイドに会ったのはいつか、という質問に、ある女性の被験者は次のような心温まる返事をしています。「私が白昼夢を見るようになったころです。初めて学校に行って怯えているときに、教室までガイドがついてきてくれたのをおぼえています。彼女は私の机に座って話し相手になってくれて、怖くて先生に聞けないときはトイレに行く道順を教えてくれました」。

❖ガイドのような「見守る魂」という概念は古くから存在する

「人格をもった霊的な存在」という考え方は、人間としてものを考えるようになった私たちの、もっとも古い先祖の時代にまでさかのぼります。先史時代の人々の遺跡で行われた人類学的な調査によれば、トーテム信仰のシンボルは、個人的な守護の力を呼び招くためのものだということです。

のちに、今から五千年ほど前に都市文明が興隆すると、公認された神々を戴く国家の宗教がかたちづくられるようになりました。このような神々は、人々の生活からは縁遠く畏怖の対象にさえなりました。そのために個人や家族の守り神は、人々の日常生活を守護する非常に重要な役割を担うようになったのです。人格をもつ神々はそれぞれの個人や家族にとって守護天使の役割を果たし、危急のときにはこれらの神々の助けを得るために祈りがささげられました。この伝統は今日の私たちの文化にまで及んでいます。

合衆国の東と西に、二つの具体的な実例があります。アウマクアはハワイ人にとって自分だけの神です。ポリネシア人は、祖先の霊は現在の家族のメンバーと人間や動物、魚となって私的な神としての関係を結ぶことができると信じています。ヴィジョンや夢の中で、アウマクアは個人を助けたり叱ったりすることができます。アメリカ北東部のイロクォイ族はオレンダと呼ばれる人間の内側の霊的なパワーを信じていて、これはより高い人格をそなえたオレンダの霊とつながっているとされます。この守護パワーは、個人に向けられた有害で邪悪な力に対抗することができます。

南西部のズーニー族に伝わる神話にも、人格をもった神のような存在が登場します。彼らは「生の道の作り手にして支え手」と呼ばれ、魂の後見人とみなされています。このように、ガイドの役割を果たす「見守る魂」という概念が、多くの先住アメリカ人の文化や信仰の中に広く見いだされているのです。世界を見れば、ほかにも、人々を見守っている、彼らのために個人的な仲介をしてくれる神とは違った存在を信じる文化があります。

人間は身のまわりに霊的な力を与える、至高の神より下位の人格をそなえた存在をいつも必要としてきた、と私は信じています。人々が祈ったり瞑想したりするとき、彼らは霊感をもたらす存在に近づこうとしています。人間の心がはっきりと認知できる人物像に助けを求めるほうが簡単だからです。

至高の神はイメージしにくく、多くの人たちは直接的なつながりを感じることができません。宗教の違いや信仰の深さにかかわりなく人々は、もし至高の神が存在したとしても、その神は自分たちの個人的な問題になどかかわっている暇はないだろうと考えます。

人々はよく「自分には直接神とかかわるような価値はない」と言います。このために世界の主要な宗教は、過去の預言者たちを「私たちと神の仲介者」とみなしてきました。

これらの預言者たちの中には神の地位に祭り上げられた人たちもいて、彼らをもはや同じ人間とは感じられなくなっているケースもあるかもしれません。偉大な預言者たちが、信徒たちに霊的に有益な影響を及ぼさなかったと言っているのではありません。何百万人もの人々が、預言者としてこの世に生を受けた影響力のある魂たちから多くの教えを享受してきました。それでもなお人々は、心の奥底では「自分と個人的にかかわりがある人格をそなえた存在がどこかにいて、私たちを見守っている」と感じていましたし、忘れることはありませんでした。

私は、ガイドは宗教心が強い人には彼らが信仰する人物の姿で現れるという仮説を立てています。ある敬虔なキリスト教徒の家庭の子どもが臨死体験でイエス・キリストに出会ったという事例が、全国ネットのテレビ番組で取り上げられていました。自分が見たものをクレヨンで描くように言われて、その幼い女の子は光輪の中に立っている顔のない青い人物を描いたのです。

❖人生でどれだけガイドに依存しているか……

被験者たちは人生でどれだけ霊的なガイドに依存しているか、彼らを役立てているかを、私に示してくれました。いつしか私は、神ではなくて彼らこそ私たちの存在に直接的な責任を負っている存在だ——と信じるようになりました。これら経験豊かな教師たちはこの世の時間にして何千年も私たちと共にあって、この世に生まれる以前の、この世に生きているときの、そして死んだ後の幾多の試練を支援してきたのです。

私は意識的な状態で活動している人たちとは違って、トランス状態にある被験者は、たとえ人生で不運な経験をしていても神をののしったりはしないということに気がつきました。ほとんどの場合、魂の世界に入っているときには、不満の矛先を向けられるのは私たちの個人的なガイドです。

よく、教師のガイドはわれわれとの相性で選ばれるのか、それとも無作為に割り当てられるのかと尋ねられることがあります。これは答えることが難しい質問の一つです。ガイドはスピリットの世界で何らかの秩序に基づいたやり方で、私たちに割り当てられるように見えます。彼らの個人的な指導スタイルや管理テクニックは、私たちの魂の永遠のアイデンティティを支援するもの、分かちがたくそれと結びついているものだと信じるようになりました。

たとえば過去世で直すことが難しい否定的な性格を矯正した経験を買われて、同じ行動パターンをもつ魂に割り振られた何人かの若いガイドについて聞かされています。このように感情移入ができるガイドは、自分と似た魂たちに肯定的な変化を引き起こし得るという点が評価されたのかもしれません。

どんなガイドも自分の教え子に深い慈しみを感じていますが、その教えのアプローチは異なっています。あるガイドは、この世の生徒たちに常に助けの手を差し伸べようとしますが、別のガイドはほとんど生徒たちを励ますことなくただレッスンを学ぶように求めるだけです。

もちろん、魂がどれだけ成熟しているかがポイントになります。上級生が新入生ほど助けを必要としないことは確かです。進歩レベルは別にしても、個人の学習への意欲の強さが、一生のうちにどれだけ多くガイドが現れるか、どのようなかたちで援助を受けるのか、といったことに少なからず影響しているのではないかと考えています。

性別の割り振りについては、男女の被験者と男性や女性として現れるガイドとの間に一貫した相関関係はないように思われます。全体的に見れば、人々はガイドが示す性別をごく自然に受け止めています。

ある学生と教師との間では、一方の性がより好まれるというのは憶測にすぎないし、はたして永遠の時間のなかで相手が男性や女性であることに慣れてしまっているにすぎないのか――という疑問に関してはまだ議論の余地が残されています。両方の性別を示すように見えるガイドもいますが、これは魂が本来は中性であることを裏づけるものかもしれません。ある被験者は「私のガイドは、そのときどきでアレクシスになったりアレックスになったり、私が男性または女性どちらの助言を必要としているのかに応じて、両方の性を行ったり来たりするのです」と言っています。

私が知るかぎりでは、教師の選択はきわめて注意深く行われるようです。どんな人にも少なくとも一人の上級の、あるいはもっと高いマスターガイドが割り当てられています。また多くは魂として生きるなかで、前章「ケース16」のカーラのような新しい第二のガイドをもつようになります。私はこれらの見習い教師たちを「初級ガイド」と呼んでいます。

情熱あふれる若いガイドは、レベルⅢが終わろうとする、魂の進歩の中間ステージの最終局面に入ろうとするころから、教師としての訓練に参加できるようになります。実際にはレベルⅣに達するはるか以前から見習いガイドとしての訓練を始めています。私たちは進歩の低い段階からこの世の人生で友人を助けたり、生と生の間に相談相手となってグループの仲間たちを支援したりします。おそらく初級や上級の教師の割り振りにはマスターガイドの意向が反映されるらしく、彼らは大学の評議会にも似た、より若いガイドたちを指導監督する理事会のようなものを構成しています。

ガイドの進歩のプロセスがどのような道筋をたどるかについては、より成熟した魂のケースを扱う九章と十章で見ていくことにしましょう。

ガイドはみな同じ教えの能力を有しているのか、それとも私たちがスピリット世界で割り振られるグループの大きさに比例しているのでしょうか。

以下は、ある経験豊富な魂のケースファイルの一節ですが、彼はこの疑問に一つの答えを提示しています。

ケース17

ニュートン　スピリットの世界では、教師の割り振りを、未熟な魂を支援する彼らの能力に応じて決めるのでしょうか。魂がガイドとして成長したなら、彼らはもっと多くの魂を割り当てられることになるのでしょうか。

被験者　多くの経験を積んでいるガイドならそうですね。

ニュートン　ガイドを必要とする魂グループを数多く受け持つのは、たとえアシスタントがいても、そしていくら進歩しているとはいえ、負担が大きすぎるのではないかと思うのですが。

被験者　彼らならこなすことができますよ。数の多い少ないは問題ではありません。

ニュートン　どうしてですか。

被験者　いったん能力を獲得し、教師としての技能を発揮し始めたら、割り当てられる魂の数は問題ではなくなります。セクション（グループ）によって魂の数は違っているのです。

ニュートン　では、青い光のオーラをもつ上級ガイドになると、多数の魂を受け持つ能力をそなえるようになって、任されるクラスの大きさなど問題ではなくなるということですか。

被験者　正確にはそのとおりではありません。セクションにどんなタイプの魂がいるか、また指導者としての経験にもよりますからね。大きなセクションでは彼ら自身も援助を受けていますが、これはご存じですか。

ニュートン　誰がですか。

被験者　あなたが上級と呼んでいるガイドですよ。

ニュートン　では、誰が彼らを助けるんですか。
被験者　監督たちです。本当の決定権をもっているのは彼らです。
ニュートン　彼らはマスター教師とも呼ばれていると聞きましたが。
被験者　悪くない言い方ですね。
ニュートン　彼らはどんな色のエネルギーを放っているように見えますか。
被験者　それは……紫の系統ですね。

注：前章の図表3に示されているように、レベルⅤでも低い次元ではスカイブルーのエネルギーが放たれます。もっと成熟するとオーラがより凝縮されて、最初は淡い夜空の青から最後には深い紫色になって、レベルⅥの上位のマスターの完全な統合を表すものとなります。

ニュートン　ガイドはそれぞれに異なった教えのアプローチをもっているようですが、彼ら全員に共通したものとは何でしょうか。
被験者　教えることが好きで、教え子を育てたいという情熱がなかったら、彼らは教師にはなっていなかったでしょうね。
ニュートン　では、どんな魂がガイドに選ばれるのかを説明してください。典型的なガイドを例にとって、その進歩した魂がどんな性質をそなえているのかを。
被験者　甘やかしとは違う慈しみをそなえていなければなりません。彼らは批判的ではなく、やり方は強制的なものではなく、自身の価値観を押しつけて私たちを抑圧したりしません。
ニュートン　分かりました。ガイドはそういうことをしないということですね。では彼らが魂を過剰に管理しないとしたら、あなたの見るところ、彼らの行動で重要なこととは何ですか。

被験者　そうですね……彼らはセクションのみんなにやる気を起こさせて、一人ひとりに自信をもたせるようにします。彼ら自身が同じ道を歩んだことを、私たちはよく知っています。私たちはあるがままに受け入れられますし、自分の判断で失敗を犯す権利も認められているんです。

ニュートン　私がこれまでに聞いたかぎりでは、魂はガイドにとても忠実なようですね。

被験者　もちろんですよ、彼らはけっして私たちを見捨てたりしませんから。

ニュートン　あなたはガイドにとってもっとも重要な属性は何だと考えますか。

被験者　（ためらわずに）私たちを励まして勇気を奮い起こさせる力です。

次のケースではいまだ転生を続けるガイドの活動の実態が明らかにされます。このガイドはオーワという名前で、前のケースで示された情熱的な教師のタイプを代表しています。彼は駆け出しのガイドのころから「ケース18」の被験者を直接的に指導していたようで、それ以後も彼の教えの手法は変わっていないように見えます。次の「ケース18」ではオーワが現在誰として転生しているかが明らかになり、被験者はひどく驚きました。

オーワがガイドとして初めて現れたのは、紀元前五十年ごろのことでした。彼はローマ人の兵士によって荒廃したユダヤの村に老人として住んでいたようです。当時「ケース18」の被験者は若い娘で、ローマ軍が地元の反体制者を襲撃したために、みなしごとして育ちました。この過去世の冒頭シーンでは、自分は酒場でほとんど奴隷のように働かされていたと語りました。給仕女の彼女は店の主人からいつもぶたれ、ときにローマ人の客に強姦され、過労、虐待、絶望のために二十六歳という若さで死んだのです。被験者は潜在意識の記憶をたどり、この村に住んでいたある老人について次のように語りました。

「私は昼も夜も働きづめで、苦痛と屈辱のために何も感じられなくなっていました。彼はそんな私に優しくしてくれた、たった一人の人でした。彼は私に、自分を信頼することを教えてくれました。自分には周囲の残酷な人たちよりもはるかに気高くて高尚なものがあることを信じなさい――と教えてくれたのです」

その後の超意識的な状態の中で、この被験者は幾多の困難な人生にもオーワが信頼できる友人として、あるいは兄弟として現れてきた様子を詳細に語りました。そして彼女は、これらの人たちが実は一人の存在であり、ガイドのオーワの魂であることを知ったのです。オーワが登場しない人生も数多くありましたし、助けに現れても親密な接触がつかの間にすぎないことも何度かありました。

私は何気なく、オーワは現在の人生にも来ているのかと尋ねました。少し思い迷ったのち、被験者はわなわなと震えだして涙をこぼしながら、自分の心に見えるヴィジョンに向かって叫んだのです。

ケース18

被験者　まあ、何てことでしょう……やっと分かったわ！　彼にはきっと何かがあると思っていたの。
ニュートン　誰のことですか。
被験者　息子です！　オーワは私の息子のブランドンなんです！
ニュートン　あなたの息子がオーワ本人なのですか。
被験者　そうです！　そうです！（泣き笑いしながら）分かったわ！　あの子を産んだときから感じていたのよ……何かたまらなく懐かしくて大切なもの……無力な赤ん坊以上のものを……ああ……。

ニュートン　彼が生まれた日に何が分かったのですか。

被験者　本当に分かったわけではありません。内側で感じたんです……初めての出産のときに母親が感じる感動以上のものを……。私は彼が来たと感じたんです……私を助けるために……分かりますか。ああ、何てすばらしいことでしょう……本当だったんだわ……彼だった、だ、だったのよ！

ニュートン　（被験者は興奮のあまりオフィスの安楽いすから転げ落ちそうになったので、私は彼女を落ち着かせなければなりませんでした）オーワは何のために、あなたの息子のブランドンとしてここに来たのでしょうか。

被験者　（冷静さをとり戻しましたが、まだ目に涙を浮かべながら）私がこのつらい時期を乗り越えることができるように……まわりには私を受け入れてくれない冷酷な人たちがたくさんいるんです。彼はきっと、私が長い間困難に見舞われていることを知って、私のそばに息子として来ることを決めたのでしょう。私たちは、私が生まれる以前にこのことを相談したりはしませんでした……何といううれしい驚きなんでしょう。

注：このセッション当時、被験者は競争が激しいビジネスの世界で認められようと苦闘していました。また家庭内に夫との問題を抱えていて、その原因の一つは彼女が主な稼ぎ手だったことでした。彼女はその後、離婚しました。

ニュートン　生まれた赤ちゃんを自宅に連れて帰った後、赤ちゃんに何か特別なものを感じましたか。

被験者　ええ、その感じは病院にいるときから始まって今でもずっと続いています。彼の目をのぞきこむと……まるで慰められているような感じがします。ときどき私はぼろぼろに疲れて……打ちのめされて家に帰ってくるんです。ベビーシッターが帰ってしまうと、子どもの存在にいら立ちを感じることもあります。でも彼は私のそんな状態にじっと耐えてくれます。抱いてあやす必要もないほどです。彼が私を見るその目つきは……とても賢そうで……今までそれが何を意味するのか理解できませんでした。今やっと分かりました！ああ、何という祝福でしょう。赤ん坊を授かるかどうかさえ分からなかったのに……これですべてがはっきりしました。

ニュートン　何がはっきりしたのですか。

被験者　（きっぱりした口調で）仕事でもっと成長しようとしても、まわりの人たちはみんな……態度を頑なにして……私の知識や能力を認めてくれようとしません。夫との間にも不和があるんです。私はやりすぎている……成功を求めすぎると言って責めるんです。オーワはブランドンとなって、私に今の状況を乗り切るだけの強さを与えるためにここにやってきたんです……。

ニュートン　ではガイドがこの生で息子として生まれてきたことが分かっても、特別に差し支えはないと考えるわけですね。

被験者　ええ、自分がやってきたことをオーワ本人が悟られたくないと思ったなら、私はあなたに会いには来なかったでしょう……そんな考えは私の心に浮かばなかったでしょう。

この例外的なケースは、被験者が人生で自分のガイドと出会ったときに感じる感情的な興奮を如実に描きだしています。

ここで注意しておかなければならないのは、このオーワが選んだ役割は、通常はソウルメイトが受け持つもっとも典型的な役割を侵害するものではなかった――ということです。彼は配偶者としてやってきたのではありませんし、どの過去世でもそうであったことはなかったのです。もちろんソウルメイトが配偶者以外の役割を担うこともありますが、通常は転生したガイドが人生を共に育む二人のソウルメイトの間に割って入るような役割を受け持つことはありません。この被験者の場合にはソウルメイトは彼女の高校時代の恋人でした。

私が集めた情報に基づくかぎり、オーワはこの二千年の間に初級ガイドのレベルに達したようです。彼はこの被験者が白から黄色のオーラへと進歩する前に、青いオーラの上級レベルにまで達するかもしれません。今後何世紀かかるとしても、もう二度と彼女の人生に転生してこないこともあり得ますが、オーワが彼女のガイドであり続けることに変わりはありません。

自分の進歩がガイドを追い抜くことはあり得るのでしょうか。あり得ないことではないかもしれませんが、私が扱ったケースでその事例を見つけることはできませんでした。比較的早く進歩する魂は才能にも恵まれていますが、彼らを支援するガイドについても同じことがいえます。

それぞれ異なった教えのアプローチをとりながら、ペアを組んでこの世の人々に働きかけるガイドたちも珍しくはありません。この場合一方が優勢で、もう一方の経験が豊富な上級ガイドは自分たちが受け持つ日常的な活動の場面ではあまり表に出てこないかもしれません。

このような霊的な二人組みの関係が存在し得るのは、ペアの一方がトレーニング中であるか（たとえば上級ガイドの下に初級ガイドがつくといった）、あるいは二人の間に古くからの（たとえばマスターと上級ガイドのような）コンビがあって、永続的な関係ができ上がっているかのどちらかでしょう。上級ガイドはすでに自分の責任で魂グループを受け持っていますが、さらにいくつもの魂グループを監督するマスターガイドが見守っているのかもしれません。

チームを組むガイドはスピリット世界の内でも外でもお互いに干渉しません。私の親しい友人の二人のガイドは、複数の教師が協力し合って活動する典型的な例だといえるでしょう。このケースはここで取り上げるにはぴったりで、私自身もこの二人のガイドがさまざまな人生の局面で互いに影響を及ぼし合うのを見てきました。

友人の初級ガイドは、優しくて思いやりにあふれた「クアン」という名の女性で、ネイティブアメリカンのメディスンウーマン（北米インディアンのまじない師）の姿をしています。シンプルな鹿革のシースを着たクアンは、長い髪を後ろに束ね、柔和な顔にさんさんと日の光を浴びながら現れます。クアンは呼び出されるといつも、友人の心を悩ませている出来事や、それにかかわる人たちを洞察するための、理解するための手がかりを与えてくれます。

友人が選んだかなり困難な人生の負担を軽減してあげたい――というクアンの願いは、ジャイルズという名の挑戦的な男性ガイドの存在によって、いっそうバランスがとれたものとなります。ジャイルズはたぶん上級ガイドであり、スピリット世界ではもうじきマスターになるのかもしれません。この高い能力のために彼はクアンほど頻繁には現れません。ジャイルズは突然、友人のより高い意識の中に入ってきます。「ケース19」は、上級ガイドの働きぶりが初級ガイドとどのように違うかという実例です。

ケース19

ニュートン　あなたが深刻な問題で悩んでいるとき、ジャイルズはどのように現れるのですか。

被験者　（笑って）クアンとは違います……それは確かです。彼はいつも……最初のうちは……何かの影……青い霧の後ろに……隠れています。その姿が見える前から、くすくす笑う声が聞こえてきます。

ニュートン　彼は、最初は青いエネルギーの姿で現れるということですか。

被験者　ええ……自分の存在をぼかす……秘密裏に行動するのが好きなんですが、ずっとそのままではいられないようです。

ニュートン　どうしてですか。

被験者　分かりません……たぶん私が本当に彼を必要としているのか確かめたいんでしょうね。

ニュートン　では実際に現れたときには、ジャイルズはあなたにはどのように見えますか。

被験者　アイルランドの小妖精です。

ニュートン　おや……では彼は背が小さいのですか。

被験者　（また笑って）エルフみたいな感じです……顔中にもじゃもじゃとひげが生えています……いつもせわしなく私の前を歩き回っています。

ニュートン　どうしてそんな態度をとるのでしょうか。

被験者　ジャイルズはつかみどころのない性格なんです……落ち着きがなくて……両手を後ろで組んで難しい顔をして私の前を行ったり来たりするんです。

ニュートン　あなたはこの行動をどのように解釈していますか。

被験者　ジャイルズは他のガイドのように威厳がありませんが……とても賢くて知恵があります。

ニュートン　この態度があなたとどうかかわるのか、もう少し具体的に話してもらえませんか。

被験者　（真顔になって）ジャイルズは私に、「人生とは大地という盤の上で戦われるチェスゲームのようなものだ」という見方を教えようとしているのです。特定の動きが特定の結果を招きますし、単純な答えというものはありません。私が計画を立てたとしても、人生というゲームの中ではうまくいかないかもしれない。

私はときどき彼が、私に試練を与えるためにこの盤の上に罠を仕掛けているのではないか……と思ったりもします。

ニュートン　この進歩したガイドのテクニックはあなたにとって役立っていますか。ジャイルズは人生というゲームの中で、問題を解決する助けになっているのでしょうか。

被験者　（間があって）……だいぶ後になってから分かるんです……ここ（スピリットの世界）に来てからね……しかし、彼のおかげでこの世では全力を尽くさなければなりません。

ニュートン　彼からは逃れて、クアンとだけ一緒にやることはできないのですか。

被験者　（残念そうに微笑みながら）ここではそういうわけにはいかないんです。それだけではなくて、彼は聡明なんですよ。

ニュートン　では、私たちのほうがガイドを選ぶということではないのですか。

被験者　もちろんですよ。彼らが私たちを選ぶんです。

ニュートン　自分にはなぜ、まったく違ったアプローチで問題に対処し手助けする二人のガイドがいるのか——その理由を考えたことはありますか。

被験者　いいえ、それはないですが、自分はとても幸運だと思っていますよ。クアンは……優しくて……いつどんなときでも支援をしてくれますからね。

注：かつて北アメリカに住んでいたネイティブアメリカンは、この土地で生きるために彼らを師と仰ぐ者たちにとって力強い霊的なガイドになります。このようなガイドをもっていると報告する多数のアメリカ人の存在は、魂は以前の転生で暮らした地理的な環境に引き寄せられる——という私の信念を支持するものです。

ニュートン　ジャイルズの教えの手法でもっとも好きなのは何ですか。

被験者　（考え込んで）そうですね。それは彼が……ええと、私をもてあそぶというか……ほとんど私をだますというか、そうやって私が最善を尽くし、自分を哀れんだりしないように仕向けてくれることですね。とりわけ状況が厳しいときには、彼は私を突いて前に進ませてくれるんです……私は自分の能力をフルに使うべきだと言ってね。ジャイルズには優しいところはまったくないんです。

ニュートン　あなたはこの世でもそうやってコーチされているのを感じるのですね、このようなワークをしていないときでも。

被験者　ええ、瞑想をして自分の内側に入ったときに……あるいは夢の中で……。

ニュートン　ジャイルズはあなたが来てほしいと思うときにはやってくるのですか。

被験者　（いくらかためらったのち）いいえ……彼とははるか昔から一緒にいるような気もすることは確かですが……。クアンはもっと頻繁に私のところに来てくれます。いくら望んでもジャイルズをつかまえることはできません、私がおかれている状況が本当に深刻でないかぎりね。彼はつかみどころがないんです。

ニュートン　あなたのクアンとジャイルズに対する気持ちをまとめてもらえますか。

被験者　私はクアンを母親のように愛していますが、ジャイルズの訓練がなかったら今の私はなかったでしょう。彼らはどちらも経験が豊富で、私が失敗から学ぶことを許してくれるのです。

こういった二人組のガイドはお互い同士が協力し合っていて、それぞれがお互いの働きを補佐するような関係にあります。このケースでは、ジャイルズはソクラテス的な手法によってカルマのレッスンを教えようとしています。前もって何も手がかりを与えないことで、友人がそう簡単には主要な問題を解決できないようにしています。一方のクアンは慰めと優しい励ましを与えています。

友人と催眠セッションをするうちに、私はジャイルズが前面に出て活動しているときにもクアンが背後に控えていることに気がつきました。ジャイルズはすべてのガイドと同じように思いやりがありますが、甘いところはまったくないのです。問題への対処能力に限界を感じる友人が苦境に追い込まれることによって、突然目の前に問題解決の突破口が開けてくる——というわけです。

正直に言うと、私はジャイルズをちょっと意地悪な現場監督のような存在だと見ています。この見方を実はまだ友人には話していません。彼はこの複雑な性格の教師が与えてくれるチャレンジに感謝していますから。

❖ガイドは私たちの運命のなかで重要な役割を演じている

平均的な霊的ガイドとはどんな存在でしょうか。これまで見てきたかぎりでは、同じようなガイドは二人といません。これらの献身的な高いレベルの存在は、セッションごとに異なった態度を示すように感じられますし、同じ被験者との一度のセッションのなかでも、態度がガラリと変わったりします。私に協力的であったりそうでなかったり、寛大であったり無愛想であったり、答えをはぐらかしたりはっきりと言ったり、私が被験者に何をしようとまったく無関心な態度をとったりするのです。

ガイドという力強い存在が、私たちの運命のなかできわめて重要な役割を演じていることは確かです。私は彼らを大いに尊敬してやみませんが、彼らが私の調査にあまり積極的に貢献してくれないこともまた事実なのです。彼らが謎めいて見えるのは、セラピストの私の目からは何も予測がつかないからなのでしょう。

今世紀初頭、催眠下の人々に働きかけていた霊媒は、その部屋に現れた肉体のない存在をよく「支配霊《コントロール》」

と呼んだものですが、これは彼らが被験者の霊的な面でのコミュニケーションで指導的な役割を演じていたからです。ガイドであるかないかは別にして、支配霊が被験者と感情的、知性的、霊的に調和したエネルギーパターンをもつことも知られていました。また霊媒とこれらの存在との間にも調和的なエネルギーパターンが欠かせないことが知られていました。

ガイドが明らかに被験者への質問をじゃましていると思われるときには、なぜじゃまをするのか、その理由を突き止めようとします。ガイドが協力的でないとわずかな情報を得るのにも大変な苦労を強いられますが、一方で、セッション中に最大限の自由を認めてくれるガイドもいます。ガイドには彼らが世話する魂が抱える問題に、私がアプローチするのを妨げるあらゆる権利があることもよく分かっています。

結局のところ私は、彼らが守る人たちをほんの一時だけ被験者にしているにすぎません。本音を言えば、被験者のガイドとは一切かかわらないほうがいい、セッションのある時点では私を助けてくれるのに、次の場面では記憶の展開を阻害してしまうような相手と付き合うなんてまっぴらごめんだと思うこともあります。

情報を知らせまいとするガイドの動機は、催眠療法のセッション中に与えられる暗示に対する心理的な抵抗などをはるかに超えていると思っています。私は常にスピリット世界についての新しいデータを求めていますが、ガイドは、被験者の一人から過去世の記憶が自由に流れ出すのを手助けしてくれても、一方で他の惑星の生命、スピリット世界の成り立ち、宇宙の創造そのものといったスケールの大きな質問には妨害をしようとするかもしれません。

被験者からどれほど多くの情報を集めようと、そこにはガイドの慎重さが反映されており、私がスピリット世界やスピリットの秘密に関してこのような断片的な知識しか集めることができなかったのはそのためなのです。また被験者やガイドとコミュニケーションをとっているときに、私自身の霊的なガイドから支援を受けていると感じることもあります。

ときどき被験者が、（たいてい一時的なものですが）自分自身のガイドに不満を表すことがあります。場合によってはどんな人でも、自分のガイドは厳しすぎるし親身に面倒を見てくれない、十分な注意を払ってくれない、と感じることもあるかもしれません。他のガイドに替えてくれるように訴えたことがあると報告した被験者もいました。「私のガイドはまったく私を助けてくれないし、私に献身的に尽くしてくれないんだ」と彼は言いました。この男性の「ガイドを替えてほしい」という申し出は認められなかったそうです。彼はかなり長い間孤独に過ごし、それ以前の二度の生を除けばあまりグループとの付き合いもなかったのですが、これは彼が自分の問題に誠実に対処するのを拒否したためでした。それなのに彼は困難な状況から自分を救い出してくれなかったとガイドに怒りを投影したのです。

教師であるガイドたちは、ほとんど冷たいと思えるほど私たちの問題で心を乱したりはしませんが、実は、本当の問題解決を避けている不満だらけの生徒から、身を引くすべを心得ているにすぎません。ガイドは私たちに最良のものを求めているので、ときに私たちが多くの痛みにも耐えて一定の目標に到達するのを黙って見守るしかないのです。私たちに人生の機会を最大限に生かすために必要な変化を起こす準備ができないかぎり、私たちの進歩を支援することができないのです。

私たちがガイドを恐れる理由はあるのでしょうか。五章の「ケース13」では、まだ若い魂は死の直後に報告のためにガイドのクロディーズに会ったときに、内心の動揺を隠せませんでした。一般的にこのような心配は長くは続きません。目標を達成できなかった理由をガイドに説明することは悔しいかもしれませんが、彼らはちゃんと理解してくれます。彼らは私たちに過去世の振り返りを求め、私たちはそれによって失敗の分析を助けてもらうことができます。

被験者は自分のガイドにさまざまな感情をもちますが、そこに恐れはありません。むしろ反対に、人々は人生の困難な時期に霊的なガイドに見捨てられることを心配します。私たちとガイドとの関係は、被告と判事というよりは学生と教師の関係に近いでしょう。個人的なガイドは、私たちが家族からどれほど愛情を注がれているかに関係なく、肉体として生まれるときに必ず抱くことになる疎外感や孤独感を克服するのを手助けしてくれます。またガイドは人々がひしめく世の中で、自己を確認することを教えてくれます。

人々が知りたがるのは、助けを求めたらいつでもガイドはやってきてくれるだろうかということです。ガイドはいつでも必ず私たちに手を貸すというわけではなく、自分が本当に必要とされているのかを、注意深く見守っているのです。また催眠はガイドと接触をもつ最良の方法なのかと尋ねられることがあります。私は催眠という手法をとっているのですが、これは私が詳細なスピリット世界の情報を得るために、この手段がきわめて有効かつ効果的であることを知っているからです。

しかし訓練を積んだセラピストによる催眠は、誰でも利用できるものではありません。ですから瞑想、祈り、また他人と行うチャネリングなども有効な手段となるでしょう。自己催眠としての深い瞑想はすばらしい代案ですし、他人に催眠をかけられることを恐れている人や、第三者が自分の霊的な生活に立ち入ることを望まない人には、これらも好まれるでしょう。

どのような手法が使われるにしても、私たちはみな自分のより高い意識を通じて、はるか遠方にまで思考の波を送る能力をもっています。人間の思考はガイドには精神的な指紋のようなもので、どこの誰なのかがすぐに分かるのです。人生において特に大きな緊張を強いられる場面では、ほとんどの人が誰かに見守られているように感じるものです。私たちはこの力を説明することはできませんが、「それがそこにある」ことは確かです。

❖内なる声はガイドの声

自分の魂を確認することが、自身のより高いパワーを見つけるための階梯《かいてい》の第一段になります。このステップでは、神に向けられた私たちのすべての精神的なコミュニケーションが、ガイドによってモニターされています。階梯のもっと上のほうには、彼ら自身のガイドがいます。この全階梯が知性的なエネルギーにとって連続した導管の役目を果たしていて、一つひとつの段が全体の一部として存在しているのです。

自分の助けを求める祈りが、「より高いパワーによって聞き届けられる」と信じることが信頼の基本になります。ガイドがこの世においてもスピリットの世界においても、この上もなく重要になってくるのはそのためです。リラックスして焦点が合った状態になったら、ある内なる声が私たちに語りかけてきます。そのメッセージを発したのが自分自身であるかどうかは別にして、私たちは自分が聞いたことを信頼しなければなりません。

心理学者たちが行った調査によると、アメリカ人の十人に一人はしばしば肯定的で教育的な内容の声を聞いていると認めています。多くの人にとって内なる声が、精神的な病気が原因の幻聴ではないと知ることは救いになります。内なる声は心配すべきものではなく、いつでも求めれば相談に乗ってくれる専属のカウンセラーをもっているようなものなのです。ほとんどの場合こういった声は、私たちのガイドの声なのです。

ガイドたちはそれぞれが別の魂を受け持ち、精神的な危急のメッセージを互いに中継し合っています。自分ではなすすべもない危機的な状況にある人が、まさにその瞬間に相談相手や友人や、ときに赤の他人に出会って助けられるということがあります。

日常生活で私たちに生まれる内なる強さは、実際に自分の目でガイドを見るのではなく、「自分は一人ではない」と確信させる気分や感情としてやってきます。静かな黙想でよく内なる声を聞く人たちは、励ましと確信をもたらす自分自身を超えたエネルギーと個人的なつながりを感じると言っています。この内なる導きのシステムを洞察または直感と呼ぶなら、それもいいでしょう。なぜなら、私たちを助けるこのシステムはより高い力だけでなく、私たち自身の側面でもあるからです。

人生の困難な時期には、すぐに事態を好転させる助言を求めたがる傾向があります。ところがトランス状態に入った被験者たちは、ガイドが一度にすべての問題を解決するような手助けをするのではなく、何らかの手がかりによって進むべき道を照らし出すことに気がつきます。これは私が催眠下の被験者の抵抗に慎重になることの理由の一つでもあります。洞察はそれぞれの人に見合った落ち着いたペースで進んでいるときのほうが起こりやすいのです。思いやりのある教師なら、まだその時機ではないのに問題のすべての局面を生徒に明かしてしまうことはないでしょう。私たちの啓示を受け入れる能力にも差があるのです。

より高い霊的パワーに助けを求めるときには、すぐに何かが変わることを期待しないほうがよいかもしれません。人生で成功するには計画が必要ですが、同じ目標に到達するにも異なった道を選ぶことができます。ガイダンスを求めるときには、人生の次のステップでの援助を求めるとよいでしょう。その場合には、予期しない可能性にも心の準備をしておくことです。解決に向けた幾多の道に、自分自身の心を開く信頼と謙虚さをもつべきなのです。

死後の魂には、肉体にいたときと同じような悲しみの感情はありません。しかしすでに見てきたように、魂は何の感情ももたない超然とした存在ではないのです。私たちを見守るこれらの存在も、人生で間違った選択をして苦痛を味わっている私たちを見て、いわば霊的な悲しみとでも言うべきものを感じるようです。

確かにソウルメイトや仲間たちは、私たちが苦しんでいるときに一緒に苦しみを感じてくれますが、それはガイドたちも同じなのです。ガイドはオリエンテーションの会見や魂グループのディスカッションの場では悲しみを表しませんが、教師として私たちに強い責任感を感じていることは間違いありません。

十一章では、レベルⅤのガイドのものの見方を探っていくことになります。これまでの被験者の中に、この世に生きているレベルⅥ、つまりマスターガイドである人物はいませんでした。私はこれらの進歩した魂が、一度に同じ時期にこの世に転生してくることはないだろうと考えています。レベルⅥの大多数はスピリット世界での管理や監督に忙しく、もはやこの世に転生してくることはないかもしれません。私が出会ったレベルⅤの人物が言うには、レベルⅥにはもはや学ぶべきことはないのだそうです。

これは私の勘になってしまいますが、今も転生してくるレベルⅤの魂は、マスターレベルの存在が担っている深遠な責務をすべて理解しているわけではないのかもしれません。

ときどき、より進歩した魂とのセッションで、レベルⅥよりも高いレベルの魂について尋ねる機会があります。こういったマスターたちでさえ従わなければならない存在は、非常に暗い紫色のエネルギーをしているそうです。この至高の存在は創造主にきわめて近いところにいるのでしょう。聞いたところでは、これら影のような存在はスピリット世界にはめったに姿を現しませんが、非常な崇敬を集めているそうです。

平均的な被験者はまだ十分に進歩していないために、霊的なガイドは神々よりも低いカテゴリーに入るのか、それとも低いレベルの神々とみなすべきなのかよく分かっていません。しかし本人が納得し、高揚感がもたらされるのなら、どのような霊的な概念に分類しようと一向にかまわないのです。ただ被験者の中に、ガイドを神のような存在とみなしたがる人たちがいるとしても、彼らは神ではありません。ガイドはその神聖さという点において、私たち以上でも以下でもなく、だからこそ彼らは人格をもった存在として目撃されるのだと思っています。

これまでに扱ったケースで神が現れたことは一度もありません。催眠下の人々はスピリット世界を指導する至高の力の現前を感じていますが、彼らは創造主を言い表すのに「神」という言葉を使いたがりません。おそらく哲学者スピノザの「神は彼としてあるのではなく、それとしてある」、この言葉がもっとも真実に近いのでしょう。

あらゆる魂は自分よりも高い霊的な力とのつながりをもっています。すべての魂は一つの大霊から生み出された同じ神的なエッセンスの一部です。この知性的なエネルギーは普遍的な広がりをもち、私たちみんなが神的な性質を分かち持っているのです。私たちの魂がこの神とも呼ばれる大霊の小さな反映であるとしたら、ガイドはこの創造主へとつながる私たち自身を映すことができる鏡を提供しているのだともいえます。

第九章　若い魂

初歩的な魂には二つのタイプがあります。一つはスピリット世界から存在界に出てまだ間もないという意味で本当に若い魂、もう一方はこの世の相対的な時間のなかに長い間転生してきているものの、いまだに未熟な状態にとどまっている魂です。レベルⅠとⅡにはこの両方のタイプの魂が含まれています。

私は現代人に宿っている魂のおよそ四分の三は、いまだ発達の初期段階にあると考えています。これは人類の大多数が未発達なレベルで活動していることを意味していますから、多くの人たちがこの考えに大きな失望感を感じるだろうことも分かっています。しかし世界中にこれほど多くの異文化間の誤解や暴力があるのを見るにつけ、この世には低いレベルの魂がたくさんいるという考え方を改める気にはなれないのです。一方で時代が進むにつれて全人類の気づきが向上してきたことも認めています。

何年もかけて被験者の魂レベルの情報を統計学的な見地から記録してきました。明らかに全体のウエイトがいくらか低いレベルのほうに傾いていますが、それは被験者たちが無作為に選ばれたわけではないこともあるでしょう。ですが被験者たちは人生で救いを求めて、藁にもすがる気持ちで私のところにやってきた人たちと思われますから、私が扱ったケースに進歩のレベルが低い魂が多く含まれていてもおかしくありません。

興味のある読者のために付け加えておきますと、これまで扱ったケースの魂レベルの比率は次のようなものです。

レベルⅠ：四十二パーセント
レベルⅡ：三十一パーセント
レベルⅢ：十七パーセント
レベルⅣ：九パーセント
レベルⅤ：一パーセント

私のわずかなサンプルを使って、これらの数字を世界の五十億の人たちに当てはめたとしても正確とは言えないでしょう。とはいうものの、レベルVの魂はこの世には数百人しかいないかもしれない――と私は考えています。

被験者たちは、魂が完全な成熟に達すると地球には転生してこなくなると言っています。発達の初期段階の魂の比率が高いのは、世界の人口が爆発的に増え続け、魂を必要とする赤ん坊がたくさん生まれてきているからです。一日に二十六万人の子どもが生まれているのです。人間が多くの魂を必要とすることは当然のことながら、進歩するためにさらなる転生を必要とし、それゆえに今後も何度も生まれ変わってこなければならない、まだあまり進歩していない魂の予備軍がいることを意味しています。

私は未発達な魂をもつ被験者の感情には、十分な注意を払うことにしています。これまでにも私のオフィスに来て「私の魂は十分に成熟しているんですが、人生を生きていくうえでこんな問題を抱えているんです」

と言う被験者が数えきれないほどいました。誰でも自分を進歩した魂だと考えたがります。大半の人はどんなことであれ初心者とみなされることを嫌うものです。

一つひとつのケースがユニークで、魂の個性、進歩の速度、彼らを受け持つガイドの質などには、かなりのばらつきがあります。被験者が自分の魂の進歩について報告するのを解釈することが自分の役割だと考えています。

❖魂は急速に進歩するものではない

長いケースでは三万年もこの世に転生し続けながら、いまだにⅠかⅡの低いレベルにとどまっている魂をいくつも扱っています。

一般的に、魂は急速に進歩するものではありませんが、一部にはそのような人たちがいることも事実です。どのような教育の場でも同じですが、学生には得意な科目も不得意な科目もあります。被験者の一人は八百五十年間に数多くの転生をしながら、いまだに「嫉妬」を克服することができないでいますが、その同じ期間内に「うぬぼれ」のほうは大した苦労もせずに乗り越えてしまいました。千七百年近くも転生を繰返しながら、「他人を支配するパワー」を獲得しようとした被験者もいました。しかし、同時に彼は「慈悲心」を養うようにもなりました。

次のケースは非常に初歩的な魂の例です。この初心者は数度の過去世しか経験していませんので、まだ霊的なグループに参加していないように思われます。最初の生で彼女は一二六〇年に北シリアでモンゴルの侵略によって殺されました。彼女の名前はシャベズといい、まだ五歳のときに住んでいる村落が略奪され、住民の多くが悲惨な死をとげたのです。

ニュートン シャベズ、あなたは死んでスピリット世界に戻っていくところですが、今何を感じますか。
被験者 （叫ぶ）だまされたのよ！　人生は何て残酷なんでしょう！　もうここにいられないわ。まだ誰の手伝いもできない小さな子どもだったのに。ミスを犯したんだわ！
ニュートン 誰がミスを犯したのですか。
被験者 （責任を問うように）私のリーダーよ。彼の判断を信用したのに、私をあんなに悲惨な人生に送りこんで、人生はまだこれからというときに死なせてしまうなんて……。
ニュートン でも、あなた自身がシャベズの肉体に宿ることに同意したのではないですか。
被験者 （動揺して）この世がこんなに恐れに満ちた悲惨な場所だということを知らなかったんです。事実をすべて知らされていなかったんです……この人生はとんでもない失敗だったし、その責任は私のリーダーにあるんです。
ニュートン この人生からは何も学ばなかったのですか。
被験者 （間があって）私は愛することを学びました……そう、それはすばらしいことでした……兄弟や……両親や……でもあまりにも短かった……。
ニュートン この人生で何も楽しいことはなかったのですか。
被験者 兄弟のアーメド……彼と一緒にいたことよ……。
ニュートン アーメドは現在の生にもいますか。

被験者　（急にいすから立ち上がって）信じられないわ！　アーメドは私の夫のビルだわ……同じ人だわ……どうしてこんなことが……。

ニュートン　（被験者を落ち着かせた後、魂が新しい肉体に転生する現象について説明し、セッションを再開しました）シャベズとして死んでスピリット世界に戻ったときにアーメドに会いましたか。

被験者　ええ、リーダーが私たちをここに連れてきてくれたんです……今いるところにね。

ニュートン　アーメドが放っているエネルギーの色はあなたと同じですか、それとも違いますか。

被験者　（間があって）私たちは……真っ白です。

ニュートン　ここで何をしているのか説明してください。

被験者　たまにリーダーが様子を見にきますが、アーメドと私は……一緒に勉強しています。

ニュートン　何の勉強ですか。

被験者　自分たちのことを思い出しているんです……この世での経験をね。私はまだこんなに早く殺されてしまったことに傷ついていますが……幸せだったこともあります……円の光のなかを歩いたり……この世の空気を吸ったり……愛を感じたり……。

ニュートン　あなたとアーメドが一緒に生活する前、たぶんあなたが一人だったころまで戻ってください。魂として生まれたばかりのときはどんな感じがしましたか。

被験者　（混乱して）分からないわ……ただここにいたんです……考えとともに……。

ニュートン　自分が生まれてから初めて、知性ある存在として考え始めたときのことを覚えていますか。

被験者　思い出すのは……存在していたこと……でもこの静かな場所に来てアーメドと一緒になるまでは、自分を自分と意識しなかったんです。

ニュートン　自分自身のアイデンティティが芽生えてきたのは、ガイド以外の魂とかかわるようになってからということですか。
被験者　ええ、アーメドとね。
ニュートン　アーメドに会う以前のことをもう少し思い出してください。それはあなたにとってどんな感じでしたか。
被験者　暖かくて……優しく……何の心配もなく……そのときは彼女が一緒にいました。
ニュートン　彼女？　あなたのリーダーは男性の姿をしていると思ったのですが。
被験者　彼のことではありません……誰かの存在が私のまわりにあったんです……母親と父親……主として母親の……。
ニュートン　何の存在ですか。
被験者　分かりません……柔らかな光……形が定まらず……はっきりしません……愛のメッセージ……励まし……。
ニュートン　それはあなたの魂がつくられたときのことですか。
被験者　ええ……何もかもぼんやりして……ほかにも誰かが……ヘルパーたちがいます……私が生まれたときに……。
ニュートン　あなたがつくられた場所についてほかに言うことはありますか。
被験者　（長い間があって）他の存在たちが……私を愛し……育児室で……そこを出て……アーメドやリーダーと一緒になりました。
ニュートン　実質的に、あなたやアーメドをつくったのは誰ですか。

被験者　「それ」です。

どうやらスピリット世界には新たに生まれてくる魂のための、産婦人科病棟のようなものがあるらしいことが分かりました。ある被験者は、「この場所は卵が生みつけられた蜂の巣のように、まだ幼い光が世話を受けるためにあるのです」と言っています。道を外れた魂に関する第四章で、ダメージを受けた魂がどのように「つくり直される」のかについて見てきました。私の推測によると、今シャベズが説明している創造のセンターも同じ働きをしているようです。

次の章では、「ケース22」で未熟で定義されないエネルギーが自己の創造へと振り向けられる——スピリットの世界で自我が創造されるエリアについて、さらに詳しい説明がなされます。

「ケース20」には未熟な魂の特徴がいくつかはっきりと表れています。被験者は生涯にわたって悲惨な生活を繰り返してきた六十七歳の女性です。彼女は他人に対して寛容な精神をもっていませんし、自分の行いにもほとんど個人的な責任をとろうとしません。

この被験者は、なぜ人生は「私をだまして幸せを奪ったのか」を知ろうとして私のところにやってきました。セッションの中でアーメドが彼女の最初の夫ビルであることが分かりました。彼女はずいぶん昔に他の男性の元に走ったのですが、誰とも精神的な絆をもつことができないため、その男性とも別れてしまいました。彼女は自分の子どもたちにも親しみを感じていないようです。

まだ若い魂は、慈しみと調和に満ちたスピリットの世界とは正反対の、この世のカリキュラムに翻弄されながら、混乱した無力な状態で幾多の生を過ごすかもしれません。未発達な魂は、多くの人間を他人に従属させる社会構造をもつ人間社会の支配的局面に、自分の意思を明け渡してしまう傾向があります。そして彼らは自立した考えをもたないために抑圧されることが多く、往々にして自己中心的になり、他人をそのまま容易には受け入れないようになっていきます。

世界の人口の多くを占める魂たち――このカテゴリーの魂が多いという私の概算が正しいなら――を完全に救いようがないものとして描くことが、私の目的ではありません。低いレベルの魂も十分に肯定的な要素をもった人生を送ることができます。そうでなかったら、誰一人として進歩することはできないでしょう。誰でも最初はビギナーだったのですから、これらの魂たちだけに汚名を着せるべきではないのです。

人生のさまざまな状況で怒ったり恨んだり混乱したりするとしても、だからといって必ずしも未発達なスピリットをもっているということにはなりません。魂の成長は複雑であり、さまざまな分野でそれぞれに一様ではないやり方で少しずつ進歩していくのです。大事なことは自分の欠点に気づき、自己否定を避け、人生に常にチャレンジし続ける勇気と自立心をもつことです。

魂が初歩的な状態を抜け出す明確な兆候の一つは、彼が相対的に孤立した霊的存在の状態を終えるときです。彼らは他の初心者たちと小さな家族的な「繭《まゆ》」から連れ出されて、もっと大きなビギナーの魂グループに加えられます。この段階になると、ガイドたちの親身な指導や特別な育成にあまり依存しなくなります。

❖五度目の生に起こること

まだ若い魂にとって、自分たちが本格的な魂グループを形成するようになったと初めて気づくときの喜びは、この上もないものです。一般的にこの霊的に重要な出来事は、ビギナーの魂が孤立に近い状態で過ごした相対的な時間の長さとは無関係に、この世での五度目の生の最後に起こるようです。この新たな魂グループには、若い魂がこの世の何度かの人生で肉親や友人としてかかわった魂たちも含まれています。

この新たな魂グループの形成で特に重要だと思われるのが、他の仲間たちもまた初めてグループに参加した若い魂であるということです。

魂の分類（グループ分け）に関する第七章では、スピリット世界に戻った「ケース16」の被験者の目から見たグループのあり方や、またこの女性が報告しているように、人生の経験が視覚的なイメージを通して振り返られる様子を紹介しました。「ケース21」では、グループ内の力関係やメンバーが互いに及ぼし合う影響についてさらに詳しい報告がなされます。

特定のレッスンを習得する魂の能力では、それぞれの性格や動機、以前の転生での経験などに応じて優劣があるかもしれません。魂グループはメンバーすべてが互いの性格的な特徴をよく理解し合い、互いを支え合うことができるように注意深く構成されています。この親密さはこの世で知られているものをはるかに超えています。

次のケースは一人のメンバーの視点から見たものにすぎませんが、彼の超意識的な心はグループ内で起こっているプロセスを、客観的な立場から見ることを可能にしています。この被験者は派手な振る舞いを好む男性志向の魂グループについて報告しています。このグループの無秩序で騒々しい存在たちは、ナルシシズムのレッテルを貼ることもできる自己顕示欲という点で共通しています。これらの魂が個人的な目標を達成するために使う共通のアプローチが、なぜ彼らが一緒に活動しているのかという理由の一つを説明しています。

この無節制な行動パターンは、ある程度まで彼らの霊的な洞察力によって相殺されています。テレパシー的な世界ではグループのメンバーがお互いを完全に知りつくしているので、ユーモアが必要不可欠なものになります。魂がお互いの失敗についてジョークを言い合うなんて受け入れがたい、と感じる読者もいるかもしれませんが、ユーモアが基本にあるからこそ自己欺瞞《ぎまん》や偽善を暴露することができるのだともいえます。

魂グループの誰もがエゴの自己防衛についてよく理解しているので、仲間の誰かが自分自身を克服したことが明らかになれば、それは自分も変わるための強い刺激になります。仲間の正直なフィードバック、相互の信頼、永劫の時間をかけて共に歩もうとする意欲から霊的な「セラピー」が起こってきます。魂は傷つくこともありますから、自分の周囲に気遣ってくれる存在を必要としています。魂グループの互いとの交流による治癒力は、まさに注目すべきものです。

魂は共通の目標に達しようと苦闘するメンバーが互いを批判し評価することによって、ネットワークを形成しています。被験者が属するグループについて、詳しく分かれば分かるほど、私が彼らに与える助言も有益なものになります。霊的なグループは魂の教育の基本的媒体なのです。これらのグループを監督する熟練したガイドから得られるものと同じほど、多くのものがグループの仲間からも得られるのです。

以下のケースは、被験者がアムステルダムに住むオランダ人の芸術家としての前世を回想し終えたところです。彼は一八四一年にやっと自分の絵が認められるようになった矢先に、若くして肺炎で亡くなりました。自分の魂グループに再び戻ったところで、被験者はいきなり大きな声で笑いだしたのです。

ケース21

ニュートン　どうして笑っているのですか。

被験者　友人たちのところに戻ったら、こっぴどくやっつけられたからですよ。

ニュートン　なぜですか。

被験者　私がおしゃれなバックルのついた靴をはいて、明るいグリーンのベルベットのジャケットを着て──両脇には縦に黄色のパイピングが入っているんですが──画家がよくかぶる幅広の大きなふちのある帽子をかぶっている姿を、彼らに見せびらかしたからです。

ニュートン　そういう衣装を着ている自分を投影したので、からかわれたわけですね。

被験者　そのとおり！　私は着るものが派手だったし、アムステルダムの社交界では有名な画家として知られていたし、多くのカフェにも出入りしていたんです。私はこの役割を楽しんだしうまくやり通しました。途中でやめたくはなかったんです。

ニュートン　次に何が起こりましたか。

被験者　古い友人たちがまわりに集まってきて、人生は何てばかげているんだろうと言い合ったんです。この世ではすべてが何てドラマチックだったんだろう……それに引きかえ私たちは何と深刻に人生を受け止めていたことだろう……とお互いをからかい合ったんです。

ニュートン　あなたや友人たちは、この世の人生を真剣に受け止めることを、重要だとは考えていないのですか。

被験者　いいですか。この世は一つの大きな芝居の舞台なんです。私たちはみんなそれを知っています。

ニュートン　あなたのグループはこのフィーリングで一つにまとまっているのですね。

被験者　そうです。われわれは自分たちを巨大な劇団に所属する俳優たちとみなしているんです。

ニュートン　スピリット世界のあなたたちのグループには何人の存在がいますか。

被験者　（間があって）そうですね、私たちは一緒に……他の何人かと……でもとても親しい存在は五人ほどですね。

ニュートン　彼らはあなたを何という名前で呼んでいますか。
被験者　レ……レム……いや違うなあ……アラム……そう、それが私です。
ニュートン　分かりました、アラム。あなたの親友について教えてください。
被験者　（笑って）ノークロス……彼が一番面白いんです……少なくとも彼が一番騒々しいです。
ニュートン　ノークロスはあなた方のグループのリーダーということですか。
被験者　いいえ、彼は単に一番やかましいというだけのことです。みんなここでは平等ですが、それぞれに個性の違いはありますよ。ノークロスはぶっきらぼうで頑固者なんです。
ニュートン　そうですか。では、彼のこの世での振る舞いにはどんな特徴があるんでしょうか。
被験者　かなり破廉恥ではありますが……危険というわけではないですね。
ニュートン　あなたのグループでもっとも物静かで控えめな人は誰ですか。
被験者　（からかうように）よくそんな質問を思いつきますね……それなら……ヴィロでしょうね。
ニュートン　ヴィロはあなたのグループではもっとも印象が薄くて影響力が少ない人物なのですか。
被験者　どうしてそんなことが言えるんですか。ヴィロは私たちになかなか手厳しい意見を言いますよ。
ニュートン　たとえばどんなことですか。
被験者　オランダにいたときに……年寄りの夫婦がみなしごの私を引き取ったんですが……彼らの家にはきれいな庭があったんです。その庭が、私が絵を始めるきっかけになり……人生を芸術家の目で見るようになったんです。ヴィロはいつも私に「彼らには借りがあるんだ、それを忘れるなよ」と言っていました。それと私が自分の才能を十分に生かしていないとも言っていましたね。
ニュートン　そのことでヴィロは何かほかにも言っていましたか。

被験者　（悲しそうに）私はもっと酒を控えて、あちこちで自慢ばかりしてないで、もっと絵を描かなければいけないとね。やっと私の絵が認められて……人々が注目し始めたというのに……（両肩をすぼめて）私ときたら……ちっとも絵に打ち込もうとはしなかったんです！

ニュートン　ヴィロの意見を尊重していますか。

被験者　（深くため息をついて）ええ、良識があるのは彼ぐらいだということはみんな分かっています。

ニュートン　では、あなたは彼に何て言うのですか。

被験者　「おい、旅館のおやじ、あんたは自分のことをやってればいいんだ……あんただって楽しんでるんだろう」と……。

ニュートン　ヴィロは旅館を経営しているのですか。

被験者　そう、オランダでね。金儲けのために商売をやっている、と言ったほうがいいでしょうね。

ニュートン　そういったヴィロを間違っていると思いますか。

被験者　（申し訳なさそうに）いいや……そんなふうには思っていませんよ……みんな彼が、食べ物も家もなく路上で暮らす貧しい人々を救うために、大金を費やしていたことを知っていますからね。彼は他人に尽くすために生きたんです。

ニュートン　お互いの実体がみんなばれてしまうわけですから、テレパシー的なコミュニケーションで議論を続けるのは、難しいのではないですか。

被験者　ええ、みんなヴィロが進んでることは知っていますよ……いまいましいことにね！

ニュートン　ヴィロが他の人たちよりも進歩が速いことを口惜しいと思いますか。

被験者　ええ……私たちは一緒に大いに楽しみましたからね……。（被験者はここでもっと以前の生で、兄弟

だったヴィロと一緒にインドを旅したときのことを思い出しました）

ニュートン　ヴィロはどうなるんですか。

被験者　もうじき私たちと別れることになるでしょう……みんなそれを知っています。同じようにしてここを去った他の人たちと合流することになるんです。

ニュートン　アラム、最初のグループから何人くらいの魂が去りましたか。

被験者　（長い間があって、悲しそうに）そうだ……カップルが行ってしまったし……最後には追いつくだろうけど……しばらくはだめですね。彼らはいなくなったわけではないんです……彼らのエネルギーがよく見えなくなったというだけで……。

ニュートン　ヴィロとノークロス以外に、あなたのグループで親しい人たちの名前を挙げてください。

被験者　（陽気になって）ドゥブリとトリニアンです。この二人だったら楽しみ方を知っていますよ！

ニュートン　あなたのグループの特徴を一言で表すとしたら何でしょうか。

被験者　（満足そうに）冒険！　興奮！　根っからの冒険家タイプが何人もいますよ。（うれしそうに顔を赤らめて）ドゥブリは船長として波乱万丈の生涯を今終えたばかりです。ノークロスは自由気ままな貿易商人でした。人生を楽しむすべを心得ているわれわれは、それを最大限に発揮して生きたんです。

ニュートン　アラム、どこまで自慢話を続けるつもりですか。

被験者　（弁解するように）それのどこがいけないんですか。私たちのグループはしなびたナスみたいな連中とは違うんですよ！

ニュートン　トリニアンはどんな人生を送ったのですか。

被験者　（身振りも大げさに）彼は司教だったんです！　信じられますか？　何という偽善者だろう。

ニュートン　どんなところが偽善なのでしょうか。

被験者　何という自己欺瞞だ！　ノークロスとドゥブリ、それから私は、トリニアンの聖職者になるという選択は善良さや慈善、宗教性とは何の関係もないと本人にも言っているんですよ。

ニュートン　それでトリニアンの魂はどんなふうに弁解するのですか。

被験者　自分は多くの人々に慰めを与えたと言っています。

ニュートン　それに対して、あなたやノークロス、そしてドゥブリは何て答えるんですか。

被験者　そんなのは自己欺瞞にすぎないとね。ノークロスは彼に「おまえは単に金がほしかっただけで、そうでなければ普通の司祭で終わっていただろう」と言うんです。まったく……よく言ったもんですよ……私も同じことを言ってやります。ドゥブリがどんなことを言うのかも察しがつくでしょう！

ニュートン　いや教えてください。

被験者　ふん！　トリニアンは立派な大聖堂のある大きな都市を手中に収めた……トリニアンのポケットには山のような金が流れ込んだだろうよ、と言ってます。

ニュートン　あなた自身はトリニアンに何と言っていますか。

被験者　私ですか。私は彼が着ている豪華な法衣に引きつけられましたよ……鮮やかな赤……最上質の布……自慢の司教の指輪……身のまわりの金銀の器物……。彼が信徒からちやほやされたがっていることも指摘してやりますよ。トリニアンは私たちからは何も隠せないんです。彼は何でも好きなものが手に入る安楽な生活を望んでいたんです。

ニュートン　彼はこの人生を選んだ動機を説明しようとしましたか。

被験者　ええ、でもノークロスは彼を非難していますよ。教区の若い娘を誘惑したトリニアンが面白くないんです。(愉快そうに)ええ、それは実際にあったことなんです! あの若い教区民に大した慰めを与えたもんです。われわれはトリニアンの正体を知っています……やつはれっきとした悪党です!

ニュートン トリニアンは自分の行いについてグループの人たちに何らかの弁解をしていますか。

被験者 (少し静かになって)毎度のことです。その娘には助けが必要だったのでつい調子に乗ってしまった……彼女には家族がいなかった……自分も教会で独身生活をしていたから孤独だった……聖職者の因習的な生活から逃げたかった……だからその娘と恋に落ちたんだ……と言っています。

ニュートン それではあなたやノークロス、ドゥブリは、今トリニアンをどう感じていますか。

被験者 (厳しい口調で)彼はもっと進んだ魂のヴィロを見習おうとして失敗したと見ています。彼の高尚な意図は生かされなかったんです。

ニュートン アラム、あなたはトリニアンの自分を向上させようとする、自分を変えようとする試みに、皮肉な見方をしているように思えますが。正直なところトリニアンをどう感じているのですか。

被験者 いや、私たちはただ彼をからかって面白がっているだけなんです……結局のところ……。

ニュートン 面白がるということは、トリニアンの本来は善良な意図を、冷笑的に見ているということでしょうか。

被験者 (悲しそうに)そのとおりです……われわれもみんなそれを分かっていますが……ご存じのように……ノークロス、ドゥブリ、それと私は……いや、彼をグループから失いたくないということもありますね……。

ニュートン ヴィロはトリニアンについて何と言っていますか。

被験者 彼はトリニアンのもともとの善良な意図を弁護し、今回の教会での生活では「自己満足という罠に落ちたんだ」と彼に言っています。トリニアンは称賛と注目を求めすぎたのだと……。

ニュートン　アラム、あなた方のグループを批判するつもりはありませんが、たぶんヴィロを除いたら、みんな名声を欲しがっているのではないですか。

被験者　というより、ヴィロはまったく自分勝手なやつなんです。彼の問題は「うぬぼれ」で、ドゥブリはそれをはっきりと彼に言っていますよ。

ニュートン　ヴィロはそれを否定しますか。

被験者　いや、そんなことはないです。「何とかしたいんだが……」と言っています。

ニュートン　あなた方の中で批判にもっとも敏感なのは誰ですか。

被験者　（間があって）たぶんノークロスでしょうが、自分の過ちを認めたがらないのはみんな同じですね。

ニュートン　アラム、正直に言ってください。他人から何も隠せないことは、グループのメンバーにとって困ることではありませんか――過去世の失敗がみんなばれてしまうのですから。

被験者　（間があって）みんなそのことには敏感ですよ……でも過敏にはなりません。私たちの間には深い思いやりがあるんです。私は人々に芸術の喜びをもたらしたかったし、芸術という手段を通して自分も成長したかったんです。では実際に何をやったのか？　私は夜になるとアムステルダムの運河地帯をうろつきまわり、娯楽やゲームに溺れてしまった。本来の目的は脇に押しやられてしまったんです。

ニュートン　そういったすべてをグループのメンバーの前で認めたら、どういうフィードバックが返ってくるのでしょうか。たとえば、あなたとノークロスは互いをどのように思っているのですか。

被験者　ノークロスはよく、私は自分自身や他人に対して責任をとろうとしないと指摘しますよ。彼が求めるのは富です……彼は権力が好きです……でも、私たちは二人とも利己的です。私のほうがもっと見栄っぱりですけどね。私たちは二人とも大して褒められるようなことはしていません。

ニュートン　ドゥブリにも欠点があると思いますが、グループの中ではどのような立場にあるのですか。

被験者　彼はリーダーシップによって他人をコントロールすることが好きなんですよ。私たちと比べたら生まれながらの指導者です。彼は船長でした……海賊です……タフなやつなんですよ。誰も彼には逆らおうとしません。

ニュートン　彼は残虐なのでしょうか。

被験者　いえ、ただ厳しいだけです。船長としては尊敬されていますよ。海戦で闘う相手には無慈悲ですが、自分の部下はよく面倒を見るんです。

ニュートン　あなたは、ヴィロは路上の貧しい人々を助けたと言いましたが、自分の人生の肯定的な側面については何も言っていませんね。あなたのグループには非利己的な行いで褒められるような人はいないのですか。

被験者　（熱っぽく）ドゥブリについてならほかにもありますよ。

ニュートン　何ですかそれは？

被験者　彼は目覚ましい働きをしたことがあります。ある大嵐のときに、一人の船員がマストから海に落ちて溺れかかったんです。ドゥブリは腰にロープを巻きつけてデッキから飛び込みました。自分の命をかけて仲間の命を救ったんです。

ニュートン　この出来事がグループの中で話題に上ったとき、あなたたちはドゥブリにどのように対応しましたか。

被験者　賛嘆の念を抱きながら、彼がやったことを称えたんです。「自分は長く生きてきたけれど、一度だって彼の勇気あふれる行いに匹敵するようなことはしなかった」とみんな口々に言いましたね。

ニュートン　分かりました。でも宿の主人のヴィロの人生は、貧しい人たちを食べさせたり宿に泊めてやったり、はるかに長期にわたる利他的な行いだったわけですから、もっと称賛されてもよいのではないですか。

被験者　確かに、私たちもそうしていますよ。（笑って）彼のほうがドゥブリよりも多くの勲章をもらっているというわけです。

ニュートン　あなたは前世ではグループの人たちから褒められるようなことはしていないのですか。

被験者　（間があって）私は画家として生きていくためにパトロンたちに媚を売らねばなりませんでしたが、普通の人たちには気前がよかったですよ……大したことではありませんが……彼らを楽しませるのが好きだったんです。私にハートがあることはみんな認めていますよ。

グループの性格がどのようなものであれ、被験者の誰もが自分の魂グループに特別な愛着を感じています。魂は人間的な欠点のない自由自在な状態にあると思われがちですが、実際に親密な魂グループと人間の家族の仕組みとの間には、いくつもの類似点があると考えています。

たとえばノークロスはこの魂グループにとって反逆的なスケープゴートですが、一方で彼とアラムは一人ひとりの短所を記録する目録製作者でもあると見ています。

他のメンバーが過去世の失敗を正当化したり自分に都合のよい言い訳をしたときに、いつも最初に露骨な詮索をするのはノークロスだとアラムは言っています。彼はほとんど自信を失うということがなく、遠慮したりためらったりすることがないように見えます。ノークロスはたぶん、進歩していくグループについていくのに非常に苦労しているでしょうから、これは彼自身の不安定さを示すものかもしれません。

アラム自身はいつもひょうきんで目立ちたがり屋で、深刻な問題も茶化してしまう性格から見て、人間家族の一番年下の子どものような、グループのマスコット的な存在かもしれないと考えています。スピリット世界のグループに属する魂の中には、グループの他のメンバーよりも弱々しく保護されているように見える者もいます。

ヴィロの振る舞いはその進歩向上への意欲も含めて、彼が現時点でのヒーローまたは家族の最年長者であることを示しています。私がアラムから受け取った印象では、ヴィロがグループの中であまり反抗的でないのは、一つには彼が最近の過去世でもっとも多くの成果を挙げているからです。

人間の家族でもそうですが、魂グループのメンバーの役割も変わっていくことがあって、ヴィロのエネルギーの色がピンクになってきているらしいことから見ても、彼はレベルⅡへと成長しつつあるのでしょう。私が形のない魂に人間的なラベルを貼るのは、結局のところ、この世に生まれた魂は人間の性格を通して自分自身を実現していくからです。しかし魂グループの中に憎しみ、疑い、蔑みを見たことはありません。慈愛に満ちたスピリット世界の環境では、そしてメンバーが互いを操作したり秘密を隠蔽《いんぺい》したりすることができない魂グループの中では、支配を求める権力闘争は起こらないのです。

魂は互いに相手ではなく自分を疑っています。彼らの中にはこの世の新たな生で挑戦し続けようとする不屈の精神、意欲、意志が見てとれます。この魂グループのメンバー間に見られる社会的な関係について、自分の観察が正しいかどうかを確認するために、私はアラムにさらにいくつかの質問をしてみました。

ニュートン アラム、お互いへの批評はいつも建設的なものだと思いますか。

被験者 もちろんです、本当の敵意なんてありませんからね。確かに私たちはお互いの失策をからかったりします。それは確かですが、単に自分たちのありのままの姿を、そしてどちらに向かったらよいのかを……確認しているにすぎません。

ニュートン　あなたのグループメンバーの中に、ある過去世のことをとがめられて、羞恥心や罪の意識を感じるように仕向けられた人はいますか。

被験者　そういったものは……人間が使う武器であって……私たちはそのようなやり方はしません。

ニュートン　では、あなたの魂が抱く感情について、別の角度から見ることにしましょう。あなたは他の人よりも、自分のグループメンバーの一人から意見されるほうが信頼できると感じますか。

被験者　いや、それはないですね。私たちはお互いに敵意を感じることはありません。もっとも深い批判は自分自身の内部から来るんです。

ニュートン　あなたはある過去世の行いについて、後悔したことはありますか。

被験者　（長い沈黙があって）ええ……誰かを傷つけたのなら残念なことですし……それに……もしそうならここにいる誰もが、私の失敗について詳細を知っているでしょう。でも私たちは学ぶんですよ。

ニュートン　どのように対処するのですか。

被験者　自分たちで話し合って……次にはそれを修正しようとするでしょう。

ニュートン　これまでに聞いたことからすると、あなたやノークロス、ドゥブリは自分の欠点に関する鬱積《うっせき》した感情をお互いにぶつけ合うことで、ウサを晴らしているように思えるのですが。

被験者　（考え込みながら）私たちは皮肉なことを言い合いますが、人間の立場でそうするのとは違うんです。肉体がないと批判の受け取り方もいくらか違ってきます。私たちはお互いの真実の姿を、恨みも嫉妬も交えずに見ています。

ニュートン　こんな質問はすべきではないかもしれませんが、あなたのグループの人たちの派手な振る舞いの根底には、「自分には価値がない」という劣等感があるのではないですか。

被験者　ああ、それも別のことなんですよ。確かに私たちは自信を失ったり、自分の能力の至らなさを痛感したりすることもあります……でも、それがあるからもっと向上しようとする意欲が湧いてくるんです。

ニュートン　では自分にあまり自信がなくても、お互いの動機について辛辣《しんらつ》な意見を言い合うことが、必ずしも間違っているとはいえないわけですね。

被験者　もちろんです！　でも誰もが思っていることですが、自分の個人的なカリキュラムに真剣に取り組んでいることだけは認めてもらいたいですね。それにたまに自負心が立ちはだかったときも、お互いに助け合ってそれを乗り越えることができるんですから。

この対話の次の一節では、グループの癒しに関する別の霊的現象が紹介されています。私はこの活動のいくつものバリエーションについて聞いていますが、「ケース21」の解釈はそれらを支持するものです。

ニュートン　ではアラム、これまであなたのグループメンバーたちのお互いのかかわり方について聞いてきたわけですが、ここでこのプロセスのなかであなた方みんなが支援を受けている霊的エネルギーについて話してもらえませんか。

被験者　（ためらいながら）何か話すことがあればいいんですが……。

ニュートン　よく考えてください。何かほかに知性的エネルギーを通じてあなた方のグループに調和をもたらす手段のようなものはないのでしょうか。

被験者　（長い間があって）ああ……コーン（円すい）のことを言ってるんですか？

ニュートン　（コーンという言葉を聞いたのは初めてでしたが、進んでいる方向が正しいことは明らかでした）ええ、コーンのことですよ。あなたのグループとのかかわりで、それについて知っていることを話してください。

被験者　（ゆっくりと）ええ、コーンは私たちを支援していますよ。

ニュートン　続けてください。コーンが何をするのかということです。以前にも聞いたことがありますが、あなた方の場合についても知りたいのです。

被験者　だから私たちのまわりをとり囲むような形になっているんです。

ニュートン　どんなふうにですか。もう少し具体的に教えてください。

被験者　それは円すい形をしていて……まばゆく輝き……上やまわりから私たちを取り囲みます。コーンは上がとんがっていて下が丸くなっていますから、私たちをすっぽり包みこむことができるんです……大きな白い帽子の下にいるような感じです。私たちはコーンの下を漂いながらそれを利用することが……できます。

ニュートン　これはスピリット世界に戻った直後に経験した癒しのシャワーとは違うものですね。

被験者　ええ、もちろん、あれはもっと個人的な浄化ですから……この世のダメージを修復するためのね。知っていると思ったんですが……。

ニュートン　知っていますよ。私はコーンと癒しのシャワーとの違いについて聞きたかったのです。

被験者　てっぺんから滝のようなエネルギーが流れ込んできて、まわりから包み込むように広がると、グループの精神的な絆にいっそう集中することができるようになります。

ニュートン　コーンの下にいるときにはどんな感じがしますか。

被験者　思考が拡大していくように感じます……高みに引き上げられて……また戻ってきたときに……前よりも多くのことが分かるようになっています。

ニュートン　この知性的エネルギーは、思考の集中力を高めることで、あなた方のグループのまとまりを助けているということですか。

被験者　ええ、そうなんです。

ニュートン　（わざと対決するように）アラム、正直に言いますが、このコーンは本来の思考をねじ曲げて、あなた方を洗脳しているのではないですか。大事なのは議論や意見の不一致があるからこそ、自立心が生まれてくるということではないでしょうか。

被験者　（笑って）洗脳なんかされていませんよ！　この世界のことを何も知らないんですか。協調性を高めるために集合的な洞察を与えてくれるんです。

ニュートン　コーンはいつでも使えるのですか。

被験者　必要なときにね。

ニュートン　コーンを操作しているのは誰ですか。

被験者　私たちを見守っている存在たちです。

ニュートン　ガイドですか。

被験者　（爆笑して）シャトーですか。彼ならあちこちを見回っていて忙しすぎると思うんですけどね。

ニュートン　どういうことですか。

被験者　私たちは、彼をサーカスの興行主……舞台監督のようなものだと思っています……私たちのグループのね。

ニュートン　シャトーはグループの話し合いにも積極的に関与してくるのですか。
被験者　（頭をふって）それはありませんね……ガイドはそのようなことから距離を置いています。私たちは気がねなく自分たちでやっていけるし、そのほうがいいんですよ。
ニュートン　シャトーがいないことには、何か理由があるのですか。
被験者　（間があって）そうですね、あまりにも進歩が遅い私たちに嫌気がさしているのかもしれないですね。でも彼はセレモニーの司会者として登場するのは好きなんですよ。
ニュートン　どんなふうにですか。
被験者　（くすくす笑って）ええ、私たちが熱い議論を闘わせているところにいきなり現れるんです……青い火花を散らしながらね……全権を任されている司会者兼魔術師のようなものですよ。
ニュートン　魔術師？
被験者　（まだ笑いながら）シャトーは長いサファイアブルーのローブを着て、高いてっぺんのとがった帽子をかぶって現れます。白いひげを生やした彼は本当に威厳があって、私たちは彼を尊敬しているんです。
ニュートン　まるでスピリット世界の魔術師マーリンのようですね。
被験者　東洋のマーリンと言ってもいいでしょうね。非常に謎めいているときもありますから。盛装して厳粛に登場するのが好きなんです。特に私たちが次の人生を決めようとしているときには……。
ニュートン　まるで舞台の演出の話を聞いているようですが、シャトーはあなた方のグループに感情的な絆を感じているのでしょうか、誠実なガイドとして。
被験者　（私を嘲るように）いいですか、彼はわれわれが荒っぽい連中だということを知っているし、それに対して彼自身も妥協しない人間を演じているのです。でも彼は同時に非常に賢いんですけどね。

ニュートン　彼はあなたのグループに寛大ですか。あなた方の無節操をあまり注意しないように見えますね。

被験者　われわれの成り行きを見ているんですよ。彼は高圧的でも説教好きでもないんでね。そういうのは私たちのような連中には合わないんです。私たちは彼に敬意を払っていますよ。

ニュートン　彼はたまに視察に訪れる顧問なのか、それとも意欲的な監督なのかどちらですか。

被験者　彼はいきなり予告なしに現れて、私たちが議論すべき問題を示します。その後立ち去って、私たちが特定の問題にどのような答えを出したのか聞くためにまた後で戻ってくるんです。

ニュートン　あなた方のグループの主要な問題の実例を挙げてもらえますか。

被験者　（間があって）シャトーは、私たちがこの世で演じる役割に同化しすぎることをよく知っています。彼が指摘するのは……表面的であってはいけないということです。私たちを混乱に投げ込もうとしているのではなく、そこから抜け出させようとしているんです。

ニュートン　では、シャトーは真剣に指導をしているけれど、一方であなた方がすぐに遊びに走りたがることも知っているということですか。

被験者　そうです。だから私たちに調子を合わせてるんじゃないでしょうか。私たちがよくチャンスを無駄にすることを知っているんです。彼は私たちから最良のものを引き出そうとして、私たちが陥っている苦境の分析を手伝おうとしているのです。

ニュートン　あなたから聞いたかぎりでは、あなた方のグループはガイドが指導するワークショップのようなかたちで運営されているのでしょうか。

被験者　そうです。彼はわれわれにやる気を起こさせて前に進ませようとしています。

この世の学校のクラスやセラピーのグループとは違って、スピリット世界の教師＝カウンセラーは、四六時中グループ活動のリーダー役を務めているのではないことが分かりました。シャトーと彼の生徒たちは個性豊かな魂のファミリーですが、そこにはあらゆるグループに共通する特徴が数多く見受けられます。ガイドの指導力は独裁的というよりも両親のそれに近いのです。

このケースでいえばシャトーは指導的なカウンセラーですが、権威を主張したりしませんし、グループに脅しをかけたりすることもありません。この共感的なガイドは若い魂たちを温かく受け入れて、彼らの男性的な傾向を十分に考慮しているように見えます。スピリット世界を構成する単位である魂グループについて、いくつかの質問を最後にこのケースを締めくくることにしましょう。

ニュートン　あなたのグループはどうしてこの世でそれほど男性志向なんですか。

被験者　地球は肉体的な行動が報われる活動的な惑星です。私たちが男性的な役割にこだわるのは、事態を掌握しコントロールし……周囲の環境を支配し……認めてもらうためなんです。

ニュートン　女性も社会に影響力をもっていますよね。女性的な役割も経験しなかったら、あなた方のグループの進歩はあり得ないのではないですか。

被験者　それは分かっていますが、私たちは独立への欲求がとても強いのです。実際大して成果が挙がらないことに多くのエネルギーを費やしすぎる傾向がありますが、今のところ女性的な局面にはあまり興味がもてませんね。

ニュートン　自分が属するグループの中に女性の役を務める人がいないとしたら、どこで人生において別の側面を補ってくれる存在を見つけるのですか。

被験者　近くに女性的な役割をうまく引き受けることができる存在が何人かいます。私はジョージーと付き合いがあります……彼女とは何度かの人生で一緒になりました。トリニアンはナイラがお気に入りですし、ほかにも何人かいます……。

ニュートン　アラム、あなたのスピリット世界のかかわりについての対話はこれで終わりますが、最後に、あなたのグループの始まりについて知っていることがあったら話してください。

被験者　（長い間があって）私には……何も言えることはありません……みんな、あるとき一緒になったとしか……。

ニュートン　とにかく誰かが同じような資質をもったあなたたちを、一つに集めねばならなかったわけですよね。それは神だと思いますか。

被験者　（当惑して）いいえ、源泉よりも下位の……「高き者」たちです……。

ニュートン　シャトーや、彼のようなガイドたちですか。

被験者　いいや、それよりは高いんです……たぶん……立案者たちです……これ以上は知りません。

ニュートン　しばらく前に古い友人の何人かが進歩して、あなた方のグループにあまり積極的には参加しなくなったと言いましたよね。新しいメンバーが入ったことはあるんですか。

被験者　ありません。

ニュートン　それは新しいメンバーがあなた方の中に溶け込むことが難しいからですか。

被験者　（笑って）われわれはそんなに悪い連中じゃないですよ！　ただ私たちは外部の者と比べて考え方が似すぎているし、彼らは私たちと過去の経験を共有していないですからね。

ニュートン　過去世についていろいろと議論をしているなかで、自分たちは人類社会の改良に貢献していると考えたことはありますか。

被験者　（間があって）自分たちのような者が社会にいることが、因習に対する挑戦……基本的な前提に疑問を投げかけるもの……であればいいと思っています。われわれはこの世の生に大胆な勇気をもたらしているんじゃないでしょうか……それと笑いもね……。

ニュートン　魂のグループでの議論が煮つまったとき、さらに先に目標を掲げるために、次の生のことを考えたりしませんか。

被験者　（熱くなって）まったくそのとおりですよ！　この世の新たな役割に向けて旅立つときは、いつも「また死後に会おうぜ！」と言って別れるんです。

このケースはエゴが強い似たような考え方をもつ魂たちが、互いの感情や態度を支持し確認し合う相手を必要としている一つのよい例です。ここには魂グループの成り立ちを理解するうえでの鍵が隠されています。多くの魂グループには、進歩を阻害する同様な問題を抱える、共通するアイデンティティをもつ者たちのサブグループがあることが分かりました。とはいっても、これらの魂も長所や短所も含めて違いがあります。グループのメンバーは、ファミリーの他の者たちが目標に一歩でも近づけるように、自分のもてる才能をフルに活用して貢献しようとします。

また私は「ケース21」の親しい友人たちのインナーサークルに残っている何人かの魂たちは、当初のグループに属していた者たち全員の行動的な特徴を代表している——という印象をもっていることを付け加えておかなければなりません。

たとえば十五人から二十人ほどの最初の魂グループが形成されたとき、そこには才能や興味において顕著な類似性があります。しかし一方では同じグループに、性格、感情、反応がそれぞれに違う者たちを集めるような配慮もなされています。

一般的に被験者たちの報告によると、男性が多いか女性が多いかは別にして、グループには次のような性格タイプの一つかそれ以上が入り交じっているようです。

- ●勇敢で立ち直りが早く、辛抱強く生き残る
- ●穏やかで静かで、献身的でかなり無邪気
- ●遊び好きでユーモアがあり、ジョークが好きで危険を冒す
- ●真面目で信頼でき、慎重
- ●派手で熱狂的で、率直
- ●忍耐強く堅実で、洞察力がある
- ●計画的で思慮深く、決断が早い
- ●革新的で臨機応変で、順応性がある

こういった性格の違いがグループにバランスをもたらすのです。しかしグループの全員が派手で大胆な振る舞いに強く引かれる傾向を示していたら、もっとも慎重なメンバーでさえ他の魂のグループメンバーと比べれば、それほど慎重には見えないでしょう。

「ケース21」の魂たちの進歩にはかなり長い時間がかかっていることは疑う余地がありません。しかし彼らもその若々しい活力という点では、この世に貢献しているのです。この被験者への続いての質問からこれら

郵便はがき

料金受取人払

新宿局承認

767

差出有効期間
平成31年3月
31日まで

160-8790

611

東京都新宿区
西新宿7-9-18 6F
フェニックスシリーズ
編集部 行

フリガナ お名前	年齢	性別　男・女 職業
住所 〒		
電話番号　(　　)		
E-mail		

愛　読　者　カ　ー　ド

ご購入いただいた
本のタイトル

ご購入いただいた書店名（所在地）

●本書を何でお知りになりましたか？

1. 書店で実物を見て（店名　　　　　　　　　　）
2. HPまたはブログを見て（サイト名　　　　　　　　　　）
3. 書評・紹介記事を見て（新聞・雑誌・サイト名　　　　　　　　　　）
4. 友人・知人からの紹介
5. その他（　　　　　　　　　　）

●復刊・翻訳をしてほしい書籍がありましたら、教えてください。

●本書についてのご感想をお聞かせください。

ご協力ありがとうございました。

●書評として採用させていただいた方には、**図書カード500円分**を差し上げます。

こちらからもお送りいただけます。

FAX 03-5386-7393　　E-mail　info@panrolling.com

の魂が二十世紀の今日も同じ道をたどっていることが分かりました。

たとえばアラムはグラフィックデザイナーであるとともに、セミプロのギター奏者として歌手のジョージーとかかわっています。このケースの結束の固い魂たちは、この世の人生でも強い男性的な志向を示していますが、だからといって彼らから女性的な傾向を示す若い魂たちとかかわる能力が失われてしまっているわけではありません。魂グループは男女の性別が入り交じっています。すでに述べたように、十分に進歩した魂はこの世の人生を選ぶときにバランスのとれた性別の選択をします。

自己のアイデンティティを表現しようとする欲求は、具体的なレッスンを学ぶためにこの世に生まれようとする魂にとって重要な動機となります。ときに自由な魂の状態での自己認識と人間の肉体にあるときの行動との食い違いが、低いレベルの魂を悩ませることがあります。魂はこの世に生きていると、自分が誰なのか分からなくなることがあるようです。

「ケース21」にはこういう葛藤は表れていないようですが、アラムが最近の何度かの生で十分な成長を達成したのかどうかは疑わしい――と私は思っています。しかし、人生をただ生きるだけの基本的な経験でさえ、ある程度までは、その人生から十分な洞察が得られなかったことへの償いとなってくれるでしょう。

自分の至らぬ点や倫理的な軋轢《あつれき》は、この世よりもスピリット世界においてははるかに重要な欠陥として認識されます。微妙な決断の内容が、魂グループの中で詳細に分析され吟味されることはすでに見てきたとおりです。グループメンバーはこの世の歳月にして非常に長い期間を一緒に活動してきましたから、お互いの存在を個人としてもグループ全体としても十分に知りつくしているのです。

このことがすべての魂グループの中に強い帰属意識を育むとともに、とりわけ低いレベルの魂にとって、グループとグループの間に思考の障壁が存在するかのような印象を生じさせる理由ともなっています。

それにもかかわらず、人間に宿った魂が疎外感や孤独を感じることは避けられないにしても、自我のアイデンティティは温かな仲間たちのグループの社会環境の中で絶えず高められています。

魂グループの社会構造は、この世の人間グループのそれと同じではありません。親しい友人のペアが存在するという証拠はありますが、グループ内に派閥や目立つ存在、孤立した魂があるという話は聞いたことがありません。しかし魂はグループに属するようになると、一人静かに個人的な内省の時間をもつこともあると聞いたことがあります。魂はこの世の家族関係でも、スピリット世界のグループにおいても、親密な関係のなかに生きていますが、同時に魂は、孤独からも多くのものを学んでゆくのです。

白い光の被験者たちから、「初歩的レベルの魂はしばしばグループから離れて、エネルギーを操る簡単な個人レッスンをする」と聞いています。あるかなり若い魂は、囲いの中で自分のエネルギーから生み出した円柱、球、立方体、四角形などの幾何学的な形状を一つにまとめる作業「動くパズル」に取り組んでいる場面を思い出しました。それは「多次元的で、色彩豊かなホログラフ的なもの」だったそうです。

彼は「私たちは散乱し混在するものを集約して何らかの基本的な形にするために、自分のエネルギーを鍛えることを学ばなければならないのです」と言っています。別の被験者は「こういったテストをさせながら、立会人たちは私たちの想像力、創造性、創意工夫などを判断するわけですが、彼らは評価するのではなく励ましてくれるのです」と付け加えています。

あらゆるレベルの魂が同じように行う、ある重要な活動があります。彼らはこの世（または別の物質的な世界）に行っている自分が知っている――これまでに世話をしたことがある者たちを手助けするために、精神的に集中する時間をもつことを求められるのです。

私が集めた情報によれば、彼らは投影の場とも呼ばれる空間に行きます。ここで「次元間に浮遊する銀青色のエネルギー場」に入り、自分が選んだ地理的な場所に向けてエネルギーを投射するのです。これは「肯定的な波動エネルギーを維持しつつ、それを投射して保護区域をつくる」ための精神的なエクササイズだと聞いています。

こうして魂は自分の思考の波に乗って、特定の人々、建物、一定の地域に到達し、慰めを与えたり変化を引き起こしたりするのです。

第十章　成長する魂

魂がレベルⅡを超えて中程度の進歩の段階に進むと、グループとしての活動は著しく減っていきます。これは初歩的な魂が経験する孤立した状態に戻るということではありません。中程度のレベルに達した魂は自立した活動ができる成熟と経験を身につけて、本来のグループとのかかわりは少なくなるのです。これらの魂はこの世に生まれる回数も減っていきます。

レベルⅢとⅣに入ってようやくさらに重要な責任を担う準備が整ってきます。今やガイドとの関係は教師と学生のそれから、一緒に仕事をする同僚の関係へと変わっていくのです。かつて自分のガイドも過去のある時点で新しい学生のグループを受け持ったように、私たちは誰かのガイドになる責任を引き受けられるように、教えの技術を身につけなければなりません。

すでに述べたように、レベルⅡからⅣへの移行期にある魂の進歩段階を正確に判断することは、とりわけ難しいのです。たとえば、一部のレベルⅣの魂はすでにレベルⅢにいるころから初等グループユニットの教師になるための下準備を着々と進めていますが、明らかにレベルⅣに入っている魂でも、自分は有能な教師にはなれないと分かっている者もいます。

倫理面でも行動面でも高い基準を維持しているものの、中程度の成熟レベルに達した存在は、いまだそれほど多くの実績を積んでいるわけではありません。もちろんケースによっても違いますが、この段階以上の被験者には深い落ち着きが感じられます。意識的なレベルでも潜在意識的なレベルでも、他人の動機に対して疑いよりも信頼を抱くようになります。これらの人々は人類の未来に対して信頼と自信に裏打ちされた前向きな態度を示し、それが周囲の人々にも励ましを与えます。

私はより成熟した魂たちに、宇宙の創造や目的といった深遠な概念について質問をぶつけました。これらの魂が集めたより高度な知識を、スピリット世界の貴重な情報源として使ったことを認めざるを得ません。私がスピリット世界の記憶を引き出そうと、強くプッシュしすぎると言う被験者もいましたが、彼らの指摘が正しいことも分かっています。この世に存在するより進歩した魂たちは、宇宙の生命の計画について、注目すべき深い理解を有しています。私は彼らからできるかぎりのことを学びたいのです。

❖成長する魂の驚くべき過去世

次のケースの被験者はレベルⅢの上位にまで進歩して、その魂は赤みがまったくない黄色のエネルギーを放っています。

この被験者は五十歳に近い、小柄なごく平凡な男性です。最初に会ったときの態度は穏やかで礼儀正しく、少し真面目すぎると思ったほどです。彼の落ち着いた謙虚な態度は苦労して身につけたもので、奥底にはもっと強い感情が隠されているように感じました。彼の一番の特徴は、その暗く気難しそうな目つきでしたが、自分の身の上を具体的かつ雄弁に話し始めると、その目はらんらんと輝いていきました。

自分はホームレスに食べ物を分け与える慈善団体で働いているけれど、かつてはジャーナリストをやっていたこともあると言いました。彼はかなり遠方から、仕事に対する情熱を失った悩みを相談しようと私の元へやってきたのですが、人生に疲れたから余生を一人で静かに過ごしたいのだと語りました。
最初のセッションで余生の有意義な過ごし方を知るために、多くの過去世をざっと振り返ってみることにしました。被験者を一気に三万年前の石器時代まで退行させて、クロマニョン人に始まる彼の初期の人生を次々と振り返っていきました。

時代を下るにつれて、彼のなかに平均的な部族の生き方に対立する一貫した一匹狼的な行動パターンがあることに気がつきました。紀元前三千年から五百年にかけて被験者は、シュメール、バビロニア、エジプト文明など初期の都市国家が興隆した中東で、いくつもの人生を生きました。それにもかかわらず、何度かの女性としての人生でさえ、家族の束縛を嫌うことが多く、子どもをもつこともありませんでした。男性としては遊牧生活を好んだようです。

中世の暗黒時代のヨーロッパの人生になると、圧制的な社会に抵抗する反逆的な魂というイメージが強くなってきました。その過去世を通じて、この被験者は人々を恐怖に立ち向かわせるために働いて、対立する党派には一度も妥協したことがありませんでした。多くの苦難と妨害に耐えながら、彼は移動の自由を求めて放浪を続けたのです。

あまり成果を残せない人生もありましたが、十二世紀には中央アメリカのアステカ族の一員として生まれ、ネイティブアメリカンの部族を組織して、ある大神官の圧制に立ち向かいました。彼はこの蜂起で、敵の部族と武力を交えずに和解することを勧め、事実上の追放処分にあって殺されました。

十四世紀になると、この魂はヨーロッパ人の年代記作者となって、アジアの人々について知るためにシルクロードを旅して中国に至りました。常に語学に堪能だった彼は、アジアのある農業を営む村で老人になるまで幸せに暮らしました。日本では十七世紀の初めごろに、鶴を紋章とする一族に生まれました。この人たちは尊敬を集める独立した武士の集団でした。この人生の最期の時期に、この被験者は弱小の対抗勢力に兵法を指南し、当時の支配者の徳川一族から謹慎を申しわたされたのです。

しばしばアウトサイダーとして、常に真理を求めて多くの土地をさすらう探求者として、この魂は生の合理的な意味を求め続けながら、途上で出会った多くの人たちに助けの手を差し伸べました。彼が一九世紀のアメリカの辺境である農夫の妻として登場してきたとき、私は驚いたものです。相手の農夫は結婚して数年後には亡くなりました。被験者は移動の自由がない苦しさを学ぶために、家や土地に縛りつけられた子持ちの未亡人の人生へと意図的に生まれ変わってきたのでした。

セッションのこの部分が終わるころには、私は自分がかなり進歩した、年を経た魂とワークしていること、まだ振り返っていない非常に多くの人生があることが分かってきました。この魂がレベルⅣに近づいていることからしても、彼がこの世に初めて現れたのが、最初に見当をつけた倍以上の七万年前であることが分かったとしても驚きはしなかったでしょう。

しかし前にも述べたように、魂が進歩するためにはこの世に何百回となく生まれ変わってこなければならないわけではありません。ある被験者などは、たった四千年のうちにレベルⅢの気づきの状態にまで達してしまいました。これは並外れた成績と言わなければなりません。

私は被験者と現在の人生について、また以前の生ではどのような学習の進め方をしていたのか、といったことについて話し合いました。彼は「自分はこれまでの生で、あまり何度も結婚したことはなく、世間的なしがらみなどつくらないほうが向いている」と言うので、他の生き方についても考えてみるように勧めました。まず第一に、彼が多くの生で、あまり他人と親密な関係をもたなかったことが、彼の進歩を阻害していると感じたのです。

このセッションが終わると、彼は日を改めて自分の心の中にあるスピリット世界の記憶を探ってみたいと言いました。そして翌日、私たちは再びワークに戻ることにしました。

ケース22

ニュートン　あなたはスピリット世界ではどんな名前で呼ばれていますか。
被験者　ネンサムです。
ニュートン　ではネンサム、あなたは今一人ですか、それともまわりに他の魂がいますか。
被験者　（間があって）古くからの仲間が二人います。
ニュートン　彼らの名前は？
被験者　ラウルとセンジです。
ニュートン　あなた方三人は、活動を共にするもっと大きな魂グループのメンバーですか。
被験者　以前はそうでしたが……今では私たち三人は……自分たちだけで活動することが多いんです。
ニュートン　たった今、あなた方三人は何をしているのですか。
被験者　この世に転生したときに、お互いを助け合うもっともよい方法を話し合っていたんです。
ニュートン　互いにどんなことをするのか話してください。
被験者　私は、センジが自分の失敗を許して、自分自身の価値を認められるようになる手助けをしています。彼女はこの世で常に母親の役を演じようとすることをやめるべきです。
ニュートン　彼女はあなたをどのようにして助けるのですか。

被験者　私が自分の……帰属意識のなさを理解することができるようにするんです。
ニュートン　センジはこの問題であなたを助けるために、具体的にどのような行動をとりますか。
被験者　彼女は日本で、私が武士をやめた後に妻になってくれました。（ネンサムは何か気がかりな様子でしたが、続けてこう言いました）ラウルはセンジと一緒になることが多く、私はたいてい独身でした。
ニュートン　ラウルについてですが、あなた方はお互いにどんなふうに助け合うのですか。
被験者　私は彼が忍耐できるように支えてやり、彼は私の社会生活を避ける傾向を指摘してくれます。
ニュートン　あなた方はいつも二人の男性と一人の女性としてこの世に生まれ変わってくるのですか。
被験者　いいえ、役割を交替することもできますが（そうしたこともあります）、私たちには今のこのかたちが一番合っているようです。
ニュートン　なぜあなた方三人は自分たちの魂グループから離れて活動しているのですか。
被験者　（間があって）いや、みんなこのあたりにいるんですよ……私たちと同じところまで進まなかった者もいるし……もっと多くの課題をこなして私たちよりもずっと先に進んでしまった者も何人かいます。
ニュートン　あなたにガイドか教師はいますか。
被験者　（満足そうなほほ笑みを浮かべて）ええ、イディスが。
ニュートン　彼女をとても尊敬しているようですね。イディスとは十分に意思の疎通がとれていますか。
被験者　ええ、とれていますよ……意見が合わないこともないわけではありませんが。
ニュートン　あなた方二人がよく衝突するのはどんなところですか。
被験者　彼女があまり転生をしないので、もっとこの世の状況に触れたほうがいいんじゃないかと言ってるんです。

ニュートン　それだけイディスと波長が合っていたら、彼女がこれまでに受けてきたガイドとしての訓練について知っているのではないですか。

被験者　（頭を振ってよく考えながら）何も質問できないということではありませんが……私たちは自分の知っていることしか尋ねることができません。イディスは私自身の体験にかかわりがあると思うことしか話してくれないんです。

ニュートン　ガイドは自分の考えを完全に読まれないように、フィルターをかけることができるのですか。

被験者　ええ、年長者たちほどそれが上手ですね……私たちが知る必要のないことを悟られないようにすることができます。それを知ったら混乱するかもしれないですからね。

ニュートン　あなたは自分のイメージにフィルターをかけることができますか。

被験者　ええ、もうすでに習っていますよ……少しですが。

ニュートン　ガイドからすべての質問に対して適切な答えをもらっているわけではない――と言う人が多いのはそのためなのでしょうか。

被験者　そうです。それに質問の意図も重要なんです……いつ何のために尋ねたか……ということがね。たぶん混乱をもたらすような情報は聞かないほうが彼らのためなんです。

ニュートン　イディスの教えのテクニックは別にして、彼女のアイデンティティは好きですか。

被験者　ええ……彼女が一緒に来てくれればいいと思っているのですが……一度でもね。

ニュートン　ではあなたは、彼女と一緒にこの世に転生したいと思っているのですか。

被験者　（いたずらっぽく笑って）たまにはこの世に一緒に生まれて私と付き合ってくれたら、もっと良好な関係が築けるだろうと言っているんですけどね。

ニュートン　その提案に対してイディスは何と言っていますか。

被験者　彼女は笑って考えてみると言っていますね。それが生産的だということを私が証明できたらね。

セッションのこの時点でネンサムに、イディスはいつから彼とかかわるようになったのかと尋ねたところ、彼女がこの三人の存在を受け持つようになったのは、彼らがレベルⅢに移行してからのことだったようです。ネンサム、ラウル、センジたちは自分たちの存在が始まって以来の付き合いになる、敬愛しているより年長のマスターガイドの指導も受けていました。進歩した魂は、霊的により孤独に生きている――と考えるのは必ずしも正しくありません。この被験者はほかにも多くの魂と接触があると言いました。ラウルとセンジは、彼のもっとも親しい友人であるにすぎません。

❖ガイドへの第一歩

レベルⅢとⅣが魂の発達にとって重要なステージであるのは、今や彼らがもっと若い魂に対して、より大きな責任を担うようになるからです。しかしガイドの資格は一度に与えられるものではなく、スピリットの生の他の多くの局面と同じように注意深く試されることになります。

中程度のレベルは、教師を志す者にとって試練の時期です。オーラがまだ黄色いうちから、教師は世話をする魂を割り振って、肉体に転生しているときや、そうでないときの指導力を評価します。

この予備的なトレーニングが成功すると、まだ初歩的なガイドのうちから本格的な職務を果たすことが許されるのです。誰もが教師に向いているわけではありませんが、向いていないから青いオーラの進歩した魂になれないというわけではないのです。

ガイドもそれぞれに能力や才能の違いがあって、彼らなりの欠点も抱えています。レベルⅤに達するころには、適性は十分に把握されていて、自分の能力に見合った職務上の義務を与えられます。これについては、この章のもっと後のほうで述べることにしましょう。

それぞれに学習のアプローチは違っても、最終的には全員が同じ霊的な高潔さを獲得するのです。魂の進歩を目的とする全体計画では、個々の魂の多様性も大切にされ、私はこの意味でも「ケース22」の被験者がどのようにレベルⅢに進歩していったのかに興味がありました。

ニュートン　ネンサム、イディスはあなたをガイドにする準備を始めているのでしょうか。あなたがそのような仕事に興味があったらの話ですが。

被験者　（すぐさま）興味はあります。

ニュートン　そうですか。では、あなたはすでにガイドとしての一歩を踏み出しているのですか。

被験者　（謙虚に）そんなに大げさに考えないでください。私は単なる世話人にすぎないんです……イディスの指示を聞いて手伝っているだけです。

ニュートン　あなたは彼女の教えのスタイルを真似ようとしているんですか。

被験者　いいえ、私たちの個性は違いますからね。それに世話人であるとはいえ、まだ見習いですから……私には彼女のできることができないですからね。

ニュートン　自分が世話人になれると気がついて、他人を霊的に支援するようになったのはいつごろからですか。

被験者　それは……非常に多くの人生を生きてきて……以前よりも自分のバランスを保つことができるよう

になり、自分は魂としても人間としても人々を助けることができると気がついてからです。

ニュートン　あなたは今でもスピリット世界の内や外で世話人の仕事をしているのでしょうか。

被験者　（何と答えたらよいのか分からないといったふうに）ええ、外で……二つの生でね。

ニュートン　あなたは今、二つの並行する人生を生きているのですか！

被験者　ええ、そうです。

ニュートン　もう一つの生では、どこに住んでいるのですか。

被験者　カナダです。

ニュートン　地理的な条件は、あなたのカナダへの転生には重要ですか。

被験者　ええ、私は田舎町の貧しい家族に生まれ、そこで欠くことのできない存在になりました。

ニュートン　このカナダでの生活と、あなたの責任についてもっと詳しく話してください。

被験者　（ゆっくりと）私は……弟のビリーの世話をしているんです。彼は四歳のときに台所の調理用ストーブが火事になって、顔にひどいやけどを負ったんです。その事故が起きたとき私は十歳でした。

ニュートン　カナダにいるあなたは、今アメリカで生きているあなたと同じ年齢ですか。

被験者　ほとんど同じです。

ニュートン　カナダの人生の当初の課題は何だったのですか。

被験者　ビリーの世話をすることです。彼が苦しみを乗り越えて、世の中と向き合うことができるように手助けしてやることです。彼はほとんど目が見えないし顔もひどく醜いので、近所の人たちからは敬遠されているんです。私は、彼がこのような人生を受け入れて、内側から本当の自分を知ることができるように、彼の心を開こうとしています。本を読んでやり、彼の腕をとって森に散歩に連れていきます。両手もひどいやけどをしているために、握ることができないんです。

ニュートン カナダの両親はどんな人たちですか。

被験者 (謙虚そうに)私が親の代わりです。父はその火事の後に家を出たきり帰ってきません。彼はだめな男で、その火事が起きる前でさえ家族の面倒をろくに見ませんでした。私の母の魂はあんまり……肉体の中にいることができないんです。彼らにはしっかりした人間が必要なんです。

ニュートン 頑丈な男がですか。

被験者 (笑って)いいえ、私はカナダでは女性ですよ。ビリーの姉なんです。母と弟には、家族を一つにまとめる精神的なたくましさと、進むべき道を示すことができる人間が必要なんです。

ニュートン 家族をどうやって養っているんですか。

被験者 私はパン屋ですが、彼らの元を離れるわけにはいかないので結婚はしていません。

ニュートン あなたの弟の主要なレッスンとは何なのでしょうか。

被験者 欲求を満足させることができない人生にも、押し潰されることがない謙虚さを身につけることです。

ニュートン どうしてやけどをした弟の役を引き受けなかったのですか。そのシナリオのほうがもっと難しいチャレンジのようにも思えますが。

被験者 (しかめつらをして)いや、もうすでにそういった経験はしてるんですよ!

注:この被験者は何度かの過去世で肉体的な損傷を負っています。

ニュートン そうだと思いましたよ。ところでビリーの魂は過去世で、あなたに肉体的な傷を負わせたことはなかったのですか。

被験者　実を言うと、一度だけそういうことがあったんです。私が苦しむ側だったときには別の世話人が付き添ってくれて、本当によく面倒を見てくれました。今度はビリーの番で、私は彼のためにここにいるんです。

ニュートン　あなたはカナダに生まれる前から、自分の弟が障害を負うことを知っていたのですか。

被験者　もちろんです！　イディスと私は細かいところまで話し合いました。ビリーの魂には世話人が必要だと彼女が言ったのですが、私は彼の魂と過去世で不幸な出会いをしていたので、喜んでこの仕事を引き受けたんです。

ニュートン　カルマの教えはビリーにとってだけでなく、家族に縛られる女性の役割を引き受けたあなたにとっても必然性があるようですね。何しろこれまでのように家を出てあちこちうろつきまわることができませんからね。

被験者　そのとおりです。その人生の困難さは、その境遇が自分にとってどれほどのチャレンジとなるかによって決まるんです、他人にとってではなくてね。私にとってはビリーの世話人であるほうが、別の魂から世話を受ける立場だったときよりも困難が大きいのです。

ニュートン　あなたが引き受けた世話人の立場にとって、もっとも困難な要素とは何でしょうか。

被験者　まったく無力な子どもを……大人になるまで……支え続けるということ……勇気をもって苦しみに立ち向かうことを子どもに教えることですね。

ニュートン　ビリーの人生は極端な例ですが、この世の子どもたちは、多くの肉体的・感情的な苦しみを通り抜けなければならないようですね。

被験者　苦しみに立ち向かい、それに打ち勝たないかぎり、本当の自分と結びつくことはできないし、それを基盤にすることはできません。実際のところ子どものころに、より多くの苦しみと困難を経験した人ほど、いっそう自分の可能性を広げる機会に恵まれるんです。

ニュートン　それで、カナダの世話人としての人生はうまくいっているのですか。

被験者　カナダの家族の元では、もっと厳しい選択をしなければなりません……アメリカの生活と比べたらね。でも私には自信があるんです……自分の理解を実践に移していけるという……。

ニュートン　イディスはあなたが進歩を加速させるために、並行した二重の人生を送ることについて賛成でしたか反対でしたか。

被験者　彼女はこのことをよく理解してくれていますよ……私は過去にあまりこういうことをやったことがなかったですからね。

ニュートン　どうしてやらなかったのですか。

被験者　二重の人生は疲れるし、不調和になりやすいのです。せっかくの努力が生かされなくて、どちらの人生でもあまり成果が出ないということもあります。

ニュートン　現在のあなたはどちらの人生でも人々を助けているようですが、対照的に、まったくだめな人生と立派な人生の両方を生きたことはこれまでになかったのですか。

被験者　ありますよ、ずいぶん昔のことですけどね。これは二重の人生の一つの利点なんです。一方がもう一方を補うことができるから。それでもかなりの困難が伴いますけどね。

ニュートン　では、なぜガイドは二重の人生を許すのでしょうか。

被験者　（私をにらみつけて）魂は、硬直した官僚主義的な環境の中に生きているわけではないんですよ。私たちは間違った判断をして、そこから学ぶことも許されているんです。

ニュートン　どうやらあなたは、一般論として魂は一度に二つ以上の人生を生きるべきではないと考えているのではないですか。

被験者　ほとんどの場合には「そのとおり」と答えるでしょう。でも私たちに転生を急がせる別の動機もあるんですよ。

ニュートン　たとえば……？

被験者　（面白がるように）同時にいくつもの人生を生きたら、それだけ長い間転生しないで反省の期間を楽しむことができますからね。

ニュートン　同時にいくつもの人生を生きた後では、生と生の間の休息の時間もそれだけ長くとれるということですか。

被験者　（ほほ笑んで）そうです、一つよりも二つの人生を振り返るほうが長くかかるでしょう。

ニュートン　ネンサム、魂の分割のメカニズムについていくつか質問があります。魂のエネルギーをいくつもの部分に分ける方法は、どうやって知ったんですか。

被験者　私たちは……小さな部分なんです……活性化されたユニットのね。私たちはみんな一つのユニットから発生したのです。

ニュートン　その大元のユニットとは何ですか。

被験者　創造主です。

ニュートン　あなたの魂の分かれた部分は自立して、それだけで完結しているんですか。

被験者　ええ、そうです。

ニュートン　転生するときには、魂のエネルギーのすべての部分が、スピリット世界から出ていくのですか。

被験者　一部は残ります。私たちは創造主から完全に分離するわけではないですからね。

ニュートン　私たちがこの世の一つかそれ以上の肉体にいる間、スピリット世界に残った部分は何をしているんですか。

被験者　それは……ほとんど眠っていて……残りのエネルギーが再び戻ってくるのを待っているんです。

❖同時に複数の人生を生きる――時間は重複する

被験者に過去世退行療法を施している私の同僚の大半が、時間は重複し得るものだということを、この世の二カ所に同時に生きている人たちから聞いています。時折、三つかそれ以上の並行した人生を送っている魂もいます。どの発達レベルの魂でも複数の肉体に宿って生きることができるようですが、私自身はこのようなケースをあまり扱ったことはありません。

多くの人たちが、魂はスピリット世界に自分の一部を残したまま、この世の一つかそれ以上の肉体に宿ることができるということを聞いて、これまでの「たった一つのかけがえのない魂」というイメージと一致しないものを感じると言います。

実を言うと私自身も、ある被験者から初めて「自分は並行する人生を生きている」と聞かされたときに、居心地の悪さを感じました。私はなぜ一部の人たちが、魂は複数に分割され得るという考え方に、とりわけ一つの魂が同じ相対的な時間の中で異なった次元に生きることができるという、いっそう極端な命題に行き当たったときに当惑を感じるのかが理解できるのです。

ここで認めなければいけないのは、私たちの魂が自分を分割することができる、または自分を拡大させて私たちのような魂を生み出すことができる唯一の大いなる大霊の一部であるなら、この知性的スピリットのエネルギーの所産である私たち自身が、「分離したり再結合したりする能力」をもっていてもおかしくはないということです。

より高い成長段階にある魂から、魂の活動についての情報を聞き出すことは、ときにはフラストレーションを伴うものにもなりかねません。なぜなら、高いレベルの魂たちの記憶や知識が本質的に複雑なものであるために、「彼らが知っているのに話そうとしないことと、本当に知らないこと」を見分けるのが困難になってくるからです。

「ケース22」の被験者は、知識が豊富なだけでなく私の質問にもよく答えてくれました。このケースは、「魂のトレーニングの多様性」について語られた他の報告ともまったく矛盾していません。

ニュートン　ネンサム、この世への生まれ変わりや魂のグループ内での交わり、またガイドになるための学習などで忙しくないときに、スピリット世界でどんな活動をしているのかについて伺います。これまで話してくれた以外のスピリット世界のエリアについて話してもらえますか。

被験者　（長い間があって）ええ、その他のエリアもありますよ……それは私も知っています……。

ニュートン　いくつぐらいありますか。

被験者　（慎重に）私は四つ知っています。

ニュートン　それらの活動領域は何と呼ばれていますか。

被験者　「自我のない世界」「全知の世界」「創造と非創造の世界」「時間が変容された世界」です。

ニュートン　それらは、私たちの物質的な宇宙にもある世界ですか。

被験者　一つはそうですが、その他は非次元的な気づきの領域です。

ニュートン　分かりました。非次元的な気づきの領域から聞いていきましょう。それらスピリット世界の三つの領域は魂が利用できる場所ですか。

被験者　ええ。

ニュートン　どうしてこれらの霊的なエリアを「世界」と呼ぶのですか。

被験者　私はそれらを……霊的な生命が暮らす場所だと見ているからです。

ニュートン　では、それら三つは精神的な世界なんですね。

被験者　ええ、そうです。

ニュートン　「自我のない世界」とは何ですか。

被験者　それは存在の方法を学ぶ場所です。

ニュートン　それについては聞いたことがあります。表現は違いますが。そこは初心者が行くところですね。

被験者　ええ、新しくつくられた魂が、そこで自分について学ぶんです。それは始まりの場所です。

ニュートン　自我のアイデンティティは無作為に与えられるのですか、それともビギナーの魂は選ぶことができるのでしょうか。

被験者　新しい魂は選ぶことができません。自分のエネルギーのあり方に基づいて性格の要素が獲得され……組み合わされて……一つに統合されます。

ニュートン　魂にそれぞれの性格を割り当てるときに、いわば霊的な人物評価のようなことはなされるのですか——このタイプはこんなふうな、あのタイプはあんなふうな——といった感じで。

被験者　（長い間があって）私たちを成り立たせるものを割り当てるには、多くの要素が考慮されなければならないと思います。私が知っているのは、いったん与えられたら、自我は自分自身と与え手との契約になるということです。

ニュートン　それはどういう意味ですか。

被験者　自分であることに最善を尽くすということです。

ニュートン　では「自我のない世界」の目的は、より進歩した存在が新しい魂にアイデンティティを付与することにあるのですか。

被験者　ええ、新しい魂は本当の自己をまだもっていない純粋なエネルギーなんです。自我のない世界はあなたに署名を与えるんです。

ニュートン　では、なぜそれを「自我のない世界」と呼ぶのでしょうか。

被験者　新しくつくられた魂は自我のない状態でやってくるからです。自我という考えは新しく生まれた魂の意識の中にはありません。魂はここで自分が存在する意味を教えられるのです。

ニュートン　この魂に人格を付与することは今でも行われていますか。

被験者　ええ、私の知るかぎり……。

ニュートン　いいですか、次の質問には注意深く答えてください。あなたが魂として特定のアイデンティティを獲得したときに、この地球に人間として転生することがすでに予定されていたのですか。

被験者　必ずしも決まっていたわけではありません。惑星が永久に存在することはありませんから。

ニュートン　一定のタイプの魂は、宇宙に存在する特定の形態の物質的生命に対する相性のようなものをもっているのでしょうか。

被験者　（間があって）あえて否定はしませんけどね。

ニュートン　ネンサム、まだあなたが生まれたばかりのころに、地球の人間ではなく他の惑星の宿主を選ぶ機会を与えられたことはありましたか。

被験者　それはその……まだ若い魂は……そういった選択ではガイドに助けてもらいます。私は人間に引かれましたよ。

ニュートン　他の選択をしたこともあるのですか。

被験者　（長い間があって）ええ……でも……そこはあまりはっきりした世界ではなかったですね。最初の何度かの生では大した仕事もない簡単な世界を与えられるのです。私はその次にこの過酷な惑星での仕事を与えられました。

ニュートン　地球は過酷な場所とみなされているのですか。

被験者　もちろんですよ。いくつかの世界では肉体的な不快さに打ち勝たねばならないし、ときには苦しまなければなりません。もっと精神的な意味での競争が激しい世界もあります。地球はその両方ですね。過酷な世界を生き抜いたら称賛されます。（ほほ笑んで）私たちはあまり旅が好きでない者たちからは「冒険的な魂」と呼ばれています。

ニュートン　この地球で一番好きな点は何ですか。

被験者　人間たちが互いと争いながらもお互いに連帯感を感じていることですね……競争しながらも協調し合っていること……。

ニュートン　それは矛盾ではありませんか。

被験者　（笑って）それが私には魅力なんですよ……一方で、誇り高く自尊心も必要とされるが、同時に間違いも犯し得るレースを続けていくということがね。人間の頭脳はかなりユニークなんです。

ニュートン　どんなふうにですか。

被験者　人間は自己中心的ですが脆弱《ぜいじゃく》でもあります。彼らは自分の性格を卑しくすることもできるし、一方でとてつもなく優しくなることもできます。この世には、心の弱さから現れた行いもあれば勇気のある行いもあります。人間の価値観のなかでは、常に押したり引いたりの綱引きのような闘いが行われているのです。この多様性が私の魂には合うんですね。

ニュートン　この世界に生まれることを選んだ魂にとって、人間の宿主のその他の良さとは何でしょう。

被験者　そうですね……この世界で成長していく魂は……人間が自分たちの人生を超えた無限なるものを知ること……人間がその情熱を通じて真実の博愛を表現していくことを喜んで支援しようとしているんです。生命のために闘おうとする情熱……これこそ人間にそなわる最大の価値といえるでしょう。

ニュートン　人間にはまた並外れた悪を行う能力もありますね。

被験者　それは情熱の一部ですよ。それもまた進化しているんですが、困難を経験するときに人間は最高の能力を発揮することができるし……きわめて気高い振る舞いをすることもできます。

ニュートン　あなたが今言ったような肯定的な性格を支えているのは、魂ではないのですか。

被験者　私たちは、すでにそこにあるものを高めようとしているだけです。

ニュートン　「自我のない世界」でアイデンティティを獲得した魂が、またそこに戻ることはあるのですか。

被験者　（困ったように）ええ、ありますが……それについてはあまり話したくはないですね……。

ニュートン　では、やめておきますが、肉体に宿っているときにあまりに非道な行いをした一部の魂が、戻っていくことがあると聞いたことがあるのです。彼らには欠陥があるとみなされて、霊的な意味での前頭葉切除手術《ロボトミー》を受けるために工場に戻っていくんでしょうか。

被験者　（いら立って頭を振りながら）そういう言い方は不愉快ですね。どこからそんな言葉を思いついたんですか。はからずも進歩を妨げる深刻な障害を育んだ魂は、肯定的なエネルギーの回復力によって常態に戻されるんです。

ニュートン そういった手続きは地球の魂のためにだけあるのですか。

被験者 いいえ、どこに行っていたにせよ、まだ若い魂が最後の頼みの綱として修復を必要とするときがあります。

ニュートン そういう修復された魂は自分の元のグループに戻って、最終的には物質的世界に再び転生することを許されるのでしょうか。

被験者 (深くため息をついて) ええ。

ニュートン 「自我のない世界」と「全知の世界」との違いはどのようなものでしょうか。

被験者 まるっきり正反対ですよ。まだ若い魂はこの世界に行くことはできません。

ニュートン あなたはこの霊的エリアについてどのくらい知っていますか。

被験者 (長い間があって) そこは黙想をするための場所……計画したり構想を練ったりするための究極の精神的な世界です。私にはすべての思考が最終的に行き着くところ……としか言えませんね。あらゆる生きとし生けるものの知覚が、ここで統合されるのです。

ニュートン では「全知の世界」とは、最高レベルの抽象的な観念であるということですか。

被験者 そうです、それは中身と形、具体性と理想の融合ということです。私たちのすべての希望や夢が実現される次元なのです。

ニュートン まだそこに行くことができないとしたら、どうしてそれについて知っているんですか。

被験者 私たちは……一瞥を与えられます……そのおかげで自分の仕事の最後の仕上げをし、マスターたちに合流しようという意欲が湧いてくるんです。

スピリット世界の基盤が「知」の場所にあることを、被験者たちはさまざまな表現でそれとなくほのめかしています。この「宇宙的な絶対」についてあまり多くを聞くことができないのは、進歩した被験者ですらそれを直接的には体験していないからでしょう。

すべての魂がぜひともこの原点に到達して、それに吸収されたいと願っています。とりわけそれに近づいてちょっとでも見たことがある者たちは――。もしこの「全知の世界」が、レベルV以上のもはや転生をしなくなった魂にしか完全に理解できないのだとしたら残念なことです。

ニュートン　「自我のない世界」と「全知の世界」が魂の経験において対極にあるとしたら、「時間が変容された世界」はどのあたりに位置するのでしょうか。

被験者　この領域はそれぞれの魂にとって、自分の物質的な世界に相当し、誰でも立ち入ることができます。私の場合、それは地球になります。

ニュートン　ということは、あなたが言っていた物質的な次元とはそれのことなのですか。

被験者　いいえ、この地球の領域はただ私が利用するためにシミュレートされたものです。

ニュートン　ではすべての魂が、単一のシミュレートされた世界で学んでいるわけではないんですね。

被験者　ええ、私たちは自分が転生したことがある……それぞれ地理的にも異なる惑星で学びます。それらは物質としては本物ですが……一時的なものなのです。

ニュートン　あなたは、この地球のように見えるシミュレートされた世界に肉体として生きるわけではなくて、ただ利用するだけなんですね。

被験者　ええ、そのとおりです……訓練のためにね。

ニュートン　なぜこの第三の領域を「時間が変容された世界」と呼ぶのでしょうか。

被験者　私たちが特定の出来事を学ぶために、時間の順序が変えられるからです。

ニュートン　その基本的な目的は何でしょう。

被験者　人生での決断を磨くためです。この学習をしてもっと判断力をつけることが、全知の世界への準備になるのです。

注：被験者はよく非物質的な空間エリアを説明するのに、「世界」という言葉を使います。これらの領域は魂と比較して小さなものであったり計り知れないほど巨大なものであったりし、なかには複数の次元を含むものもあります。私は時間の制約を超えたところに、この異なった経験を学習するための分離したリアリティがあると信じています。このケースで示された霊的環境における、過去、現在、未来の共存については、後に示される「ケース23」と「ケース25」でさらに明らかになります。

ニュートン　「創造と非創造の世界」についてはまだ聞いていませんでした。これがさっき言っていた三次元的な物質の世界なのですね。

被験者　そうです。私たちはここも自由に利用することができます。

ニュートン　この世界はすべての魂が利用できるのですか。

被験者　いいえ、違います。私はまだそこを利用できるようになって間もないです。私は新入りとみなされています。

ニュートン　ではそこに立ち入る前に、この物質的な世界は地球と同じなのか教えてください。

被験者　いいえ、いくらか異なっています。そこはもっと大きく、少し寒いです。水はもっと少なく、海も小さいのですが、よく似ています。

ニュートン　この惑星とそこの太陽との距離は、地球と太陽との距離よりも遠いということですか。

被験者　そうです。

ニュートン　この地球Ⅱは地球Ⅰから見て、どのあたりにあるのですか。

被験者　（間があって）……言えません。

ニュートン　地球Ⅱは、われわれの銀河系にあるのですか。

被験者　（長い間があって）いいえ、もっと遠くでしょう。

ニュートン　地球Ⅱが含まれる銀河系を、私の家の裏庭から望遠鏡で見ることができますか。

被験者　たぶん……できるでしょう。

ニュートン　この物質的世界が属する銀河系は、われわれの銀河のように渦巻き状でしょうか。それとも楕円形でしょうか。遠くから望遠鏡で見たときにはどんなふうに見えますか。

被験者　……広大な空間に……鎖のように……（言葉に詰まったように）これ以上は言えません。

注：私は太陽系外の宇宙を見るために設計された大型の反射望遠鏡をもつアマチュア天文家なので、セッションで宇宙的な話題が語られるときにはいつも好奇心をそそられます。被験者はたいていこの手の質問には、私の期待を満足させるような答えを返してくれません。これがガイドの妨げによるものなのか、それとも被験者が地球と他の宇宙とを比較する表現をもっていないからなのかははっきりしません。

ニュートン　（私は探りの質問を入れてみました）地球Ⅱへは、ある種の知性的生き物として転生するために行くのでしょうか。
被験者　（大声で）とんでもない！　あそこでは誰もそんなことはしたがらないですよ。
ニュートン　ではどんなときにあなたは地球Ⅱへ行くのですか。
被験者　地球の生と生の間にです。
ニュートン　どうして地球Ⅱへ行くのですか。
被験者　創造するためと、単に魂であることの自由を楽しむためです。
ニュートン　地球Ⅱの住人のことは無視するのですか。
被験者　（熱っぽく）あそこには住人はいないんですよ……とても静かなところで……私たちは自由気ままに、森や砂漠や海の上を漂いながらぶらつくんです。
ニュートン　地球Ⅱでもっとも進化している生き物は何ですか。
被験者　（はぐらかすように）そうですね……小さな動物……たいした知性はありませんよ。
ニュートン　動物にも魂があるのですか。
被験者　ええ、すべての生き物にね……でも彼らは断片的なごくわずかな心のエネルギーしかもっていないんです。
ニュートン　あなたや仲間たちの魂は、創造された直後に地球Ⅰで原始的な生物を通じて進歩してきたのですか。
被験者　はっきりしたことは分かりませんが、そうは考えていません。
ニュートン　どうしてですか。

被験者　知性的なエネルギーはあらかじめ……生命が生まれる前から準備されているからです。植物、昆虫、爬虫類……いずれも魂の家族の一員です。

ニュートン　あらゆる種類の生き物はお互いから分離しているわけですか。

被験者　いいえ。創造主のエネルギーが、存在界のすべての生き物のユニットを結びつけているんです。

ニュートン　あなたはこの創造という部分にはかかわっているのですか。

被験者　（びっくりして）とんでもない、い、い、い！

ニュートン　では、どんな魂が地球Ⅱに行くことを許されるのですか。

被験者　地球とかかわっている者たちがここに来るんです。ここは地球と比べたらバカンスのリゾートのようなものです。

ニュートン　なぜですか。

被験者　争いやけんか、競争というものがないからです。雰囲気は原始時代そのもので、生き物たちも……みな穏やかです。ここに来ると地球に戻るための意欲が湧いてきて、地球もここのような平和な場所になればいいのに……と思うようになります。

ニュートン　そうですか。このエデンの園で自由気ままにくつろげることは分かりましたが、ここには創造のためにも来ると言っていましたよね。

被験者　ええ、そうです。

ニュートン　それでは地球に所属する魂が、地理的にとてもよく似ている世界に来るということは偶然ではないわけですね。

被験者　そのとおりです。

ニュートン　地球にかかわっていない他の魂は、自分たちが生まれた惑星とよく似た物質的な世界に行くわけですか。

被験者　そうです……もっと単純な有機的生命体がいる世界へ……まわりに知性的生物がいない場所で創造の技を学ぶためにね。

ニュートン　続けてください。

被験者　私たちはここで創造の実験をし、その展開を見ることができます。自分のエネルギーから物質的な存在を創造する実験室にいるようなものです。

ニュートン　その物質的な存在は地球Ⅰで見るものとよく似ていますか。

被験者　ええ、地球にしかないものです。だからここに来るんです。

ニュートン　あなたの魂は地球Ⅱに来て、何をするのか順を追って話してください。

被験者　（私の質問に戸惑いながら言いました）私は……あまり上手ではないんです。

注：この被験者が抵抗を感じているようだったので、私は様子を見るために数分おいた後で次の暗示を与えました。「三つ数えたらもっとリラックスして、あなたやイディスが私に伝えてもよいと思うことを話せるようになります。いち、に、さん！」そして同じ質問を繰り返しました。

被験者　まず目の前の地面に何をつくりだすかを決めます。次に、心の中でその物体を思い描いて、少しのエネルギーを使って同じものをつくりだそうとします。教師が私たちを手助けし……コントロールしています。私は自分の失敗を理解して修正しなければなりません。

ニュートン　教師は誰ですか。

被験者　イディスとムルカフジル（被験者の高度に進歩したガイド）と……ほかにも何人か教師がいますが……彼らのことはよく知りません。

ニュートン　できるだけ分かりやすく説明してください。今正確には何をしているのですか。

被験者　私たちは……モノをつくっているんです……。

ニュートン　生き物ですか？

被験者　それは私にはまだ無理です。私は基本的な元素の実験を行っています……水素や酸素のような……惑星を構成する物質をつくるために……岩や空気や水といった……ごくごく小さなものから始めるんです。

ニュートン　実際にわれわれの宇宙の基本的な元素をつくりだすのですか。

被験者　いいえ、すでにある元素を使います。

ニュートン　どんなふうにして？

被験者　基本的な元素に自分のエネルギーで衝撃を加えると……それらは変化します。

ニュートン　何に変化しますか。

被験者　（素っ気なく）私は岩が得意です……。

ニュートン　エネルギーでどうやって岩をつくるのですか。

被験者　それは……熱したり冷ましたりして……ちりを……固めるのです。

ニュートン　ちりや鉱物をつくるのですか。

被験者　それは彼らがやってくれます……教師たちが材料を与えてくれるんです……水をつくるならガス……といったふうに……。

ニュートン　もう少しはっきり知りたいのですが、あなたは自分のエネルギーの流れを使って、熱したり圧力を加えたり冷ましたりすることによって、物質をつくりだすことを習っているわけですね。
被験者　だいたいそんなところです……自分から放出されるエネルギーの流れをコントロールすることによってね。
ニュートン　では実際に岩や水のような物質を、何らかの化学的変化によってつくりだすのではないのですね。
被験者　ええ、前にも言ったように、私は単に与えられたものを混ぜ合わせて……物質を変容させるだけです。自分のエネルギーの周波数や量を適当にコントロールして行うのです……ちょっとコツがいりますが、そんなに複雑ではありませんよ……。
ニュートン　複雑ではないのですか！　そういうことは自然に起こるのではないのですか！
被験者　（笑って）自然とは誰のことですか。
ニュートン　では、あなたが実験に使う基本的な元素は誰がつくったのですか――物質的な世界を構成する根元的な元素は？
被験者　創造主と……私よりも大きなスケールでつくっている人たちです。
ニュートン　では、あなたは岩のような無生物をつくっているわけですね。
被験者　というよりも……すでにこの世にあるもの……自分の知っているものをコピーしていると言ったほうがいいですね。（思いついたように）私は植物も手がけようとしているのですが……まだうまくいきません。
ニュートン　最初は小さなものから始めて、上手になるまで実験を続けていくわけですね。
被験者　そうなんです。コピーしたものを本来のものと比べながら、徐々に大きなものをつくるようになっていくんです。

ニュートン　聞いていると、魂は砂場でおもちゃを手にして遊んでいる子どものような気がしてきます。

被験者　（ほほ笑んで）私たちは子どもなんですよ。エネルギーの流れの向きを変えるのは、粘土をこねるのと同じことです。

ニュートン　この創造力訓練のクラスには、ほかにもあなたの本来のグループから来ている魂がいますか。

被験者　何人かね。ほとんどは別のグループから来ていますが、みな地球に転生したことがあるという点では同じです。

ニュートン　みなあなたと同じようなものをつくっているのですか。

被験者　いや、もちろん何か特定のものが得意な人たちも何人かいますが、私たちはお互いに助け合っています。たまに教師たちが様子を見にきて、上達へのヒントや要領を教えてくれますが……（止まる）。

ニュートン　どうしたんですか？

被験者　（おどおどして）要領が悪くてつまらないものをつくってしまったときは、イディスに見つかる前に、いくつかの作品を分解してしまうことがあります。

ニュートン　たとえば、どんなものですか。

被験者　植物です……自分のエネルギーを正しく調節できなくて、適切な化学変化を起こせないことがあるんです。

ニュートン　あなたは植物の生成は上手ではない……。

被験者　ええ、だから失敗作は消してしまうのです。

ニュートン　それが「非創造」ということなのですか。エネルギーをなくすことができる？

被験者　エネルギーを消すことはできませんよ。私たちはそれを再び寄せ集めて、別の組み合わせにして新たにつくり直します。

ニュートン　創造主がなぜあなた方の助けを必要としているのか分かりませんが……。

被験者　それが私たちの利益になるからです。私たちがこういったエクササイズに参加するのは、十分に質の高い作品をつくれるようになれば、生命に対して本当の貢献ができるようになるだろうと考えているからです。

ニュートン　ネンサム、すべての魂が進歩の階梯を登っていくとしたら、スピリットの世界は頂上に最高権力者が君臨する巨大なピラミッド構造を成していると考えざるを得ないのですが。

被験者　（ため息をついて）いいえ、それは間違っています。それはピラミッドではありません。私たちはみな巨大な織物の糸の一本だといえます。みなそれに織り込まれているのです。

ニュートン　魂の能力レベルにこれほどの差があるのに、平坦な織物を思い描くことは難しいですね。

被験者　大きな高低差がある階梯のステップではなく、動いている連続体として考えてみることですね。

ニュートン　魂は、この存在のなかを上に昇っていくのだと思っていました。

被験者　それは分かりますが、水平に動いていると考えてみたら……。

ニュートン　何か具体的なイメージはありませんか。

被験者　私たちはみな、存在界を水平に延びる線路の上を走る宇宙的な列車の一部だと考えてみてはどうでしょうか。地球のほとんどの魂は、線路の上を走る同じ列車に乗っているというわけです。

ニュートン　他のすべての魂も別の車両に乗っているということですか。

被験者　ええ、でもみんな同じ線路の上にいるんです。

ニュートン　イディスのような車掌はどこにいるのですか。

被験者　彼らは連結された車両から車両を行ったり来たりしていますが、自分自身の居場所は機関車の近くにあります。

ニュートン　機関車はどこにあるのですか。

被験者　創造主ですか。もちろん一番先頭ですよ。

ニュートン　あなたの客車から機関車は見えますか。

被験者　（私に笑って）いいえ、でも煙の匂いをかぐことができます。機関車の振動を感じますし、エンジンの音も聞こえてきます。

ニュートン　みんなが機関車に近かったらすばらしいですね。

被験者　究極的には、そうなるんですよ。

生命を創造するためのトレーニングにエネルギーを使うようになった魂は、物質的世界に行く必要がなくなることが分かりました。明らかにこのようなエクササイズは、他のメンバーやインストラクターと共に、容易にエネルギーを蓄えることができるグループのセッティングのなかで始まります。ある被験者はこのプロセスを次のように説明しています。

「最初のころは、私たちのグループはセンワ（ガイド）のまわりに輪になって集まったものです。みなが一緒になって、自分たちの思考を調和させ微妙にコントロールしながら、全員が同じ強さで一つのものに集中する……という厳しい訓練をしなければなりませんでした。あるときはセンワがそのやり方を実演した後で、自分たちの前に木の葉を出現させる練習をしました。自分たちのエネルギーのビームを表面の質感や色合い、形などに向けましたが、何度も何度も失敗しました。私たちはバラバラだったために、木の葉の細部に正しい葉脈や色素がつくられなかったのです。

　私は学習にはとても熱心だし完全主義者といってもよいほどですが、ニーミ（グループのユーモリスト）はレッスンに飽きていたので、実験を台なしにしてみんなを笑わせようと、わざと自分のエネルギーをおかしなふうに曲げていたんです。最後には彼にもちゃんと参加させて宿題を完成させました」。

　私が確認できるかぎりでは、魂はレベルⅢにしっかりと定着するようになると、個人的に創造力の練習をすることを求められます。見習い中の魂は、有機的生命の創造を試みる前に、植物の光合成について理解を深めなければなりません。創造訓練の初期段階では、魂は元素の多様な状態に自分のエネルギーを一体化させる能力を発達させるために、さまざまな物質と物質の関係を学ぶということです。

　最初は無生物から始めてだんだんと生物をつくれるようになり、単純なものから複雑なものへと進歩していくには、長くゆっくりとしたプロセスを経なければなりません。見習いは、一定の環境条件に適応した特定の組み合わせの生物たちのために、微小生息域をつくるように勧められます。

　実践を積めば向上していきますが、レベルⅤに近づくにつれてようやく、「自分は生物の進歩に実際に貢献できるかもしれない」と感じられるようになると被験者たちは言っています。これに関しては「ケース23」でさらに詳しく語られています。

　創造のクラスでエネルギーを扱うときに、持ち前の才能を発揮する魂もいるようです。しかし私が扱ったケースからも、どんなに創造の課題を処理する能力が高くても、その魂がその他の霊的カリキュラムのすべての分野で同じレベルにまで達しているとはかぎらないと言うことができます。創造のエネルギーを巧みに利用することができても、有能なガイドの微妙なテクニックに欠けているかもしれません。

　私は、高度に進歩した魂だけが専門家になることを許されるという印象をもっているのですが、その理由はおそらくこのあたりにあるのかもしれません。

❖はるか昔に地球へと伝えられた——魂が共有する記憶

前章で魂の孤独の有益な点について説明し、前のケースはその一つの実例といえるものでした。魂の経験を簡単に人間の言葉に置き換えることはできません。

この「ケース22」の被験者は、一時的な惑星の学習の場である「時間が変容された世界」について語っています。トランス状態にある人にとって、時間のない精神的な世界こそが真のリアリティであって、他のすべてはさまざまな目的のためにつくられた幻影にすぎません。

ほとんど同じレベルの他の被験者たちは、この領域を「変容の空間」または単に「レクリエーションの部屋」と呼んでいます。ここでは、魂は自分のエネルギーを学習や娯楽のためにつくられた生物や無生物の対象と融合させることができるそうです。

ある被験者は「何か自分の望むことを考えるとそれが起こります。自分が手助けされていることは分かっています。私たちは過去の経験で知っている何にでもなることができるのです」と言っています。

たとえば魂は、密度を体感するために岩に、静穏さを体感するために樹木に、流動性を体感するために水に、自由を体感するために蝶に、パワーと雄大さを体感するために鯨になることができます。だからといってこれらの試みが、かつての地球への転生を意味しているものではないようです。

また魂は自分の感受性を磨くために、実体や質感のない無定形のものになり、たとえば慈悲心のような特定の感情に、完全に一体化することもできるそうです。さらに妖精や巨人や人魚のような伝説上の存在を連想させる、自然界の神秘的な精霊になったことがあると言う被験者もいます。不思議な神話上の動物との出会いについて聞かされることもあります。

これらの報告はあまりにも生々しいもので、単なるたとえ話として片づけてしまうことは到底できません。多くの民族に昔から伝わる民話はただの迷信なのか、それとも多くの魂に共通した経験の表れなのか。われわれの伝説の多くは、はるか昔に他の場所から地球へと伝えられた、魂が共有する記憶なのではないかと私は感じるのです。

第十一章　進歩した魂

古くから存在し、しかも高度に進歩した魂を宿している人は少ないようです。青いオーラをもつレベルⅤの存在に退行療法を施す機会はごくまれにしかありませんでしたが、その理解力と深い霊的な意識ゆえに彼らとワークすることはいつも刺激的です。

事実上ここまで成熟している人は、人生設計の葛藤を解消するために退行療法のセラピストを探したりしません。ほとんどの場合、この世に転生したレベルⅤの人たちはガイドなのです。私たちの大部分が毎日のように格闘している基本的な問題をすでに克服しているので、進歩した魂はある特定の課題に向けて小さな改善をするといったことに関心をもちます。

たとえばマザー・テレサのように、彼らが公人として現れたときには、私たちにもすぐに分かるかもしれません。しかし進歩した魂は、ひっそりと目立たない片隅で善行を積んでいることが多いものです。彼らは自分自身よりも、他の人々の人生を向上させることができたときにのみ、深い満足感を覚えるのです。

彼らの関心は、制度上の問題よりも個々の人間の価値を高めることへと向けられています。それにもかかわらず、レベルⅤの人たちは実際家でもありますので、人々や世の中に影響を与え得る文化の主流で働いていることも多いようです。

繊細で美意識があり、特に右脳タイプの人の多くは進歩した魂ではないかと尋ねられることがあります。こういった特徴をそなえた人たちは、混迷した世の中に起こりがちな「不正」と闘っているように見えるからです。私には右脳タイプと魂の進歩の間に特別な関係があるようには思えません。感情が豊かだったり、美的な感受性があったり、（超能力も含めて）特別に感覚が鋭かったりすることが、必ずしも進歩した魂の証拠になるわけではないのです。

世の中に忍耐強く対処し、非凡な適応力を示すことが進歩した魂の証しといえるでしょう。彼らの最大の特徴は、その並外れた洞察力です。人生には彼らが陥るようなカルマの落とし穴がないというのではありません。そうでなければレベルVの魂はこの世に転生してこなかったでしょう。

どんな職業や地位にあっても彼らは見つかりますが、人々を助けたり、何らかのかたちで世の中の不正と闘う仕事についている人が多いようです。

進歩した魂は他人に向けて、沈着さ、優しさ、理解力のオーラを放っています。利己的な動機がないために、彼らは自分の物質的な必要には目もくれずに質素な暮らしぶりをしているかもしれません。

❖進歩した魂はどのように転生をしてきたか

私がレベルVの魂の代表として選んだのは、薬物依存症を治療する大きな医療施設で働いている三十代半ばの女性です。ある同僚が私をこの女性に紹介してくれたのですが、彼女は回復期の薬物依存症患者を、良好な自己認識の状態へと導く技術をもっているということでした。

最初に会ったとき、病院の混沌とした緊張感が漂う空気の中で、この女性が示す落ち者いた雰囲気に私は心を打たれました。彼女は背が高くかなり痩せていて、八方に突き立つ燃えるような赤い髪をしていました。

人柄は温かくて優しかったのですが、ある種の立ち入りがたいような雰囲気がありました。その澄んだ輝くグレーの瞳は、普通の人なら気づかない小さなことも見逃さないようで、私は彼女に自分の心の奥をのぞかれているような感じがしました。

この女性が私のスピリット世界に関する研究に興味を示したので、同僚が三人で昼食に行こうと提案しました。

「自分は退行催眠を受けたことはありませんが、その感覚なら瞑想を通じてずっと昔から分かっている気がします」と彼女は言いました。

この出会いがお互いにとって無意味なものではないと考えているようだったので、彼女の霊的な経験を探ってみることで私たちは合意しました。数週間後に彼女は私のオフィスにやってきました。この女性が自分の長い過去世の履歴を探りたいという衝動に駆られているのでないことは確かでした。私は超意識的な記憶に飛び込むための足掛かりにしようと、地球における初期の転生を簡単に振り返ってみることにしました。彼女はすぐに深いトランス状態に入って、自分の内なる自己とも簡単にコンタクトをとることができました。

ほとんどすぐに、この女性には驚くほど長い転生の履歴があって、はるか昔にこの地球上に初めて人類が登場したころにまでさかのぼることが分かりました。彼女の初期の記憶に触れて、この女性の最初の生が最後の氷河が地球を覆う以前の十三万年前から七万年前まで続いた温暖な間氷期だった――という結論に達しました。

地球の歴史で中期石器時代と呼ばれる温暖な気候の中で、被験者は狩猟、漁労、採集のエリアがそろった湿潤な亜熱帯性のサバンナで暮らしていました。それから五万年ほどたって、大陸の氷河が再び地球の気候を変えはじめると、彼女は厳しい寒さをしのぐために洞窟に住むようになりました。壮大な時代区分を足早に通りすぎるにつれて、最初は前屈みだった彼女は、やがて背筋を伸ばした姿勢へと変わっていきました。時代を下りながら何千年も転生を繰り返すうちに、彼女の傾斜した額は少しずつ垂直になっていき、隆起した目の上の眉丘も体毛や古代人特有の発達したあご骨とともに、だんだんと目立たないものになっていきました。

彼女の男性や女性としての多くの人生から、大まかに人類学的な年代を特定できる、居住地、火の使用、道具、衣服、食糧、宗教的儀式などに関する十分な情報を集めることができました。古生物学者は、現世人類の祖先にあたる直立猿人は、少なくとも一七〇万年前には現れていたと考えています。はたして魂はこれほどの昔から地球に転生し、原人と呼ばれる原始的な二足歩行動物の肉体を利用していたのでしょうか。

何人かの進歩した被験者たちは、若い魂に適した宿主を見つけることを専門にする高度に進歩した魂たちが、百万年以上にもわたって地球の生命を見守ってきたと言っています。この審査官の魂たちはおよそ二十万年以上前の、初期原人の頭脳の容積や未発達な声帯は、魂の発達にとって不適切だと見ていたのではないかと私は考えています。

私たちが人類と呼ぶホモサピエンスは、数十万年前から進化を続けてきました。ここ十万年ほどの間に、宗教的な意識やコミュニケーションの明瞭な微候が現れてきたのです。トーテムの彫刻や壁画などに見られる儀式的な芸術や埋葬の習慣などがそれです。

これらの慣習がネアンデルタール人以前に地球上に存在したという人類学上の証拠は見つかっていません。私たちを人間にしたのは魂であって、その逆ではないのです。

進歩した被験者の一人は、「魂は地球の別のサイクルのときにも転生してきていた」と言っています。多くの被験者から得られた幅広い情報を総合すると、私たちが現在知っている大陸は、おそらく火山噴火や地磁気の変動といった大異変によって海底に沈んだ、太古の大陸から派生したものだと推測しています。たとえば、現在の大西洋のアゾレス諸島は、海底に沈んだアトランティス大陸の山の頂上だといわれています。実際に被験者の中には、現代の地理では特定できない古代地球の陸地に住んでいたと証言する者もいます。

以上のことから、およそ二十五万年ほど前に滅び、地殻変動のせいで化石のような証拠も見つけることができない直立猿人よりも進化した人類の肉体が存在し、そこに魂が宿っていたということもあり得るかもしれません。しかし、この仮説は人類の肉体的な進化には前進や後退があったことを意味しており、私にはあり得ないことのようにも思えます。

こうして被験者をおよそ九千年前のアフリカの人生に誘導しましたが、これは自分の進歩にとって重要な時期だったと彼女は言いました。それは彼女が自分のガイドのクマーラと共に過ごした最後の人生だったからです。

クマーラ自身はこの人生のころにはすでに進歩した魂となって、有力者の妻の立場から情け深い部族の族長に助言を行っていました。仮に彼らが住んでいた地域をエチオピアの高地としておきましょう。明らかに被験者は地球への最後の転生となるこの生に至るまで、クマーラを何千年にもわたって幾多の生で知っていました。彼らの人間同士の関係は、被験者が川舟の上でクマーラを救おうとして、敵の槍の前に身を投げ出したときに終わったのです。

愛情深いクマーラは今も磨いたマホガニーのような黒い肌の、縮れた白髪に羽根の頭飾りをつけた大柄な女性の姿で、この被験者の前に現れます。彼女はほとんど裸に近く、がっしりした腰に動物の皮を巻いただけの姿をしています。首にはきれいな色の石でできたネックレスをつけ、深夜の夢の中で被験者の注意を引きたいときにはそれを鳴らすのです。

クマーラは、過去世で習得済みのレッスンの記憶をシンボルを使って呼び覚ます――という手法で教えます。かつて直面した問題の解答は、比喩的なパズル絵の形で新たな選択の可能性に混ぜ合わされます。こういった手法によってクマーラは、瞑想や夢の中で、自分の生徒がどれほどの知識を蓄えたのかを試しているのです。

私は腕時計に目をやりました。この女性の死後の世界の経験を探ることが許されるとしたら、もはや過去世の情報集めに時間を割いている余裕はありませんでした。私は何か興味深い情報がもたらされることを期待しながら、彼女を素早く超意識の状態へと導いていきました。

ケース23

ニュートン　あなたのスピリット世界での名前は何ですか。

被験者　シースです。

ニュートン　あなたの霊的ガイドは、ここでもクマーラというアフリカの名前を使っているのですか。

被験者　私との間ではそうです。

ニュートン　あなたはスピリット世界ではどんな姿をしていますか。

被験者　光を放つ塊《かたまり》です。

ニュートン　エネルギーはどんな色をしているでしょうか。

被験者　スカイブルーです。

ニュートン　あなたの光の中に別の色の斑点が混じっていますか。

被験者　ええ、紫色が……。

ニュートン　光や色は魂の霊的な進歩のレベルと、どのようにかかわっているのでしょうか。

被験者　精神的なパワーが強くなるにつれて光の色も濃くなっていきます。

ニュートン　知性的な光のエネルギーで、もっとも強いものはどこからやってくるのでしょうか。

被験者　私たちに伝えられる知識は、より色の濃い光のエネルギーによって源泉からもたらされるのです。
私たちの光は源泉とつながっています。

ニュートン　源泉というのは、神のことでしょうか。

被験者　その言葉は間違って使われてきました。

ニュートン　どのように？

被験者　あまりにも擬人化されすぎたので、本来よりも小さなものになってしまったのです。

ニュートン　そのどこがいけないのですか。

被験者　源泉を擬人化しすぎるのは傲慢です……私たちもその「唯一なるもの《ワンネス》」の一部であることは確かですが……。

ニュートン　シース、後で魂の活動や他のスピリット世界の局面について話すときに、この源泉について振り返りましょう。その「唯一なるもの」について詳しく聞かせてください。今は魂のエネルギーの表れに戻ります。魂が人間の姿を示さないときでも、目に相当する二つの黒く輝く窪みを示すのはなぜでしょうか。
私には薄気味悪く感じられるのですが。

被験者　（笑いながら、もっとくつろいで）地球の幽霊の言い伝えはそうやってできたのです……そのような記憶からね。私たちのエネルギーの塊ははっきりした形をもっていません。あなたの言っている目は、思考が集中した点に相当します。

ニュートン　いずれにしても、幽霊についての言い伝えはあまり気持ちのよいものではありませんから。これら黒い目の窪みは彼らのエネルギーにとって必要不可欠な延長なのでしょうね。

被験者　それは目というより……過去の肉体への窓……以前の自己への唯一の肉体的な延長と言ったほうがいいですね。この黒さは……私たちの存在が集中している点なのです。魂はお互いの存在のエネルギーを吸収することでコミュニケートするのです。

ニュートン　スピリット世界に戻っているときは、幽霊のように見える他の魂ともエネルギー的にコンタクトするのですか。

被験者　ええ、見かけというのは個人の好みの問題ですからね。もちろん自分の周囲には常に数多くの思考の波があります……それは戻ってきた私のエネルギーと混じり合いますが、私はコンタクトしすぎないように気をつけています。

ニュートン　なぜですか。

被験者　それに執着する必要はないからです。私はクマーラとの話し合いの前に、しばらく一人になって黙想し、今回の転生で失敗がなかったかどうか整理してみるんです。

注：前に「ケース9」でも聞いたように、このような発言は、スピリット世界に戻った進歩した魂がよく口にするものです。この魂はさらに進歩しているので、すぐにガイドに会うことを考えなくてもいいし、会うとし

ても自分から会いに行くことになります。

ニュートン　たぶん古くから存在する魂について、少し話したほうがよさそうですね。クマーラはもう地球には転生しないのですか。

被験者　ええ、しません。

ニュートン　クマーラのように地球の初期の時代にはこちらに来ていたのに、もう戻ってこなくなった魂をほかにも知っていますか。

被験者　（慎重に）何人か……ええ……多くの魂が地球の初期に来ていましたが、私が来る前に去っていきました。

ニュートン　とどまった魂はいないのですか。

被験者　何のことですか?

ニュートン　本来ならスピリット世界にとどまっていられるのに、地球の生に戻り続ける進歩した魂のことです。

被験者　ああ、賢者たちのことですか。

ニュートン　そうです、その賢者です――彼らについて話してください。（これは私には新しい言葉でしたが、進歩した魂を相手にするときは、実際よりもよく知っているふりをしなければなりません。そうでないと十分な情報を引き出すことができないからです）

被験者　（誇らしげに）彼らこそ本当の地球の守り手です……実際にこちらに来て、目の前で起こっていることを見守っているのですから。

ニュートン　高度に進歩した魂なのに、転生を続けているということですね？

被験者　ええ。

ニュートン　賢者たちは地球にとどまることに飽きているのではないですか。

被験者　彼らが踏みとどまって、直接人々を助けているのは地球のためです。

ニュートン　このような賢者たちはどこにいますか。

被験者　（憧れるように）彼らは質素な生活を送っています。初めて彼らを知ったのは何千年も前のことです。今日ではそうたやすく会うことはできません……彼らはあまり都市を好んではいないのです。

ニュートン　たくさんいるのですか。

被験者　いいえ、彼らは小さな村や人があまり住まない場所にいます……砂漠や山の中に……つましい暮らしをしています。放浪している人もいます……。

ニュートン　彼らを見分けるにはどうしたらよいのでしょうか。

被験者　（ため息をついて）ほとんどの人は分かりません。彼らは地球の初期の時代には、真理を告げる預言者として知られていました。

ニュートン　余計なお節介かもしれませんが、彼らのように経験を積み高度に進歩した魂は、世捨て人でいるよりも国際的な指導者の地位に就いたほうが、よっぽど効果的に人々を助けることができるのではないでしょうか。

被験者　彼らはけっして世捨て人ではありませんよ。彼らは権力者たちの意のままに操られている、ありふれた人たちと一緒にいることを好むのです。

ニュートン　地球の賢者と会ったときにはどんな感じがするものですか。

被験者　そうですね……特別な存在感がありますよ。彼らは相手の存在を鋭く見抜いて、的確なアドバイスをしてくれます。平凡な暮らしをしていて、物質的なことは、彼らには意味がないのです。

ニュートン　シース、あなたはこのような奉仕に興味がありますか。

被験者　私は……いいえ、彼らは賢者なんですよ。私は早く転生しなくてもいいようになりたいです。

ニュートン　たぶん賢者という言葉は、クマーラのような魂にも、あるいは彼女が助言を仰ぐ存在たちにも当てはまるのではないですか。

被験者　（間があって）いいえ、彼らは違います……彼らは賢者を超えているのです。私たちは彼らを「いにしえの者たち」と呼んでいます。

注：私の分類ではこれらの存在はレベルⅥを超えています。

ニュートン　クマーラやそれ以上のレベルの魂と活動を共にする「いにしえの者たち」はたくさんいるのですか。

被験者　多くはいないはずです……私たちの数に比べたら……でも彼らの影響力は感じますよ。

ニュートン　彼らの存在はどのように感じられるのですか。

被験者　（考え込んで）いわば……一点に集まった光明と……導きの力として……。

ニュートン　「いにしえの者たち」は源泉と一体化しているのですか。

被験者　私などが言うべきことではないのですが、今のところそのように考えてはいません。彼らが源泉に近いことは確かでしょう。「いにしえの者たち」は思考のもっとも純粋な要素を代表し……全体の運営や……

物質の管理にたずさわっているのです。

ニュートン　これら高い地位の魂がどのような意味で源泉に近いのか、もう少しはっきりと説明してもらえませんか。

被験者　（あいまいに）彼らには一体化のときが間近に迫っているのではないかということです。

ニュートン　クマーラは自分を助けているこれらの存在について話してくれますか。

被験者　私には……ほんの少しだけね。私たちがクマーラに憧れるのと同じように、彼女も彼らのようになりたいと思っているんです。

ニュートン　彼女は知識の点では「いにしえの者たち」に近づいているのですか。

被験者　（かすかな声で）彼女は……近づいています……私が彼女に近づいているように……。私たちは完全ではないので、ゆっくりと源泉に吸収されていくでしょう。

進歩した魂が本格的にガイドとしての役割を担うようになると、これらの存在は一度に二つの仕事をこなさなければならなくなります。回数は減るものの転生を続けながら、まだ終わっていない自分の問題に決着をつけなければなりませんし、肉体をもたない状態では、他人の手助けをしなければなりません。シースはスピリット世界での自分のこの局面について話しました。

ニュートン　スピリット世界に戻って、自分から進んで入った孤立状態から出てきたときに、あなたがよくやることは何でしょうか。

被験者　仲間たちと一緒になります。

ニュートン　仲間たちは何人くらいいるのですか。
被験者　九人です。
ニュートン　（結論を焦って）ではクマーラが指導するグループには十名の魂がいるのですね。
被験者　いいえ、彼らは私が世話をしています。
ニュートン　では、この九人の存在はあなたが指導する生徒たちだということですか。
被験者　ええ……そう言ってもかまわないでしょう……。
ニュートン　彼らはみな一つのグループにいるのですね——あなたの仲間たちは。
被験者　いいえ、仲間たちは二つの別のグループに分かれています。
ニュートン　なぜですか。
被験者　彼らの進歩のレベルが……異なっているからです。
ニュートン　とはいえ、あなたは九人の生徒を教える霊的な教師なのですね。
被験者　私は立会人と呼ばれるほうが好きです。仲間たちの三人も立会人なんです。
ニュートン　では、他の六人は？
被験者　（当然のように）見守ることや、立ち会うことができない人たちです。
ニュートン　シース、もしよかったら、私自身の用語で説明させてください。もしもあなたが上級の立会人だとしたら、あなたの仲間の三人は私が「初級ガイド」と呼ぶ人たちではないのですか。
被験者　ええ、でも、その上級とか初級とかいう言葉ですが、何か権威主義的なものを感じますね。私たちは権威など認めません！
ニュートン　私はランク付けをしようとしているのではなくて、責任の所在を明確にしようとしているのです。「上級」を、より進歩した教師と言い直してもいいですよ。クマーラは、マスター教師または教育長と呼ぶこともできるでしょう。

被験者 （肩をすくめて）たぶん、それはかまわないでしょう。「長」という呼び方が権力者を意味するのでなければね。

ニュートン もちろんです。さてシース、ここで仲間たちのエネルギーの色が見えるような心の状態に切り替えてもらえますか。立会人でない他の六人の魂は、どんなふうに見えるでしょうか。

被験者 （ほほ笑んで）うす汚れた雪玉です！

ニュートン 彼らが白っぽいとしたら、残りの魂は？

被験者 （間があって）そう……二人はかなり黄色がかっています。

ニュートン もう一人いますよ。九人目の魂はどうですか。

被験者 アンラーズですね。彼はよくやっていますよ。

ニュートン 彼のエネルギーの色はどうですか。

被験者 彼は……青くなってきています……すばらしい立会人です……彼はじきに私を追い抜いてしまうでしょう……。

ニュートン 他の仲間たちに目を向けてみましょう。一番手がかかる仲間は誰ですか？　その理由は？

被験者 オジャノウィンです。彼女は多くの生の経験から、愛や信頼は苦しみをもたらすだけだと信じているんです。（考え込みながら）彼女には引き出してやりたいよい素質がたくさんあるのですが、この態度が彼女の進歩を妨げています。

ニュートン オジャノウィンは他の人たちよりも進歩が遅いということですか。

被験者　（弁護するように）誤解してもらっては困りますよ。私は彼女の努力を大いに評価しているんですから。私は彼女の強い感受性と誠実さが好きです。ただ少し余分に注意を向けてやらなければならないだけのことです。

ニュートン　立会人である教師の立場から見たとき、アンラーズにあってオジャノウィンにもあってほしいと思う資質は何ですか。

被験者　（ためらわずに）変化への適応力です。

ニュートン　どうして九人の仲間たちは、あなたの指導の下に同じように足並みをそろえながら進歩していけないのでしょうか。

被験者　それは望んでもあり得ないことですね。

ニュートン　どうしてですか。

被験者　性格や向上心が異なっているからです。

ニュートン　でも、性格や向上心によって魂の学習進度に違いが出るのだとしたら、魂が選んだ人間の知的な能力と釣り合いがとれなくなることはありませんか。

被験者　釣り合わなくてもいいんです。私が言っているのは動機です。私たちはこの世で成長していくなかで、さまざまなタイプの人間の頭脳を使います。しかし、それぞれの魂を動かしているのはその向上心なのです。

ニュートン　あなたの言っている「魂には性格がある」とはそのことですか。

被験者　そうです、意欲の強さも性格の一部なのです。

ニュートン　性格が魂のアイデンティティなのだとしたら、意欲はどこからくるのですか。

被験者　他よりも優れたいという衝動が魂にはそなわっていますが、この積極性も人生によって変動します。

ニュートン　では魂の向上心は、これとどのようにかかわっているのでしょうか。

被験者　意欲の延長線上にあります。向上心は自己に対して正直であろうとする欲求であり、源泉へのルートを解明しようとする動機ともなります。

ニュートン　基本的な知性エネルギーが同じなのに、どうして魂に性格や向上心の違いが出てくるのでしょうか。

被験者　それは彼らのこの世での経験がそれらを変えるからで、しかしこれは意図的なものです。その変化によって、それぞれの魂の総合的な知性に新たな要素が付け加えられるのです。

ニュートン　それが、魂がこの世に転生してくる意味でもあるのですか。

被験者　ええ、転生は重要な手段です。成長し可能性を開花させたいという欲求が他よりも強い魂もいますが、最後には私たちみんながそれを達成します。さまざまな肉体や異なった境遇に生きることで、私たちの本来の自己の資質が拡大されるのです。

ニュートン　このような魂のアイデンティティの自己実現が、「私たちの世界を生きる目的」であるわけですね。

被験者　どんな世界であれね。

ニュートン　では、魂には必ず自己がそなわっているとしたら、この世に自己中心的な人ばかりいるのはそのせいではないのですか。

被験者　いいえ、その受け取り方は間違っていますよ。成就とは、利己的な目的のために自己を育てることではなくて、人生で他人と融和するのを許すことです。そこには性格や向上心も反映されます。これは倫理的な行いなのです。

ニュートン　オジャノウィンはアンラーズほど正直ではないということですか。

被験者　（間があって）私は、彼女が自己欺瞞に陥っているのではないかと恐れています。

ニュートン　仲間の九人のために有能なガイドの役を務めながら、しかも自分のレッスンを終えるためにこの世に転生してくる――なんてことができるのでしょうか。

被験者　かつては、それがいくらか私の集中力の妨げになっていましたが、今ではもう軋轢が生じることはありません。

ニュートン　これをなし遂げるために、自分の魂のエネルギーを分割しなければならないことがありますか。

被験者　ええ、この（魂の）能力があるから両方をやり遂げることができるんです。それにこの世にいるときなら、仲間たちの誰かを間近で助けながら自分の面倒を見ることもできます。

ニュートン　魂が自分を分割できるなんて――私にはイメージしにくいのですが。

被験者　その「分割」という言葉の使い方は、あまり正確ではありません。私たちのそれぞれの部分は、なおも全体的なのです。私は一度にいくつもの仕事をこなすようになったら、最初のうちはそれに慣れるのに少し時間がかかるだろうと言ったまでです。

ニュートン　では、あなたの教師としての能力は、いくつもの仕事を一度にこなしても損なわれないということですか。

被験者　ええ、ちっとも。

ニュートン　あなたは地球上で肉体をそなえた人間として教えるのと、スピリットの世界で自由な存在として教えるのとどちらが重要だと考えていますか。

被験者　それぞれに状況が違います。それによって私の教えが多様にこそなれ、効果が損なわれることにはなりません。

ニュートン　でも仲間のメンバーに対するアプローチも、状況が異なれば違ってくるでしょう。

被験者　ええ、それはありますね。

ニュートン　あなたはスピリット世界が学習の中心的な場だと言いませんでしたか。

被験者　それは評価と分析の場ですが、魂は休息もとりますからね。

ニュートン　あなたの生徒がこの世に生きているとき、彼らはあなたが自分のガイドであり、常にそばにいるということを知っていますか。

被験者　（笑って）程度の差こそありますが、誰もがたまには私の影響力を感じています。

ニュートン　シース、あなたは今、この世の女性として私のそばにいますね。あなたは自分の仲間のメンバーとコンタクトをとることもできるのですか。

被験者　言ったでしょう、できますよ。

ニュートン　私が考えたのはこういうことです。あなたはだんだんとこの世に生まれることが少なくなっているようですが、それによって親密に教える機会が失われてしまうということはありませんか。

被験者　もし私が頻繁にここに生まれて、一対一の人間として直接的にかかわりすぎたら、彼らの自然な成長をじゃましてしまうことになります。

ニュートン　肉体をもたないスピリット世界の教師として活動をしているときにも、干渉しすぎないように控えるということはありますか。

被験者　ええ、あります……テクニックは違っていますが。

ニュートン　精神的なコンタクトのことですか。
被験者　そうです。
ニュートン　霊的な教師が生徒たちとコンタクトする方法についてもっと知りたいのですが。スピリット世界からこの世にいる仲間の誰かを慰めたり助言を与えたりするには、具体的にはどうするのですか。
被験者　（答えません）……。
ニュートン　（説得するように）私の尋ねていることが分かりますか。どうやって考えを植えつけるのですか。
被験者　（最後に）それを言うことはできません……。

注：私は妨害があるのではないかと疑いましたが、不満を言うことはできませんでした。これまでのところシースは何も隠してはいなかったし、彼女のガイドも同じでした。私はセッションをいったん中断し、クマーラ自身に頼んでみることにしました。私は以前にもこのようにして頼んだことがあります。

ニュートン　クマーラ、シースを通じてあなたに質問することをお許しください。私はここで善意に基づいて仕事をしています。あなたの弟子に質問することで、私は自分の癒しの知識をもっと増やし、人々が彼ら自身の中にあるより高い創造的なパワーにもっと近づけるようにしたいのです。私の最大の使命は、人々に彼らの魂の本質や本来の居場所であるスピリット世界についての知識をもたらすことで、死の恐怖と闘うすべを教えることだと考えています。この試みに協力していただけますか。
被験者　（シースは奇妙な声のトーンで私に答えました）われわれはあなたのことを知っています。
ニュートン　では、二人とも私に協力してもらえますか。
被験者　われわれが差し支えないと判断したことは……お答えしましょう。

注：このことは、もし私がこの二人のガイドの目に見えない境界線を踏み越えるような出すぎた質問をしたら、その答えは得られないだろう――ということを意味しました。

ニュートン　分かりました。ではシース、私が三つ数えたらもっとリラックスして、「魂はどのようにしてガイドの役割を果たしているのか」という私の質問に答えることができるようになります。まず最初に、この世にいる仲間の一人はどのようにしてあなたの注意を引くことができるのか教えてください。いち、に、さん！

（私は効果を高めようと指を鳴らしました）

被験者　（長い沈黙の後に）まず、彼らは心を落ち着けて、周囲のことから注意をそらさなければいけません。

ニュートン　実際にどうやるのですか。

被験者　静かになって……自分のなかに入って……内なる声に耳を傾けるんです。

ニュートン　霊的な助けを得るにはこのようにするのですね。

被験者　ええ、少なくとも私に対してはね。彼らが内面の意識を広げてくれないかぎり、私はもっとも重要な考えに働きかけることができません。

ニュートン　あなたに対する意識ですか、それとも彼らを悩ませている特定の問題に対する？

被験者　彼らが私に対して受容的になるには、自分を苦しめているものの外側に出なければならないのです。これは落ち着くことができなかったら難しいことですね。

ニュートン　仲間の九人全員があなたに助けを求める能力をもっているのですか。

被験者　いいえ、そんなことはありません。

ニュートン　たぶんオジャノウィンが一番問題を抱えているのでしょうね。

被験者　そうですね、彼女はそういった人たちの一人ですね……。

ニュートン　どうしてですか？

被験者　私が彼女からのシグナルを受け取ることは簡単です。しかし、そのシグナルを送ることが、彼女を含めてこの世に生きる人たちにとっては難しいのです。方向をもった思考のエネルギーが、人間的な感情を乗り越えなければいけないからです。

ニュートン　広大なスピリット世界の中で、ほかにも何十億の魂たちがガイドたちに嘆きのシグナルを送っているはずですが、その中からどうやって自分の仲間のメッセージだけを拾い上げるのでしょうか。

被験者　瞬時に分かりますよ。人々はそれぞれに固有の思考パターンを送っていますから、立会人だったら誰でも分かるのです。

ニュートン　思考粒子場の一つの波動信号としてですか。

被験者　（笑って）エネルギーパターンをそのように説明することもできますね、たぶん。

ニュートン　分かりました。では、導きを求める人にどうやって返事をするのでしょう。

被験者　（ニヤっと笑って）彼らの耳に答えをささやきかけるんですよ！

ニュートン　（気軽に）友好的な魂はこの世の悩める人々にそのように働きかけるのですね。

被験者　場合によります……。

ニュートン　どんな場合ですか。教師の魂は、人間の日々の問題にはほとんど無関心なのでしょうか。

被験者　無関心ではありません……そうでなかったらコミュニケートなんてしません。私たちは状況の見定めをしているのです。人生は移り変わってゆくものです。私たちはもっと……冷静です。肉体がなければ、人間の感情から直接的な妨げを受けることがありませんからね。

ニュートン　では霊的なガイダンスが必要な状況ではどうするのですか。

被験者　（重々しく）静かに見守っている立会人は……混乱した思考の流れの波形から……どれだけの乱れがあるのかを判断します。次に注意深くそれに溶け込んでいって、心に優しく触れるんです。

ニュートン　このコネクションが成立するプロセスをもう少し詳しく話してください。

被験者　（間をおいて）苦悩している人の思考の影響は、たいていスムーズではなく乱れています。私は、最初は手ぎわが悪かったですし、今でもクマーラの熟練にはかないません。受容性の高まりを待ちながら……微妙なやり方で入っていかなければならないのです。

ニュートン　どうして立会人なのに手ぎわが悪いのですか。あなたには何千年もの経験があるのではないですか。

被験者　コミュニケーターはみな同じではありません。立会人の能力にもさまざまな違いがあります。仲間の一人が危機的状況にあるときには……肉体的に傷ついていたり、悲しかったり、不安だったり、憤慨していたり……彼らは無制限に大量の否定的エネルギーを送り出すので、私が気がつくころには彼らのほうが消耗してしまっているのです。いつどのようにしてコミュニケートするかということが、立会人にとってのチャレンジだといえるでしょう。今すぐ楽になりたがっているようなときには、人々には自分を振り返ってみる余裕がないでしょうから……。

ニュートン　では能力についてですが、あなたが、ガイド経験が浅いために起こしてしまった不手際について話してもらえますか。

被験者　私は助けを焦るあまり、今説明した思考パターンに合わせることなく、いきなり飛び込んでいったんです。人は無感覚になるときがあります。たとえばあまりにも深い悲しみに沈んでいたら、彼らに近づくことはできません。注意力が散漫になって思考エネルギーがまとまらずに混乱した心には、立ち入ることができないのです。

ニュートン　仲間の九人は、助けを求めたとき、心の中にあなたが侵入してきたら、それに気がつきますか。

被験者　立会人は侵入すべきではありません。それはむしろ……穏やかな結びつきといったものです。私が彼らに安らぎをもたらす考えを吹き込むと、それを彼らはインスピレーションだと感じるのです。

ニュートン　この世の人たちとコミュニケートするときに、最大の障害になるものは何でしょうか。

被験者　恐れです。

ニュートン　もう少し詳しく話してください。

被験者　私は彼らの人生を安易なものにしすぎて、仲間たちを甘やかさないようにしなければいけません……慌てて飛び込むことなく、困難の大半を彼ら自身で乗り切るように仕向けるんです。そうなる前に立会人が早々と乗り込んでいったら、ますます彼らは苦しむことになるでしょう。クマーラはこの点ではエキスパートです……。

ニュートン　彼女はあなたや仲間たちに対して最終的な責任を負っているのですか。

被験者　そうです。ええ、私たちはみな彼女の影響下にあります。

ニュートン　あなたはたまにグループメンバーに会うことはありますか。教えの手法について意見交換ができる、あなたと同じ達成のレベルにある同僚はいないのですか。

被験者　私が一緒に育った人たちのことですか？

ニュートン　そうです。

被験者　会います……特に三人と。

ニュートン　彼ら自身も仲間たちのグループを率いているのですか。

被験者　ええ。

ニュートン　あなたと同じぐらいの数の魂に責任をもっているのですか。

被験者　ええ……そうです、ワールー以外はね。彼には私の倍ぐらいの仲間がいます。彼はよくやっていますよ。彼はできる仕事量が多いので、別の仲間たちがさらに加えられたんです。

ニュートン　あなたや、あなた同様に仲間たちを率いている友人たちが、助言や指導を仰ぐ上位の存在は何人ぐらいいるのですか。

被験者　一人です。私たちはみなクマーラと会って意見を交換し、改善の方法を探ります。

ニュートン　クマーラは、あなたやワールーのような魂を何人くらい監督しているのでしょうか。

被験者　ええと……それは数えたことがないですね……。

ニュートン　今数えてみてくれませんか。

被験者　（よく考えたのち）少なくとも五十人、いやそれ以上かもしれませんね。

さらにクマーラの霊的な活動について質問しましたが、あまり成果を得られなかったので、シースの創造のトレーニングへと話題を切り替えました。彼女の経験を要約すると、前章のネンサムが言及した実践的なトレーニングよりもさらに一歩踏み込んだ内容です。

ここで科学的な志向が強い読者に言っておきたいのは、被験者が「創造」について語るとき、彼らは一切地球の科学には基づいていないということです。ですから私はもたらされた情報から、できるかぎり正確な解釈を引き出さなければなりません。

ニュートン　シース、魂は実に多様なカリキュラムをこなしているようですね。トレーニングのさらに別の局面についてお聞きしたいと思います。あなたの魂は生命を創造するときに光、熱、運動といった性質を利用するのでしょうか。

被験者　（驚いて）では……あなたは知っているのですね……。

ニュートン　何か話しても差し支えないことがありますか。

被験者　私が知っていることなら……。

ニュートン　あなたを不快にさせるようなことを尋ねるつもりはありませんが、魂のエネルギーが及ぼす一定の生物学的な効果について話してもらえないでしょうか。

被験者　（ためらって）ちょっと……考えがまとまりません……。

ニュートン　（すぐに要点に移って）あなたの最近の創造で、クマーラを喜ばせるようなものはありましたか。

被験者　（抵抗なく）私は魚が上手です。

ニュートン　（話を続けてもらうためにわざと大げさに受け答えをしました）では、あなたは自分の精神的なエネルギーで魚を丸ごとつくれるんですか！

被験者　（困ったように）……からかっているんですか？

ニュートン　では、何から始めるのでしょう。

被験者　卵細胞からですよ、もちろん。知っていると思ったのに……。

ニュートン　失礼、試してみました。あなたが哺乳類を扱えるようになるのはいつごろだと思いますか。

被験者　（答えない）……。

ニュートン　いいですか、シース。あともう少しだけ協力してくれたら、この話題についてそれ以上の質問をしないと約束しましょう。よろしいですか。

被験者　（間があって）いいですよ……。

ニュートン　ありがとう！　では基本的なことを確認するために教えていただきたいのですが、生命を魚の段階まで進化させるために、あなたは自分のエネルギーで具体的に何をするのですか。

被験者　（しぶしぶと）われわれは指示を与えます……生物に……一定の環境の中で……。

ニュートン　そのようなトレーニングは同じ一つの世界でするのですか、それともいくつかの世界で？

被験者　いくつかの世界でね。（それらの惑星が「地球タイプ」だという以上は言いませんでした）

ニュートン　今あなたはどんな環境で訓練しているのですか。

被験者　海です。

ニュートン　藻類やプランクトンのような基本的な海洋生物ですか。

被験者　最初はそうでした。

ニュートン　魚の胚発生を学ぶ以前は――ということですか。

被験者　そうです。

ニュートン　では、魂が生命体をつくるようになったとき、彼らは微生物から始めるということですか。

被験者　小さな細胞からです。ええ、これを学ぶのは非常に難しいんです。

ニュートン　なぜですか。

被験者　生物の細胞に対しては……自分のエネルギーを上手に使うには……分子を変えられないといけない

のです。
ニュートン　では、エネルギーの流れで生命を構成する基本的分子を混ぜ合わせることによって、事実上の新たな化合物をつくりだすわけですね。
被験者　（うなずく）
ニュートン　もう少しはっきり言ってもらえないでしょうか。
被験者　いいえ、だめです。
ニュートン　では、私がまとめてみますから、間違った方向にいったら指摘してください。魂が生命を創造するには、細胞を分割してそこにＤＮＡ情報を組み込まなければならないが、それはエネルギーの粒子を原形質に送り込むことによってなされる。
被験者　ええ、そのやり方を学ばないといけませんね……それを太陽エネルギーに対応させることを。
ニュートン　どうしてですか。
被験者　それぞれの太陽は、周囲の世界に異なったエネルギー効果を及ぼしているからです。
ニュートン　では、太陽がそのエネルギーで惑星に自然な影響を及ぼしているのに、なぜそれをじゃましようとするのですか。
被験者　じゃまをしているのではありません。これまでにない組み合わせ……変異を試しているんです……有効な組成を突き止めるためにね。私たちは物質がそれぞれの太陽の下で、もっとも効果的に使われるように調整しているのです。
ニュートン　ある惑星で、ある生物の種が進化するとき、淘汰《とうた》と適応の原因になる環境条件は自然なものなのか、それとも知性的な心をもつ魂が、そこで起こることを操作しているのでしょうか。

被験者　（はぐらかすように）たいてい生命が居住できる惑星にはそれを見守っている魂がいるし、私たちが行っていることは自然なことなのです。

ニュートン　原始的な惑星の何百万年にもわたる進化の途上で、その生物学的な成長の要因を見守りながら、それらに影響を及ぼし続けるなんてことができるのでしょうか。

被験者　私たちの時間は地球のものとは違います。自分たちの実験に合うようにつくり変えているのです。

ニュートン　あなたはこの宇宙に、太陽を生み出すこともできるのでしょうか。

被験者　完全な太陽ですか？　いいえ、それは私の能力を超えています……多くの者たちのパワーが必要になります。私は小さなスケールでならつくることができます。

ニュートン　何をつくるのですか？

被験者　それは……高度に密集した物質の小さな塊で……熱をもっています。

ニュートン　それで、あなたの作品が完成すると、どんなふうに見えるのでしょう。

被験者　小さな太陽系のように……。

ニュートン　あなたのミニチュアの太陽や惑星は、いったいどれぐらいの大きさですか。石ころぐらいなのか、建物ぐらいなのか、月ぐらいなのか。

被験者　（笑って）私の太陽はバスケットボールぐらいの大きさで……惑星はビー玉ぐらい……私にはそれが精いっぱいです。

ニュートン　どうして小さなスケールでそれをやるのですか。

被験者　練習のため、もっと大きな太陽をつくれるようになるためです。原子は十分に圧縮すると爆発して凝集しますが、あまり大きなものは一人ではできないのです。

ニュートン　どういうことですか？

被験者　望みどおりの成果を挙げるにはエネルギーを結集すること、協力して働くことを学ばなければなりません。

ニュートン　では、物質的世界や全宇宙をつくる熱核反応は誰が起こすのですか。

被験者　源泉……「いにしえの者たち」の集中したエネルギーです。

ニュートン　では、源泉が手助けするのですね。

被験者　そうだと思います……。

ニュートン　なぜあなたはそんなに苦労して、宇宙的な物質やいっそう複雑な生命をつくりだそうとするのですか。クマーラや彼女よりも上の存在なら、いつだって手ぎわよくやれると思うのですが。

被験者　私たちは彼らに加わるように期待されています。彼ら自身も自分たちが獲得したエネルギーを、「いにしえの者たち」と融合させたいと願っているようにね。

❖恒星や惑星は知性的存在が計画したものなのか？

創造に関する質問で常に問題になるのは「第一原因」です。私たちの恒星や惑星が誕生する原因になった、星間物質の爆発は自然のいたずらだったのか、それともある知性的存在が計画したものだったのでしょうか。シースのような被験者から話を聞いていると、魂がもっと大きな天体をつくることを目指しているのでなかったら、なぜエネルギー物質の連鎖反応を使って、より小さなスケールのモデルづくりの練習をする必要があるのだろうか――と自問せざるを得ません。

私の被験者にはレベルⅥやそれ以上の存在はいませんから、彼らがどうやって創造の力をいっそう発達させていくのかを解明することはできません。魂が進歩していくものなら、このレベルの存在たちが惑星の誕生や魂が利用できる、より高い知性をそなえた生命体の進化にかかわっていることは十分に想像できます。

なぜいまだ完璧でない魂が創造にかかわるのかについて、私は十分に考察し、次のような結論に達しました。

すべての魂は自分自身の進歩のために、低いレベルの知性をそなえた生物の進化に関与する機会を与えられます。この仮説はまた、魂が肉体に転生する理由をも説明してくれます。シースは、彼女が源泉と呼ぶ至高の知性は、自分たちのエネルギーを融合させて宇宙を誕生させる創造主「いにしえの者たち」の連合から成り立っていると示唆しているのです。他の被験者が、肉体をもたないいにしえの魂の結集されたパワーについて語るときにも、同じ考え方が別の言葉によって示されています。

この概念は新しいものではありません。たとえばインドのジャイナ教の哲学では、唯一の神はいないと考えられています。ジャイナ教徒は、シッダと呼ばれる完璧な存在である魂が、集団的に宇宙の創造主の役割を果たしている――と信じています。これらの魂は完全に解脱しており、もはや転生することはありません。

彼らの下にはアルハットと呼ばれる、他の三つのもっと低いレベルの進歩した魂と共に転生を繰り返している高度な啓発者たちがいます。ジャイナ教徒にとって存在界は創造されたものではなく、永遠に継続しているものです。つまりシッダたちは創造主を必要としないのです。

多くの東洋の哲学はジャイナ教の教義を否定し、一人の議長が開設した神々の評議会という考え方を支持しています。この結論のほうが西洋人の心にも受け入れやすいのです。

被験者によってはごく限られた時間内に、広い範囲の話題を扱うことも可能になります。すでに見たように、魂の宇宙的な訓練について話しているとき、シースは他の世界にも知性的な生命体が存在していることをほのめかしました。これは、私たちの一部には受け入れがたいことかもしれませんが、魂の生のある局面を明らかにしてくれるものです。ごく一部ですが被験者の中には、たいてい年長の、より進歩した魂ですが、他の惑星の、人間とは違う奇妙な知性的生命体に転生した経験を思い出す人たちがいます。

それらの生のあり方や身体的な特徴、われわれの宇宙から見たその惑星の位置などに関して、彼らの記憶はかなりあいまいではっきりしません。シースもずっと昔にこのような経験をしたことがあるかもしれないと考えて、私は何分間かこの方向で探りを入れてみることにしました。

ニュートン　先ほどあなたは、地球とは別のよく魂が訪れる物質的な世界について話してくれましたね。

被験者　（ためらいながら）ええ……。

ニュートン　（何げなく）もちろん、こういった惑星の中には魂が宿ることができる知性的生命体が住んでいるものもあるわけですよね。

被験者　ええ、そうです。学校の庭はたくさんありますからね。

ニュートン　他の魂と、彼らが訪れた惑星の運動場について話したことはありますか。

被験者　（長い間があって）そうしたいと思ったことはありません……そういったものに興味がないんです……他の学校には……。

ニュートン　それらがどんなところなのか、イメージぐらいなら話せるのではないですか。

被験者　ええ、一部では……分析的な教育をしています。その他は基本的に精神的な世界で……微妙な場所です……。

ニュートン　他と比較して地球の学校はどんなところだと思いますか。

被験者　地球の学校はいまだに安全な場所ではありません。多くの人々が自分たちを支配しようと抗争を繰り返す指導者たちに激しい憤りを感じています。ここには克服しなければならない多くの恐れがあります。あまりにも相反する意見をもつ人たちが多くいるために、衝突を繰り返している世界なのです。他の世界はもっと人口が少なくて、より調和がとれています。地球の人口増加のペースは、その精神的な進歩の度合いを上回っているのです。

ニュートン　では、あなたは他の惑星でトレーニングを受けたほうがよかったのでしょうか。

被験者　いいえ、確かに地球には醜い争いや残酷な側面もありますが、ここには情熱や勇気があります。私は危機的な状況で学ぶことが好きです。無秩序から秩序を引き出すことがね。私たちはみんな、地球は難しい学校だと言っていますよ。

ニュートン　では、人間の肉体は魂にとって楽な宿主ではないということですか。

被験者　……もっと楽な生命体もありますよ……お互いにあまり争うことをしないような……。

ニュートン　では、あなたの魂は別の生命体に宿っていたことがあるのですか。そうでなければ、どうしてそれが分かるのですか。

❖地球以外の惑星での生

私がこの格好の導入部を提示した後に、シースは呼吸もままならない死にゆく世界の異質な環境で、自分が小さな空飛ぶ生き物だったころのことを話し始めました。彼女の説明からも、この惑星の太陽が新星の段階に入ろうとしていたことは確かでした。彼女はとぎれとぎれに言葉を詰まらせながら、浅く速い呼吸で話しだしました。

自分はこの世界の湿気の多いジャングルに住んで、夜空には暗い部分がないほどびっしりと星々が輝いていた、と言いました。この話から、彼女はたぶん私たちの銀河の中心に近いところにいたのではないかという印象をもちました。彼女はまた、自分はこの世界でごく短い生涯を、ごく若い魂として過ごし、その当時もクマーラは彼女の教師だったと言いました。

この世界がもはや生命を支えられなくなると、彼らは共に活動を続けるために地球にやってきたのです。地球での精神的な進化と彼女の以前の経験とは類似点があるということでした。この空を飛ぶ生き物の種族は、互いを恐れ、孤立し、お互いに危険な存在になっていきました。その反面、地球のように家族の協力が重視され、寛大さや献身が大切にされたそうです。

この一連の質問を終えようとしていたとき、そこでさらなる展開が見られました。

ニュートン　地球にはほかにも、今は死滅した世界の肉体に宿っていた魂がいるのですか。

被験者　（しばらくして自分を抑えきれなくなって）実は、私はその一人に会ったことがあるんです。

ニュートン　どんな状況だったのですか。

被験者　（笑って）しばらく前にパーティーで一人の男性に出会いました。彼は私を知っていました。外見ではなく、私の心をね。それは奇妙な出会いでした。彼が近寄ってきて私の手をとったときは、あやうく平静さを失いかけました。彼は私を知っていると言いましたが、単に押しの強い人だと思ったんです。

ニュートン　それからどうなりましたか。

被験者　（穏やかに）私は平静さを失ってしまいましたが、こんなことは私にとってめったにないことです。私たちの間には何かがあると感じました。それは性的なものだと思いました。それから、何もかもがはっきりしてきたんです。彼は……イカックでした。（この名前はのどの奥で舌打ちするように発音されました）私たちはかつてはるか遠くの場所で一緒に過ごしたことがあり、その当時の仲間がほかにも何人かここに来ている……と彼は言いました。

ニュートン　彼はその人たちのことについて、もっと何か言いましたか。

被験者　（小さな声で）いいえ……たぶん……私が自分で理解するべきなんでしょう……。

ニュートン　イカックはその世界であなたとの肉体を伴った関係について、ほかに何か言いましたか。

被験者　いいえ。彼は私が混乱しているのに気がついたんです。いずれにしても私は、そのとき彼が何を言っているのか分かりませんでした。

ニュートン　あなたは知らないのに、どうして彼はこの惑星について知っているんでしょう。

被験者　（戸惑いながら）彼は……私よりも進んでいるし……クマーラのことも知っています。（自分自身に尋ねるように）彼はここで何をしているのかしら……。

ニュートン　パーティーの席で彼と会ったときの話を続けてくれませんか。

被験者　（再び笑って）彼は私を引っかけようとしている……と思ったんです。私は彼に引かれていましたから、そう思うとますます気詰まりでした。彼は私をとても魅力的だと言いましたが、男性からそんなふうに言われたことはありません。私たちは以前に一緒にいたことがある……という考えが心の中にひらめきました……一瞬の夢のシーンのように……。

ニュートン　この男性との会話はどんなふうに終わったんですか。

被験者　彼は、私が気まずく感じているのに気がつきました。これ以上はコンタクトしないほうがいいと考えたのかもしれません。それ以後は会ってはいませんからね。でも彼のことを考えると、私たちはまたお互いと出会うような気がします……。

❖他の惑星での転生体験

魂のかかわりは時間や空間を乗り越えてしまうと私は信じています。最近、親友同士の被験者二人が、同時期に退行セラピーを受けにやってきました。彼らは地球の多くの過去世でソウルメイトだっただけでなく、ある美しい水の世界で魚に似た知性的な生き物だったころにも親しく付き合っていました。二人とも水面下で力強いひれを使ってたわむれたり、水面に浮かび上がって、上の世界をのぞいたりする遊びのことを思い出しました。

どちらの被験者もこの惑星のことや海の生物である彼らに何が起こったのかについて、あまり多くを思い出すことはできませんでした。彼らは陸上の哺乳動物が魂を宿すにふさわしい種族に進化する、ずっと以前に失敗した地球の実験※に参加していたのでしょうか。地球とは異なる海洋における経験を語る者もいるので、それは地球ではなかったのかもしれません。これらの被験者の一人が言っています。

※訳注：私たちの直接の祖先である陸上の哺乳類が生まれるずっと以前に――魂を宿らせるのにもっとも適した知性的生物を生み出すために行われた――結果的には絶滅に至ったある実験のことと思われます。

「空には太陽が三つあったので、私の生きていた水の世界はとても暖かく視界も良好でした。水面下がちっとも暗くないのは快適でしたし、居住環境を維持するのも容易でした」。

空を飛んだり水中で息をしたり、その他の人間の身体ではできない夢を抱くことは、かつて過ごした他の世界での経験とかかわりがあるのではないか——とよく考えることがあります。

まだ魂の研究を始めたばかりのころに、私はこういった他の世界を思い出すことができる被験者たちが、「自分は現在の太陽の近くに住んでいた」と言ってくれることを半ば期待したものでした。

この期待は素朴なものでした。地球は太陽から十光年以内に恒星が八つしかない、銀河系では星がまばらな区域に存在しています。私たちの銀河は、この宇宙に現在では千億あるとされている銀河の一つにすぎませんが、それでも二千億個以上もの恒星を擁していることが分かっています。生命を支え得るこれらの太陽のまわりに、どれほど多くの世界が存在するのか想像もできません。

かつて所属した惑星のことを話すことができる、あるいは進んで話してくれる被験者たちから集めた情報によると、魂はふさわしい知性的生命体が住むあらゆる世界へと送られます。私たちが知っているすべての星の中で、私たちの太陽に似ているものは四パーセントしかありません。これが魂にとって必ずしも重要ではないことは明らかです。惑星への転生には、地球タイプの惑星であることや陸上の二足歩行動物であることが必要不可欠ではないからです。

転生した魂は、その特定の世界に愛着をもつようになって、何生も繰り返しそこに戻っていったそうです。この地球に転生してくる魂たちも、同じようにこの私たちの世界に深い愛着を感じているのでしょう。

他の世界の生活を詳細に思い出すことができる被験者は多くはありません。これは経験の少なさや、記憶の抑圧があるのかもしれませんし、地球のそれとは異なる身体を急に思い出すことの不利益を避けるために、マスターガイドがブロックをかけているということも考えられます。

彼らが言うには、魂は地球に来る前にしばしば（シースのケースもその一つですが）人間ほど知性的ではない生き物の身体に入るということです。しかしいったん人間の身体に入ると、その魂が再び精神的進化の階梯を下った身体に入ることはありません。肉体的な相違がありすぎる場合もありますから、地球とはまったく異なる世界に寄り道するのは、必ずしも好ましいことではないようです。ある中程度のレベルの被験者はそれについて次のように言っています。

「長いこと人間への転生を繰り返した後に、私はガイドに、しばらく地球から抜けて別の環境に行きたいと申し出ました。すると彼は、『君は人間の心や肉体の特徴に慣れすぎているから、この変化は快適なものにはならないかもしれないよ』と警告したのです」。

被験者が諦めなかったので転生は許可されましたが、「そこは背が低いずんぐりした種族が暮らす淡い色の世界でした。彼らは思慮深いけれど、けっして笑わない小さく白っぽい顔色の陰気な人たちでした。人間的な笑いがないし身体にもなじむことができないし、私は順応することができず、結局のところあまり進歩することができませんでした」とその被験者は回顧しています。

この転生がこの魂にとって大いに困難なものであっただろうことは、ユーモアと笑いがスピリット世界のもっとも著しい特徴であることを考えれば、容易に想像できます。

セッションは最終段階に入ろうとしていました。シースに超意識的な心の奥深い領域へと入って、時空間と源泉について話してもらうために、さらなる深みへと導くテクニックが必要でした。

ニュートン　シース、このセッションも終わりに近づいたので、もう一度心を源泉なる創造主に向けてほしいのです。（間をおいて）協力してもらえますか。

被験者　ええ。

ニュートン　あなたは魂の究極の目的は、創造的エネルギーである源泉との合一にあると言いましたが、覚えていますか。

被験者　……融和を求めるというのなら、そうですね。

ニュートン　お聞きしたいのは、源泉はスピリット世界の中心的な空間を占めているのか――ということです。

被験者　源泉とは、スピリットの世界そのものなのです。

ニュートン　では、どうして魂は霊的な生の核心部分へと至ろうとするのですか。

被験者　私たちの魂がまだ若いころには、まわりじゅう至るところにパワーがあると感じますが、一方で自分は周辺にいると感じているんです。だんだん成長していくと、パワーが集中している場所があることに気づくようになりますが、依然として周辺にいる……という感じは変わりません。

ニュートン　この世界は「いにしえの者たち」そのものにほかならない、とあなたは言いましたよね。

被験者　ええ、彼らは魂を魂として保つ源泉のパワーの一部なのです。

ニュートン　では、このパワーを全体として一つのエネルギーの源泉と見るなら、創造主をもっと人間的な言葉で説明することはできますか。

被験者　私たちが懸命に至ろうと努めている……究極の無我のあり方です。

ニュートン　もしも源泉がスピリットの世界そのものだとしたら、この源泉という空間は、恒星や惑星や生き物たちが住む物質的な宇宙と、どのように異なっているのでしょうか。

被験者　この生と死を伴う宇宙は源泉のために創造されたのです。スピリットたちのいる場所が……源泉なのです。

ニュートン　私たちは拡大し、やがて収縮して死滅する宇宙に生きています。私たちは時間に制約された空間に生きていますが、どうしてスピリットの世界には時間がないのでしょう。

被験者　魂は非時間の非空間に生きているからです……一部のゾーンを除けばね。

ニュートン　そのゾーンとはどんなものですか。

被験者　それらは……一対の出入り口で……私たちにとって、物質的な時間の宇宙に入っていくための入り口です。

ニュートン　非空間にどうして時間の扉が存在するのでしょうか。

被験者　この出入り口は別種のリアリティの境界として存在しています。

ニュートン　でもスピリット世界が次元には属さないとしたら、それはどのようなリアリティなのでしょうか。

被験者　不断に変化する物質的な世界、その流動的なリアリティとは対極にある一定したリアリティの状態です。

ニュートン　スピリット世界に生きている魂にとって、過去、現在、未来は意味をもつのでしょうか。

被験者　物質的な形象の目に見えない連続性を理解する手段としてならね。ここには……恒常性があります……時間に支配される物質的な宇宙への境界を越えない者たちにとっては……。

注：この「時間の境界」の主な利用法は、人生の選択を扱う次の章でもっと詳しく取り上げます。

ニュートン　先ほどはさまざまな宇宙について話してくれましたね。地球を含むこの宇宙とは別の物質的な宇宙があるのですか。

被験者　（あいまいに）あります……源泉から派生した異なったリアリティが……。

ニュートン　魂はスピリット世界の出入り口から、さまざまに異なる物質的なリアリティに入ることができるということですか。

被験者　（うなずいて）ええ、できますし、よく使われています。

この高度に進歩した被験者とのセッションを終えるにあたって、大部分の深い催眠状態にある人たちは地球の三次元的な空間のリアリティを超えて、時間のない別種のリアリティを見ることができる――ということを付け加えておきたいと思います。

潜在意識的な状態では、被験者は意識的なときに知覚するのと変わらない、過去や現在の生から成り立つ連続的な時間を経験します。彼らを超意識的な状態やスピリット世界へと導いたときに変化が起こります。ここでは「今」という時間を、過去、現在、未来が融合した均質な単一体として見ているのです。

スピリット世界の数秒は、地球での数年に相当するようです。セッションが終わったとき、被験者たちはしばしばスピリット世界の時間が、完全に一つのものであることに驚きを表します。

現代物理学の一分野である量子力学は、原子未満の運動を電磁エネルギーの準位という観点から研究し、この世の物質は究極的には固体性がない統一場内の存在であると考えています。ニュートンの万有引力の法則を超えて、時間軸上の運動要素もまた、光の波長と運動エネルギーに還元されるものとみなされています。すでに示したように、魂はスピリットの世界でも時間が経過する感じを経験しますが、これはこの過去、現在、未来が統合された概念と矛盾するのでしょうか。いいえ、そんなことはないのです。

私の研究からも、物質的な次元から戻った、老化のような生物学的な反応に慣れている魂や、これからそこに赴こうとする魂が、自分の進歩を容易に評価できるように時間の進行の幻想が生み出され、維持されていることが分かっています。そういう理由で時間には絶対的な三つの区分があるのではなく、それらは変化の表現にすぎないという量子力学の仮説は、妥当なものであると考えています。

私は、被験者の魂が歪曲した直線を移動していく話を聞いていると、光と運動をそれ自身へとカーブして戻ってくる時間と空間の統一体であると考える、天体物理学者の時空間理論を思い出します。彼らは空間が極端に曲がっていたら時間は止まると言います。

さらにいえば、被験者が時間ゾーンや別次元へのトンネル状の通路について話す内容から、「物質的な空間が曲げられ捻られると、宇宙的なループができて、私たちの三次元的な宇宙の外へとつながる超空間の『口』やブラックホールが生み出される」という現代天文学の理論との類似性について考えてしまいます。たぶん天体物理学の時空間理論と形而上学とは境界を接しているのかもしれません。

被験者たちが、「スピリット世界は丸く見え、魂として急速に移動しているときにはカーブしているように感じられる」と言うとき、私はそれが有限で閉鎖された球体を意味するのではないかと示唆しました。彼らは次元的な境界という考え方を否定したものの、ついに隠喩（メタファー）以上のことを言うことができませんでした。

「ケース23」の被験者は、スピリット世界そのものが創造の源泉なのだと言いました。一部の人たちはこの場所を、「神のハート」または「神の息吹」と言いました。「ケース22」の被験者は、魂の空間を「織物」と定義しましたし、ほかにもスピリット世界には「風になびく縫い目のないドレスの幾重ものひだ」のような質があると言った人たちもいました。

彼らはときに、光のエネルギーから穏やかな「波紋」が広がっているように感じ、それを「池の真ん中からさざなみ（または輪）が外側に向けて広がっていく」と表現しました。

一般的に魂の空間は、超意識状態になっている人にはなめらかな広々としたものに感じられ、混沌とした物質的宇宙に特有の重力、温度、圧力、硬さ、時間の流れといった属性を示しません。しかし、私がスピリット世界全体を虚空のようなものとして定義しようとすると、トランス状態にある人たちはそのイメージに抵抗するのです。

被験者たちは、自分の魂が生きる場所を完全に説明することができませんが、誰もが自分にとっての究極のリアリティを率直に語ろうとします。トランス状態にある被験者はスピリット世界を、私たちの物質的な宇宙から遠いとも近いとも見ていません。にもかかわらず興味深いことになぜか、彼らは自分の魂の経験をこの世の生と比べるときには、霊的な実体を軽いとか重いとか、厚いとか薄いとか、大きいとか小さいといったこの世の表現で語るのです。

スピリット世界の絶対的なリアリティは、催眠下にある人々の心の中では常に一定したものであるようですが、その他の物質的な次元について語るときには事情が違ってきます。私たちのものと異なる宇宙は、想像もできないような生き物たちも含めて、魂の成長に適した環境を提供するためにつくられたという印象をもっています。

ある進歩した被験者はその長い存在の間に多くの世界で生きたことがありますが、魂を一度に二つ以上に分割したことはないと言っています。その惑星の環境条件や主要な生命体の寿命が短いために、大人の寿命も地球の時間にして数か月にしかならなかったと言います。

この人口が少なくて穏やかな、よりシンプルな地球とも言うべき「楽園の惑星」について話しているとき、彼は、この世界は地球からそれほど遠くはないと言いました。

「本当ですか」「ということは、地球から数光年の距離にあるということですか」と途中でさえぎって尋ねると、彼は「その惑星は私たちの宇宙に存在するものではありませんが、この銀河のどの惑星よりも地球に近いのです」と辛抱強く説明してくれました。

人々が別世界での生を思い出しているとき、彼らはわれわれの宇宙の次元から制約を受けていないらしいことを、読者はよく理解しておく必要があります。

魂が銀河から銀河へ、または次元から次元へと旅をするとき、彼らはその旅の長さをスピリット世界からトンネル効果で目的地に達するまでのかかった時間で計ります。関与する空間的な領域の広さや、世界と世界の相対的な位置関係なども同じようにして推察されます。被験者の何人かから、多くの異なる次元のリアリティについて聞いているうちに、これらすべての次元の流れがスピリット世界という大河へと流れ込む合流点のようなものがある――と彼らが信じているらしいことが分かってきました。

一歩後ろに下がって、これら被験者の心の中に根を張っている一つひとつの別種のリアリティを細かく分析していくことができたなら、それはアーティチョークを一片一片むいていって、最後には一つの芯にたどり着くような作業になることでしょう。

かなり長時間にわたって質問をしてきたので、シースにも疲労の色が見えてきました。このレベルの霊的な受容性を長いこと維持できる被験者はほとんどいません。私は万物創造の始まりについていくつかの質問をして、このセッションを閉じることにしました。

ニュートン　シース、源泉についてもう少し質問をして終わりにしたいと思います。あなたは長い間魂として存在してきましたが、自分自身もその分かちがたい一部である被造物と自分自身との関係をどのように対象化するのでしょうか。

被験者　（長い間があって）動きがもたらす感覚によってです。最初のうちは魂のエネルギーは源泉から外側に向けて移動していたのです。後になると、私たちの生命は内側に……結びつきと融和に向かう動きに費やされるようになりました……。

ニュートン　拡大と収縮を繰り返す生命体を思わせるプロセスですね。

被験者　……爆発的な放出があって……次に回帰が起こって……ええ、源泉は脈動しているんですよ。

ニュートン　あなたは源泉の中心部へと近づいているわけですか。

被験者　実際には中心はありません。源泉はまわりじゅうにありますから……まるで鼓動する心臓の中にいるかのようにね。

ニュートン　でも、あなたは魂の知識が増すにつれて、原点に戻っていくと言いましたよね。

被験者　ええ、外側に投げ出されたときには、私はまだ子どもでしたからね。今や少年期が終わるにつれて引き戻されていくんです……。

ニュートン　どこへですか?

被験者　源泉のさらに内側へと……。

ニュートン　たぶんこのエネルギーの源泉を描写し、魂の動きや被造物の領域を説明するには色を使えばよいのではないですか。

被験者　（ため息をついて）魂全体を表すとしたら、まるでハロー（光輪）効果を伴う巨大な爆発のようです。この……丸い中心部から放たれた暗い紫色の光が、周辺に広がるにつれて……白さを増していきます。私たちの気づきは、この真っ白なまばゆい光から始まって、魂の成長とともにより濃い色へと吸収されていくのです。
ニュートン　創造の神を、冷たく暗い光としてイメージするのは難しいのですが。
被験者　それは私が十分に統合に近づいていないから、うまく説明することができないだけです。この暗い光は実は……覆いのようなものにすぎなくて、その奥にいくと強烈な暖かみが感じられて……自分を包み込む知恵ある存在に満ち……それは生きているんです！
ニュートン　このハローの周辺から押し出されて、自分の魂のアイデンティティに初めて目覚めたときにはどんな感じがしたものですか。
被験者　存在することは……春に初めて花が開くのを見たときに、自分自身がその花であることに気づくようなものです。そして花がさらに開き続けると、光に満ちた野原にはほかにもたくさんの花が咲いていることに気づくようになり……野原には限りない喜びが満ちあふれているのが分かります。
ニュートン　それがもしも爆発的なものなら、多くの色を帯びたエネルギーの源泉はそれ自体が崩壊して、花々もみんな死んでしまうのではないですか。
被験者　崩壊することはありません……源泉は無限なのです。魂である私たちが死ぬことはありません……魂の奥底では、みなそれを知っています。私たちが統合されていくにつれて、これまで増やした知恵が源泉をよりパワフルにするからです。
ニュートン　源泉がこの存在を生み出す理由はそれなのでしょうか。
被験者　ええ、生命を与えられた私たちは、完全な形となって戻ってくることができるのです。
ニュートン　源泉そのものがすでに完璧であるのに、自分よりも不完全な知性をさらに生み出す必要があるのですか。

被験者　私たちは創造主の創造を手助けしているのです。このようにして自己を変容し、より高い完成の領域へと高めることによって、私たちは生命を構成する基本的要素に、何がしかのものを付け加えるのです。

ニュートン　魂は何らかの原罪またはスピリット世界の恩寵《おんちょう》からの堕落によって、源泉から切り離されて、地球のような場所にやってきたのでしょうか。

被験者　とんでもない！　私たちは被造物の……この美しい多様性を増やすために……ここにやってきたんです。

ニュートン　シース、私の言うことをよく注意して聞いてくださいよ。もしも源泉が自分の聖なるエネルギーを分割して、自分を増やすために、より劣った知性をつくりだし、それによってもっと強力にそして賢くなろうとするなら、源泉そのものには本当の完全さが欠けているということにはなりませんか。

被験者　（間があって）源泉はそれ自身を成就するために創造するのです。

ニュートン　その点が疑問なんです。何かが欠けているのでないかぎり、絶対的なものがさらに絶対的なものになろうとすることはないでしょう。

被験者　（ためらいながら）私たちが目にするもの……源泉が……私たちの知り得るすべてであり、創造主は私たちを通じて……私たちを誕生させることで自分自身を表現しようとしている……と私たちは考えています。

ニュートン　あなたは実際に源泉が、私たちが魂として存在することで強くなっていると思いますか。

被験者　（長い間があって）私は創造主の完璧さが……その完璧さの可能性を私たちと分かち合うことによって……維持され豊かになっているし、それこそ創造主の究極の表現にほかならないと考えています。

ニュートン　では、源泉は自分自身を成長させるために、意図的に不完全な魂とその魂が宿る不完全な生命体とをつくりだして、何が起こるのかを見守っているということですか。

被験者　そうです。だから私たちはこの決定を尊重し、生命が起源に戻っていくプロセスを信頼しなければいけないんです。食べ物のおいしさを知るには飢えなければならないし、暖かさの恵みを理解するには寒さを味わわなければならないし、両親のありがたさが分かるには、子どもにならなければいけないんです。変容が私たちの目的になるのです。

ニュートン　あなたは魂の生みの親になりたいですか。

被験者　……私たち自身の懐胎《かいたい》に参加することは……私の夢です。

ニュートン　スピリットが物質的な生を経験していなかったら、私たちはあなたが今言ったようなことを知ることができたでしょうか。

被験者　できたとしても、すべてを知ることはなかったでしょう。それはまるであなたの霊的なエネルギーが、たった一つの音でピアノの音階を演奏しろと言われているようなものですからね。

ニュートン　もしも源泉が――自分が育み成長させるために魂を創造しなかったなら――その壮大なエネルギーは表現の欠如ゆえに萎縮していたと思いますか。

被験者　（ため息をついて）ええ……たぶん。そのために世界は存在するのでしょう。

シースのこの最後の予言的な言明で、私はセッションを終えました。この被験者を深いトランス状態から覚めさせたとき、彼女はまるで時空間を超えて私のところに戻ってきたかのように見えました。

彼女が静かに座って私のオフィスを見回しているときに、「これほど高度なレベルで一緒にワークする機会をもてたことに感謝します」と彼女に言いました。彼女はほほ笑みながら、「こんなに厳しい質問にさらされることが最初から分かっていたら、あなたと一緒にワークすることなど断っていたでしょう」と言いました。

互いに別れを告げてから、私は生命の源泉に関する最後の言葉について考えました。古代ペルシアのスーフィー教徒たちには「創造主が絶対的な善であり、ゆえに絶対的な美であるのなら、美は自然とこの世に現れようとするだろう」ということわざがあります。

第十二章　生の選択

魂は再びスピリット世界の聖域を離れて、この世への旅に出発しなければならないときがやってきます。この決定は簡単になされるものではありません。魂は自由気ままで至福に満ちた状態である全面的な英知の世界を離れて、人間世界の物質的・精神的な要求に応じるための準備をしなければならないのです。

これまでスピリット世界に戻ってくる魂が、どれほど疲弊《ひへい》しているかを見てきました。二度とこの世に戻りたくないと感じる魂も少なくないようです。特に肉体を伴った生の最後になっても目標に近づくことができなかったときには――。

一度スピリット世界に戻ってしまうと、魂は自己認識、親しい交わり、慈愛に満ちたこの世界を離れて、再び攻撃的で競争に明け暮れる惑星環境へと戻っていくことに、それがたとえ一時的なものにせよ、大きな不安を覚えます。この世に家族や友人がいても、多くの転生した魂が個性を奪われた集団の中で孤独感や無意味さを感じるのです。

スピリット世界ではその反対が真実であり、魂は恒久的な基盤の上で深く親しい交わりに参加します。私たちの霊的なアイデンティティはたくさんの他の存在によって知られ評価され、彼らのサポートが尽きることはありません。エネルギーの回復と個人的な自己評価に他よりも長くかかる者もいますが、最終的に魂は転生のプロセスを始めるように勧められます。スピリット世界の環境は去りがたいけれど、一方で魂は、慈しみやノスタルジアさえ覚えながらこの世の生の楽しさを思い出すのです。

前世の傷が癒されて再び自分自身と完全に一体化すると、自己のアイデンティティの物質的な表現に引かれるようになります。カウンセラーやグループ仲間たちとのセッションがもたらす、協調的霊的な努力によって、次の生への準備が整っていくのです。私たちの他の人たちに対する過去のカルマや失敗や達成のすべてが、いかにして未来を実り多いものにするかという視点から評価されます。

魂は今、このすべての情報を吸収したうえで、以下に挙げる三つの基本的な決断に基づき、明確な目的のある行動を起こさなくてはなりません。

●自分には新たな肉体を伴う生の準備ができているか?
●学習と成長を進めるうえで、特定のどのようなレッスンを受けたらよいか?
●目標を達成する最良の機会を得るには、次の生でどこに行き、誰に宿るべきか?

所属する惑星の人口が多くたくさんの魂が必要とされていても、年長の魂が転生することは少ないようです。世界が滅びてしまうと、まだ学習を終えていない存在たちは、自分たちが進めているワークに適した生き物がいる別の世界へと移行していきます。魂の転生の永久的なサイクルは、多くの惑星世界で進化する宿主の身体の差し迫った必要よりも、個々の魂の内面的な欲求によって決まるようです。

とはいうものの、地球ではさらに多くの魂が必要となってきたことも事実です。今日では、世界人口は五十億人を超えています。この二十万年間に地球上にどれだけの人間が生きてきたのか、人口統計学者たちの計算はまちまちです。概して五百億と見積もられることが多いようです。私は少なすぎると思いますが、この数字はそれだけの数の魂が訪れたことを意味するのではありません。同じ魂が転生を繰り返すこと、一度に二つ以上の肉体に宿ることもあり得るということを考慮すべきです。

❖一つの人生から次の人生までの間隔

現在地球上に暮らす人たちの総数は、これまでここに生きた魂の総数に近いと主張する霊魂再来説の支持者もいます。魂が地上に転生する頻度は一定していません。先ほども触れたように、地球がかつてなかったほど魂を必要としていることは確かです。紀元一世紀の人口は二億人ぐらいと見積もられています。一八〇〇年には四倍になり、それからわずか百七十年後には、また四倍に増えました。一九七〇年から二〇一〇年までに、世界の人口はさらに倍増すると予想されています。

ある被験者の転生履歴を調べたところ、旧石器時代の遊動生活の時代には一つの転生から次の転生への間隔は、数百年から数千年にさえ及ぶことが分かりました。

農業が生まれ、家畜を飼うようになった七千年前から五千年前の新石器時代になると、転生の間隔はもっと短くなっていくと被験者たちは言っています。それでも、一つの人生から次の人生までの間隔は五百年ほどありました。都市が興り、交易が行われ、食糧が豊富に手に入るようになると、人口の増加につれて魂の転生間隔も早まっていったようです。

紀元一〇〇〇年から一五〇〇年ごろには、被験者たちは平均して二世紀に一度の転生を経験しています。一七〇〇年以降は一世紀に一度になり、さらに一九〇〇年代に入ると一世紀に一度以上の転生が普通になりました。

魂の転生が増えるように見えるのは、催眠下の人々の記憶力が現世に近づくにつれて鮮明になるからだという主張があります。これはある部分までは真実かもしれませんが、重要な人生ならいつの時代であろうと鮮明に思い出されるはずです。地球上の爆発的な人口増加が、魂が頻繁に地球に転生することになった根本的要因であることは間違いありません。では地球に転生を予定する多くの魂にとって、人口の急激な増加が負担になることはないのでしょうか。

転生にそなえ得る魂の総数について被験者に尋ねると、彼らは魂の蓄えが尽きることよりも、地球が人口過剰によって滅びかけていることを心配すべきだと答えます。彼らにはどれほど人口が増えようと、「常に新たな魂がその要求を満たし得る」という確信があるようです。私たちの惑星が、この宇宙に存在する知性的生物が居住する多くの環境の一つにすぎないとしたら、魂の総数も天文学的なものになるでしょう。

少し前に、魂には「いつ、どこで、誰に」宿るかを選ぶ自由があると言いました。進歩を加速させようとスピリット世界にあまり長くとどまらない魂がいる一方で、なかなかスピリット世界を去りたがらない魂もいます。ガイドがこの決定に大きな影響力をもっていることは疑う余地がありません。

死の直後のオリエンテーションで、スピリット世界に迎え入れられるための面接が行われたように、再誕生の準備ができているかどうかを判断するために、霊的なアドバイザーによる予備的な退出の面接が行われます。以下のケースには、低いレベルの魂の典型的な面接シーンが描かれています。

ケース24

ニュートン この世に戻るべき時期だと気づき始めるのはいつですか。

被験者　心の中で静かな声が「そろそろ頃合いだと思わないかね?」と言うのを聞いたときです。
ニュートン　それは誰の声ですか。
被験者　私の教師です。私たちのなかには再び準備ができたときに、後押ししてもらわねばならない者もいますからね。
ニュートン　そろそろこの世に戻ってもよいころだと感じていますか。
被験者　ええ、たぶん……その準備はできています。でも私の学習が完了するまでには、地球の年月にしてとても長い時間がかかることでしょう。まったく圧倒されてしまいますよ。
ニュートン　それでもあなたは転生の時期が近づいたら地球に行くつもりですか。
被験者　（長い間があって）そうですね……たぶん行きませんよ……地球のほかにも世界がありますし……地球の人たちは……。
ニュートン　それはどういう意味ですか。
被験者　地球には人が少なくなって……人口が減少するんです……はっきりとは分かりませんが……。
ニュートン　では、どこに行くつもりなのですか。
被験者　たぶん、どこかに開拓地があると思います……私にははっきりと分かりませんが……。

注：過去世退行の反対が未来世進行で、これによって一部の被験者はまだ完結しない未来のシーンを垣間見ることができます。たとえば、土壌の劣化や気候の変化が一因となって、「二十二世紀の終わりまでに地球の人口は大幅に減少する」と言う人たちもいます、彼らはまた人々が奇妙なドーム状の建物に住んでいる場面を見ています。未来を詳細にのぞくことはできませんが、これはカルマ的な制約から安全装置としての記憶喪失が働くためではないかと私は見ています。これについては次のケースでもっと詳しく説明しましょう。

ニュートン　先ほどのインストラクターがスピリット世界を去りたがらない人々を後押しするところまで戻りましょう。そんなことはしてくれなくてもいいと思っていますか。

被験者　ええ……私は行きたくないんです……が、インストラクターは私たちがあまり長くここにとどまることを望んでいません。だらけてしまいますからね。

ニュートン　ここにいたいと主張することはできるのですか。

被験者　そうですね……ええ……教師は優しいですから強いることはありませんよ。（笑って）でも、彼らはやり方を心得ています……しかるべき時期がきたら私たちをどうやって励まし後押しするのかをね。

ニュートン　何らかの理由から、再び地球に生まれることを望まなかった人はいますか。

被験者　ええ、たとえば私の友人のマークです。彼は、自分はもう何も貢献できないと言ったんです。この世の生にうんざりしていたので戻りたくはなかったのです。

ニュートン　彼は多くの人生を生きてきたのですか。

被験者　いいえ、それほどでもないですよ。でもそれらにうまく適応できませんでした。

ニュートン　教師たちはどうしましたか。彼はスピリット世界にとどまることを許されたのですか。

被験者　（考え込むように）私たちは準備ができたと判断された時点で、新たに生まれ変わることを選びます。教師たちがあれこれ強いることはありませんが、マークが周囲の人たちの役に立っていたことを教えました。

ニュートン　それで、マークはどうなりましたか。

被験者　その後何度か……再教育を受けた後で……自分の能力を見誤っていたことに気がつき、最後には地球に戻っていきました。

ニュートン　再教育ですか！　何だか威圧的ですね。

被験者　（私の言葉に当惑して）違いますよ、そんな意味ではありません！　マークは単に勇気を失っていただけで、さらに努力を続けるために自信が必要だったんです。

注：道を外れた魂に関する第四章の「ケース10」では、地球から多くの否定的なエネルギーを吸収した魂が「作り直される」様子が述べられていました。「ケース22」でも、一部のダメージを受けた魂には回復の必要があることに言及がありました。マークの疲れた魂に適用された簡単な更新よりも、もっと根本的な改修もあるようです。

ニュートン　ガイドが強制しなければ、最後まで生まれ変わることを拒み続ける魂はいるのですか。

被験者　（間があって）ええ……そこまで嫌がっているなら、ここにとどまって二度と生まれ変わらないでいることもできるでしょう。でもインストラクターたちはマークに言ったんです。肉体を伴わない生だと学習にはいっそう時間がかかるだろうと。具体的な経験ができないことは大きな損失ですからね。

ニュートン　反対に魂が直ちに地球に戻りたがることもあるんですか、たとえば若くして死んだ後とか。

被験者　そういう例も見ていますよ。でもそれは一時の感情に駆られた反応なので、しばらくすると収まります。インストラクターたちは、慌ててその場所に赤ん坊として戻っても今回の死を取り巻く状況は変わらない……という点を理解させようとします。同じ状況に大人として生まれ変わることができるなら話は違うんでしょうけどね。最終的にはみな、今は休息し内省すべきだということを理解しますよ。

ニュートン　では、新たな生に臨む気持ちを一言で言ったらどうなるでしょうか。

被験者　私はワクワクしますね。私は肉体を伴う生を生きないと満足できないのです。

ニュートン　新たに生まれ変わる準備ができたら、次に何をしますか。

被験者　特別な場所に行きます。

魂が再び転生することを決意すると、この世に戻るプロセスの次の段階として、人生を選択する場所に連れていかれます。魂はどんな人間になるかを決める前に、どんな時代のどんな場所に行くのかを検討します。魂の転生がこのようにして行われるために、人生の選択と最終的な肉体の選択とを二つの章に分けることにしました。

転生する時代や場所の選択と自分が宿る人間の選択は、まったく別の決定というわけではありません。しかし私たちはまず最初に、未来のある時代の特定の環境に自分が適応できるかどうかを見極めるための機会を与えられます。次にこれらの場所に住んでいる人たちに注意が向けられます。魂は歴史上の時代区分の文化的条件や人生で起こる出来事だけでなく、それらの出来事の関係者たちからも大きな影響を受けるということに気づくまで、私はこの手続きの意味を十分に理解することができませんでした。

私はスピリットの世界はどこもかしこも同じではなく、それぞれに異なった目的と働きがあることを信じるようになりました。移動中の魂が目にするスピリット世界の領域は、いずれも同じ天上的な属性を有してはいるものの、それぞれの目的は異なっているのです。

具体的な例として、戻ってきた魂のオリエンテーションの場と、去っていく魂の人生選択の場とを比べてみましょう。いずれの場合も、移り変わる途中の魂はこの世の場面を心に描いて人生の評価を行いますが、類似点はそこまでです。オリエンテーションの場は戻ってきた魂の快適さが考慮される、こぢんまりとした親密な話し合いのためのエリアであるようですが、精神的にいくらか防御的、あるいはかしこまった態度になります。これは「今回の人生でもう少しうまくやることができたかもしれない」と帰ってきた魂が感じているためです。ここではガイドは常に魂たちと密接なかかわりをもっています。

一方で人生選択の場に入ったとき魂は、希望や将来の見通し、大きな期待感でいっぱいです。ここでは魂は事実上一人きりになって、見えないガイドに見守られながら新たな人生の選択肢をあれこれと評価するのです。この熱気に満ちた刺激的な空間は、その他の学習エリアよりもずっと広いそうです。「ケース22」の被験者は、超越的なエネルギーが時間を変容させて惑星的規模の学習を可能にさせるこの場所自体が一つの世界であると考えています。

❖映画のように未来の自分自身を見る

説明することが難しい領域もいくつかありますが、ほとんどの被験者が人生選択の場について話すことを好み、驚くほど似たような説明をします。

それは魂がいろいろな状況の中で異なった役割を演じている、未来の自分自身を見ることができる映画館のようなものだと言うのです。そして人生選択の場を出るまでに、いくつかの選択肢の中から一つのシナリオを選びます。それは新しい人生の本番前に最後のリハーサルを行うようなものです。

これを説明するために、魂がサポートを受けながら次の人生を選択するプロセスに慣れた、ある男性被験者の事例を紹介しましょう。

ケース25

ニュートン　この世に戻る決断をした後、次に何が起こりますか。

被験者　トレーナーと私がそろそろ計画を実行に移してもいい時期だと判断した時点で、私は思考を送り出します……。
ニュートン　続けてください。
被験者　私のメッセージはコーディネーターたちによって受け取られます。
ニュートン　それは誰ですか。トレーナーであるガイドが転生のすべての手続きをするのではないのですか。
被験者　彼だけではありません。彼はコーディネーターに話をし、彼らがリングで人生の下見をする手助けをするのです。
ニュートン　リングとは何ですか。
被験者　私がこれから行くところです。私たちはそれを「運命のリング」と呼んでいます。
ニュートン　スピリットの世界にはそのような場所は一つだけですか。
被験者　（間があって）いや、ほかにもたくさんあるんでしょうけど、私は見たことがありません。
ニュートン　いいでしょう。では三つ数えたら、一緒にリングに行くことにしましょう。数え終わったら、この経験を細部にわたって思い出すことができますよ。準備はできましたか。
被験者　ええ。
ニュートン　一つ、二つ、三つ！　今あなたの魂は人生選択の場へと向かっていきます。見えるものを説明してください。
被験者　（長い間があって）私は……リングに向かって漂っていきます……それは丸みを帯びた……とてつもなく大きなシャボン玉のようです……。
ニュートン　続けてください。ほかに何か言うことはありますか。

被験者　あそこに……エネルギーが集中し……強烈な光を放っています。私はだんだん……吸い込まれていき……少し暗くなってきました。

ニュートン　怖いですか。

被験者　いえ……怖くはありません……以前にも何度か来たことがありますからね。きっと面白いはずですよ。私のために何が用意されているのか興味津々ですね。

ニュートン　いいでしょう。ではリングの中に入っていくと、最初にどんな印象をもちますか。

被験者　（声をひそめて）いくらか……不安もありますが……リラックスできるエネルギーです。誰かが気遣ってくれているのを感じます……優しい配慮のようなものを……私は一人ではないんです……すぐそばにトレーナーがついているように感じます。

ニュートン　そのまますべてのことを報告してください。次に何が見えますか。

被験者　リングの周囲にはいくつものスクリーンが張られています。私はそれらを見ています。

ニュートン　壁にスクリーンがあるのですか。

被験者　それ自体は壁のように見えますが、実際に硬いものがあるのではなくて……それらはみな……伸び縮みするもので……まわりを取り囲むスクリーンが……ゆらいでいます……。

ニュートン　もっとこのスクリーンについて話してください。

被験者　それらは……まだ何も映っていないので……ガラス板のように……鏡のようにキラキラと光っています。

ニュートン　次はどうなりますか。

被験者　（そわそわしながら）一瞬、私は静けさを感じます……いつもこうなんです……それからまるで誰かがパノラマ映画の映写機のスイッチを入れたようになります。映像に命を吹き込まれたスクリーンは、色や……動きや……光や音で満ちあふれます。

ニュートン さらに続けてください。スクリーンとあなたの位置関係は?

被験者 私は中空に浮かびながら、自分のまわりの人生のパノラマを見ています……多くの場所や……人々や……(陽気に)この都市は知っています!

ニュートン 何が見えるのですか。

被験者 ニューヨークです。

ニュートン ニューヨークを見たいと言ったのですか。

被験者 ここに戻る話をしていました……(夢中になって)おや! だいぶ変わったなあ……ビルが増えて……車も……にぎやかなのは前と同じだ。

ニュートン ニューヨークにはまた後で戻っていきましょう。今はリングでどんなことをしようとしているのかを教えてください。

被験者 私は精神によってパネルを操作します。

ニュートン それは何ですか?

被験者 スクリーン前の検索装置です。たくさんのランプやボタンが見えます。まるで飛行機のコクピットに座っているようです。

ニュートン スピリット世界にもそのようなメカニックな装置があるのですか。

被験者 ばかげたように聞こえるでしょうが、私がやっていることを説明するのに、このようなイメージしか思い浮かばないのです。

ニュートン　そうですか。では、それは気にしないでください。そのパネルでどんなことをするのか教えてください。

被験者　私は心でスキャナを操作して、コントローラーたちが画面上の映像を切り替える手助けをしています。

ニュートン　では、まるで映画館の技師が映写機を操作するようなことをするわけですか。

被験者　（笑って）映写機ではなくてスキャナですよ。いずれにせよ、それらは映画ではありません。私はニューヨークの街角で実際に展開される人生を見ているのです。私の心はスキャナとつながっていて、自分が見ている場面の動きをコントロールしています。

ニュートン　この装置はコンピュータに似たものでしょうか。

被験者　ある意味ではね……それを動かしているのが追尾システムで、これが変換を行っています……。

ニュートン　何を変換するんですか。

被験者　私の命令です……その情報がパネルに表示されるので、私は動きを追うことができるのです。

ニュートン　パネルの前に行って操作をしながら、すべてを説明してもらえますか。

被験者　（間があって）操作を始めました。私が見ているのは……場面のいくつもの点を結ぶ線で……今はそのラインに沿って時間を移動しながら、スクリーン上で移り変わる映像を見ています。

ニュートン　あなたの周囲の場面は常に変わり続けているのですか。

被験者　ええ、そして止まりたい場面があったらラインの点を浮かび上がらせます。

注：旅のラインという用語は、魂の移動を説明するときにも使われました（「ケース14」）。

ニュートン　これらは何のために行うのですか。

被験者　私はスキャニング（精査）をしているのです。これらの停止点は重要な決断……可能性……出来事などを含む人生の旅路の主要なターニングポイントで、時間軸に沿ってその他の選択を考えるにはこれが一番いいんです。

ニュートン　ということは、このラインは時空間の一連の出来事に沿った道すじを描いているわけですか。

被験者　ええ、この軌跡がリングの中でコントロールされて私に伝えられるのです。

ニュートン　あなたは追尾しながら人生の場面をつくりだすのですか。

被験者　いいえ、とんでもない！　私はライン上の時間の流れに沿ってそれらの動きをコントロールしているにすぎません。

ニュートン　このラインについてほかに何か言うことはありますか。

被験者　このエネルギーのラインは……ところどころに前進や後退、そして停止を指示する有色の信号灯が配置された道路のような感じです。

ニュートン　いわばスタートや早送り、停止、巻き戻しボタンで、ビデオテープを再生しているようなものでしょうか。

被験者　（笑って）そんな感じですね。

ニュートン　分かりました。あなたは軌道に沿って移動しながら、場面を精査してどこで止まるかを決めるわけですね。次は何をするのですか。

被験者　スクリーン上の場面を一時停止すればその中に入れます。

ニュートン　本当ですか？　自分がその場面の一部になってしまうのですか。

被験者　そうです。それによって活動に直接アクセスすることができるのです。

ニュートン　どうやってですか。あなたが場面の人物の一人になるのか、それとも人々が動き回っている頭上を魂が浮遊するのですか。

被験者　両方です。私は場面の誰かになって人生を経験することができるし、あるいはもっと別の視点から彼らを見守ることもできます。

ニュートン　今もリングの中で装置の動きを監視しているはずなのに、どうやって操作盤を離れて地球の場面に入っていくことができるのですか。

被験者　あなたには理解しにくいかもしれませんが、私の一部は今でもコントロールを維持していますから、いつでも場面を止めたり進めたりすることができます。

ニュートン　たぶん理解できたと思いますよ。あなたはエネルギーを分けることができるのですね。

被験者　そうです、そして思考を自分に送り返すこともできます。もちろんコントローラーも手伝ってくれていますよ、私がスクリーンを出たり入ったりするときにね。

ニュートン　では基本的に追尾しているときには、時間を前進させたり、後退させたり、停止させたりすることができるわけですね。

被験者　ええ……リングの中ではね。

ニュートン　リングの外に出たときに、スピリット世界の時間は同期しているのですか、それとも先に進んでいるのですか。

被験者　ここでは同期していますが、地上では進んでいるのが確認できます。

ニュートン　魂は運命のリングの中で、時間を道具のように使っているのですね。

被験者　スピリットはみな時間を使います……主観的、主体的に。物事や出来事は動いていて……時間のなかの客観的な対象となりますが……私たちにとって時間は単一のものなのです。

ニュートン　私が時間旅行で矛盾を感じるのは、これから起こるはずのことがすでに起こっていて、たとえば未来の人生の場面に出入りしたら、そこで誰かに宿っている自分の魂に出会うかもしれないということです。

被験者　（謎めいたほほ笑みを浮かべて）コンタクトする瞬間、人間に宿っている魂は待機させられるんです。それはごく短い時間です。だから私たちが時間を追尾しても、人生のサイクルを妨げることはありません。

ニュートン　でも追尾中も、過去、現在、未来が本当は分離していないとしたら、未来の結果も見えているわけだから、選択を考えるために場面を停止させなくてもいいのではないですか。

被験者　たぶんあなたは、リングのコントローラーたちが時間を使う本当の目的が分かっていないのです。人生には依然として条件が付きまとっています。時間の流れは、私たちに試練を与えるためにつくられました。私たちは場面のあり得る結末をすべて見せられるわけではありません。私たちには見えない人生の部分もあるのです。

ニュートン　では、将来の出来事がすべて見えているわけではない人生を見せられるとき、時間は学習を促す手段として使われているのですね。

被験者　ええ、解決を見つける私たちの能力を試すためです。その出来事の難しさに照らして自分の能力を測ることができます。リングは選ぶことができるさまざまな試みを提示してくれます。私たちはこの世でそれらを解かなければならないのです。

ニュートン　リングでは地球以外の惑星の生き物も見ることができるのですか。

被験者　私は地球の時間を追尾するようにプログラムされているので見ることはできません。

ニュートン　スクリーンを通じて時間から時間へとジャンプできるなんて楽しそうですね！

被験者　（にやっと笑って）ええ、刺激的ですよ……それは本当です……でも浮かれているわけにはいかないんです。次の人生のために重大な決断をしなければなりませんからね。人生をうまく乗りきることができなければ、その間違った選択の結果を受け止めなければならないのは自分ですから……。

ニュートン　これから生きようとする人生の一部を実際に経験することができるのに、それでも多くの選択で重大な誤ちを犯すなんて信じられませんね。

被験者　私が選び得る人生の境遇は無限にあります。前にも言ったように、たぶん一つの時間区分内ですべての場面を見ることなどできないでしょう。見えていないものもあるわけですから……。肉体の選択には必ずリスクがつきまとうのです。

ニュートン　あなたの言うように、未来の運命が完全には定められていないとしたら、なぜこの空間は運命のリングと呼ばれるのですか。

被験者　いや、運命はあるんですよ、もちろん。人生のサイクルはちゃんと存在します。ただ不確かな選択肢が実にたくさんあるということなんです。

被験者を広大な人生選択の領域に誘導すると、彼らは円を描いている過去、現在、未来の時間を目にします。このケースではリングと呼ばれているものです。この円の中にスピリット世界の「今」とは違う時間があることを感じとって、魂はこの観察のセッションで共鳴する波に乗り、時間を行ったり来たりし始めます。時間のすべての局面が、成功と失敗の両面の可能性をもつリアリティとして、彼らの前に提示されます。並行するリアリティは互いに重なり合っているので、特に経験が豊富な魂であれば、それらを肉体を伴う人生のさまざまな可能性として見ることができます。

全知なるスピリット世界の一部であるこれらの条件下でも、被験者たちが未来を完全には見通し得ないことが、私には不可解でした。この疑問を解こうとして最後にたどり着いた結論とは、スピリットの世界は「それぞれの魂の利益を守るようにつくられている」ということでした。

一般的に私がワークをする人たちは、まだ転生を続けている若い魂たちです。彼らは非常に遠い未来の重要な出来事をはっきりと見ることができないかもしれません。これらの魂が現在の確実さから遠ざかるにつれて、別のリアリティの可能性が広がっていき、彼らのイメージを曇らせてしまうからです。遠い過去の時間も実質的には同じ属性をそなえていますが、そこには一つだけ例外があります。その魂自身が生きた過去世は、もっと容易に確認することができるのです。これは魂の訓練である一連の行為から、すでに単一のリアリティが形成されていて、それが彼の記憶にしっかり刻み込まれているからです。

第五章の「ケース13」では、過去世の経験が現在の自己発見を阻害しないよう、現在の生に生まれるときに記憶喪失が課せられる実例が示されていました。魂が未来の人生を吟味するときにも同じ条件が存在しています。なぜなのか理由は分からなくても、私たちの多くが「人生には予定された計画がある」と信じています。もちろんそれは正しいのです。記憶喪失がこの計画を完全に意識的に思い出すことを妨げているものの、無意識の心が個々の人生の霊的な青写真や、その記憶へのかぎを握っているのです。

人生選択の場が、魂にある種のタイムマシンを提供し、彼らは幹線道路のほかにも迂回路があることを目にします。これらの道の全貌が魂に明かされるわけではありませんが、彼らはこの道路地図の一部をこの世にもってきます。ある被験者が私にこう言ったことがあります。

「人生で何をしたらいいのか分からなくなったとき、私は静かに座って、これまでいたところをイメージに描き、これから向かいたいところと比べてみるのです。次のステップへの答えは自ずと生まれてきます」。

人生の途上で降りかかることを「神の仕業《しわざ》」として受け入れることは、私たちの存在が一定不変の運命に従属する、霊的な決定論に封じ込められている――ということではありません。あらゆることが予定されているとしたら、私たちの努力には何の価値も意味もないことになってしまいます。ですから私は、不幸に見舞われたときも運命論的な態度で傍観していればよい、その場に変化を起こし現状の改善のために闘わなくてもよいと言っているのではないのです。

人生では誰もがリスクを伴った変わるための機会を経験します。こういった機会は準備ができていないときにやってくるかもしれません。それを生かせるかどうかは別にして、私たちはチャレンジを突きつけられています。自由意思の行使こそ、輪廻転生の目的なのです。この能力がなかったら、私たちはまったく無力な生き物にすぎなくなってしまいます。

このようにカルマ論の言う「運命」が意味するのは、私たちは自分には左右できない偶然の出来事に支配されているのではないということです。これはまた、私たちはカルマから学ぶことができますし、責任は自分にあるということをも意味します。私たちの行為には常に原因と結果の法則が働いていて、だからこそこのケースの被験者は、自分に合わない人生を選ぶという失敗を犯したくはないのです。

しかし人生で何が起ころうと私たちの幸福や苦しみは、神である大霊やガイド、人生選択のコーディネーターの祝福や裏切りの反映ではないということをよく理解しておかなければなりません。私たち自身が自分の運命の主人公なのです。

「ケース25」の対話を締めくくるにあたって、この人物の「次の生では音楽の道で大成したい」という目標が、読者から見ればかなり利己的なものと感じられるかもしれません。彼の音楽家として評価されたいという願望に、より進歩した魂にはあまり見られない過去の埋め合わせの要素があることも確かです。しかしこの魂が、人々に多くのものを与えたがっていることも見えてくるでしょう。

ニュートン　さて、あなたがニューヨークの街で見ていた場面について、もう少し話すことにしましょう。リングに来る前に、地理に基づく選択の準備はしていたのですか。

被験者　ええ、ある程度まではね。前世で私はニューヨークで若くして死にましたが、トレーナーとそのことについて話し合っていました。私はこの活気あふれる都市へ戻って音楽を勉強したかったんです。

ニュートン　仲間たちのことはどうですか。一緒に行ってくれる魂がいるなら、そのことについてもトレーナーと話し合いましたか。

被験者　ええ、もちろん、そのことも含めてです。魂の中には新しい人生を決めるときに、他の人たちの条件についても考慮する者がいるくらいですからね。私は自分が死んだ地点から再出発したい……と前から言っていたんです。トレーナーや友人たちもいろいろ相談にのってくれました。

注：この被験者は前世にロシアの移民としてアメリカにやってきて、一八九八年に二十二歳の若さで鉄道の建設現場で事故死しました。彼の同市への生まれ変わりは一九三七年に起こりました。

ニュートン　どんな内容ですか。

被験者　私たちは「クラシックのピアニストになりたい」という私の夢について話し合いました。私は特別な祝いの席でアコーディオンを弾いていたんです。宴会とか結婚式とかで……。

ニュートン　この経験がピアニストになりたいという動機になっているのですか。

被験者　そうです。ニューヨークの街で氷の配達の仕事をしていたとき、私はよくコンサートホールの前を通りかかりました。そのうちに「いつの日か音楽を勉強して、この大都会で有名になろう！」とそれが目標になったんです。でもとうとうその一歩を踏みだすことができませんでした。

ニュートン　前回リングを訪れたときに、自分がニューヨークで若くして死ぬ光景を見ましたか。

被験者　（悲しそうに）ええ……そしてそれを受け入れました……人生の境遇としてね。それはよい人生でした……ただ短かっただけです。今度は最初からよいスタートを切って、音楽で有名になりたいのです。

ニュートン　地球上のどこでも行きたい場所があれば、申し出てかまわないのですか。

被験者　ええ……それはまったく自由ですよ。希望が提出されると、まず空席があるかないかが調べられます。

ニュートン　つまり、どんな肉体が空いているかということですか。

被験者　そうです、ある特定の地域内のね。

ニュートン　音楽でよいスタートを切りたいと言いましたが、これもニューヨークに戻りたい理由の一つなのでしょうか。

被験者　この都市はピアノを学びたいという意欲をかきたてる最良の機会を与えてくれるでしょう。私は音楽学校がある大きな国際都市を希望していたのです。

ニュートン　パリのような都市ではいけないのですか。

被験者　パリには肉体が見つかりませんでした。

ニュートン　あなたの選択の可能性についてはっきりしておきたいと思います。リングの中で人生を予告する場面を見始めるとき、最初に目にするのは人々ですか、それとも場所ですか。

被験者　私たちは場所の選定から始めます。

ニュートン　分かりました。ではあなたは今、ニューヨークの街並みを見ているわけですね。

被験者　そうです。それにいいですか、私はただ眺めているだけではありません。私はあちこちを漂いながら、レストランの料理の匂いをかいだり……車の警笛を聞いたり……五番街の店の前を通りすぎる人々の後をついていったり……ありありとその場所の雰囲気を感じることができるんです。

ニュートン　この時点で、すでに街を歩いている人たちの心の中に入ることができるのですか。

被験者　いいえ、まだです。

ニュートン　では次に何をしますか。

被験者　他の都市に行きます。

ニュートン　あなたはニューヨークで肉体を選ばねばならないものとばかり思っていましたよ。

被験者　まだそのことは言ってなかったですね。私はロサンゼルスにも、ブエノスアイレスにも、オスロにも行くことができたんです。

ニュートン　これから五つ数えたら、あなたは私との話を続けながらこれらの都市を精査することができます。一つ……二つ……三つ……四つ……五つ！　今やっていることを教えてください。

被験者　私はコンサートホールや音楽アカデミーに行って学生たちの練習を見ています。

ニュートン　学生たちのまわりを漂いながら周囲の状況を観察するだけですか。

被験者　それだけではありません。何人かの学生たちの頭の中に入って、彼らが……どんなふうに音楽を解釈するのかを見たりします。

ニュートン　人々の精神的なプロセスを調べるには、リングのような特別な場所に入らねばならないのですか。

被験者　過去や未来の出来事に関してはそうですね。現在この世にいる人とコンタクトするのなら、スピリット世界のどこからでもできます。

ニュートン　あなたの魂は他の人とどうやってコンタクトをとるのか説明してもらえますか。

被験者　（間があって）軽く……なでるように触れるんです。

注：私たちの多くが個人的に経験しているように、魂はスピリット世界と一時的なこの世との間で、容易にメッセージをやり取りすることができます。しかし、このような一時的なつながりはすぐに壊れてしまいます。魂がこの世で一生を過ごすために赤ん坊に宿ることはさらに難しいのですが、これは「ケース29」の中でもっと詳しく語られています。

ニュートン　今下見をしている人生では、この世は何年ぐらいになっていますか。

被験者　（ためらいながら）今は……一九五六年で、私の候補者のほとんどが十代になっています。この年を起点にして、その前後を調べるつもりです……リングが許すかぎりはね。

ニュートン　要するにリングは、この世の相対的な時間ではまだ生まれていない、いろいろな人たちに実際になってみる機会を与えてくれるわけですね。

被験者　ええ、そうですよ。私に合っているかどうかを確かめるためにね。彼らの才能や両親も含めて（きっぱりと）やっぱりニューヨークがいいですね。

ニュートン　他の都市も十分に注意して見ましたか。

被験者　（気もそぞろに）ええ、調べましたが、あまりよくありませんでした。

ニュートン　ちょっと待ってくださいよ。もしもオスロで音楽を学んでいる学生が気に入ったけれど、住むのはニューヨークにしたいという場合にはどうするのですか。

被験者　（笑って）実を言うとロサンゼルスに見込みのある女の子がいるんですが、実際に住むのはニューヨークのほうがいいんです。

ニュートン　分かりました、先に進みましょう。リングにいられる時間も少なくなってきましたから、あなたが選ぶだろう人生についてもう少し詳しく話してもらえますか。

被験者　私は音楽家になるためにニューヨークに行きます。まだ何人かの候補者の誰を選ぶか迷っていますが、たぶん身体はひ弱だけれど才能には恵まれている少年を選ぶことになるでしょう。彼の肉体には以前の私の肉体ほどのスタミナはありませんが、いくらか裕福でいつも練習をするように励ましてくれる両親がいる点では有利ですからね。

ニュートン　お金が重要なのですか。

被験者　欲が深い……利己的だ……と言われても仕方がないですが、前の生ではまったくお金がなかったんです。美しい音楽を演奏し自分自身や他人に喜びを与えるには、適切な訓練と支えになる両親が必要ですし、そうでないと脇道にそれてしまうでしょう……自分でも分かっているんです。

ニュートン　リングで示された選択肢が気に入らなかったら、もっと他の地域や候補者を見せてくれるように頼めるのですか。

被験者　その必要はありません、少なくとも私にはね。十分に見せてもらいましたから。

ニュートン　ここで少しぶしつけな質問をさせてください。リングで示された選択肢の中からしか人生を選ぶことができないのなら、コーディネーターがすべての持ち札を見せているかどうか分からないではないですか。もしかしたら彼らは、一定の選択をさせるように仕向けているのかもしれないですよ。

被験者　（間があって）そうは思いませんね……これまでに何度もリングに来た経験からすると。私たちは自分が生きてみたい人生のタイプについて決心が固まるまで生まれ変わりませんし、私はいつも自分自身の興味や責任において選択をしてきましたから。

ニュートン　分かりました。ではリングで人生の予告編をすべて見終わったら次は何をするんでしょう。

被験者　コントローラーたちが……私の心の中に入ってきて、今見せられたものに満足しているかどうかを確かめます。

ニュートン　彼らはいつも同じ存在たちですか。

被験者　そうだと思います……記憶しているかぎりでは。

ニュートン　リングを去る前に決断を下すように強いられることはありますか。

被験者　まったくありません。私は決心を固める前にそこから漂い出て、仲間たちのところに戻って相談します。

もちろんリングのような劇場であれば、私たちの惑星以外の世界も見ることができるはずです。地球を訪れる魂の中には、他の世界に転生したことがある者もいることはすでに述べたとおりです。第十章で説明したように、魂たちはスピリット世界の「変容の空間」で啓発とレクリエーションのために、あらゆる形状を使って実験をすることができます。しかし実際にわれわれの世界や他の次元へと転生するには、グループ空間の中心近くに用意されている時空間トンネルと経路を利用すると被験者たちは言っています。（後の「ケー

ス29」の被験者は再誕生のときに、それらの一つを通り抜けるときの感じがどんなものかを説明しています）

多くの人たちが、出入り口は巨大なアーチ状の屋根がついた大都市のターミナル駅みたいだと言います。ある女性はこんなふうにも言っています。

「これらの出入り口は空間の中で周囲よりも明るいか、または暗い中空の穴のように見えます。私には、明るいトンネルは社会活動を活発に営む生き物の世界を意味します。暗い領域はもっと孤独で精神的な密度が低い生き物の居住地へと通じています」。

別の被験者は、明るい入り口に入ったときの様子を次のように語りました。

「私は人間に転生していないときに、よく仲間の魂たちとジェスタの火の世界に行きます。この火山性の大気の中では知性をもつ火の分子になるという、身体的にも感情的にも刺激的な経験ができます。この世で三十五度以上もの温度の中にいることが好きなのはそのためなのでしょう」。

魂が物質的・肉体的にとどまる場所は重要な意味をもちます。「ケース25」の被験者は自分が選ぶ地域は四つの都市に限られていると言っていました。魂が新しい人生を始める前に下見する場面の数は、もちろんそれぞれの訪問のたびに違っています。個々の人生の候補は厳選されたもので、これは私たちが訪れる前に他の霊的な存在が私たちの代わりに、該当する地域の状況を整えているのかもしれません。

人生選択の場で、魂を支援する専門職にたずさわる魂の数は、それほど多くはないように見えます。彼らは被験者たちにはぼんやりとした影のようなものにしか見えませんが、そこには長老の評議会のメンバーやガイドたちがかかわっていると多くの人たちが信じています。

❖ どこに？　誰に？　転生するのか

世界の人口が少なかった人類史の初期の時代には、「全世界の人間が住むところならどこでも転生したものだ」と被験者たちは当時を振り返って言います。やがて村落が出現し古代文明の中心地が栄えるようになると、同じ地域に戻っていくことが多くなったそうです。新天地に移民が大挙して押し寄せる、特にここ四百年ほどは、人生の選択は再び全世界に散在するものになり、人口が爆発的に増えた今世紀に入ると、また以前に住んでいた同じ地域に暮らすことを選ぶ魂が多くなりました。

今日の魂が同じ国々に戻っていこうとする傾向は、人種の違いによるものなのでしょうか。魂は民族意識や国籍の違いに基づいて人生の選択をすることはありません。こういった差別意識は子どものころに教え込まれたものにすぎないのです。長年慣れ親しんだ文化（差別意識とは違います）だけでなく、魂には砂漠や、山々や、海岸に引かれる傾向、また田園生活や都市生活への憧れもあることを忘れてはなりません。

魂は過去世で共に過ごした家族と新たな生活を始めたいので、同じ地理的なエリアに引き戻されるのでしょうか。たとえばネイティブアメリカンのような一部の文化では、魂は家族の血筋の中にとどまると考えられています。死にゆく人はやがて子孫として戻ってくることを期待されます。私の知るかぎり同じ家系に生まれ続ける魂がめったにいないのは、それが成長を阻害したり新たな機会を奪ったりするからなのでしょう。

しかし普通ではないカルマ的な事情によって、前の人生の近親者の肉体に戻ってくる魂について、たまに聞くことがあります。たとえば互いに仲のよい兄と妹がいて、兄がまだ若いうちに急死したとしたら、死んだ兄の魂は壊れた人生の絆を修復し重要な責務を果たすために、残された妹の子どもとして戻ってきたいと思うかもしれません。

私の経験でもっと一般的なのは、生まれてすぐに死んでしまった子どもの魂が、同じ両親の次の子の魂として戻ってくるというケースです。これらの計画は家族の悲劇的な出来事にかかわっていた魂たちによってあらかじめ決められています。こういったことには迷路のようなカルマの問題がかかわっているのです。

最近も、前世で誕生直後に先天的欠損症で亡くなった被験者のケースを扱ったことがあります。私が「生まれたとしても、数日で死んでしまう人生の目的とは何だったのでしょう」と尋ねると、彼は「これは私ではなく両親のためのレッスンでした。だから彼らの心の空白を埋めるために、同じ両親の元に戻ることを選んだのです」と答えました。あまりにも時間が少なくて自分の問題のためには何もできませんが、魂が他の誰かを助けるために短い人生に戻ってくることを、ある人は「埋め合わせの人生」と呼んでいます。

このケースの両親は以前の生で夫婦だったときに、別の子どもを虐待によって死なせてしまったことがあります。彼らはこの被験者の前世では互いに愛し合う若いカップルでしたが、明らかに心から待ち望んでいた子どもが奪い去られてしまうという深い悲しみを経験する必要があったのです。このつらい喪失の苦悩を経験して、この両親の魂は血縁を断ち切られることの苦しみを深くまで洞察することができたのです。後でこのテーマの実例として「ケース27」を取り上げてみましょう。

魂は未来の生の自分の死について、私たちとは違った見方をしています。魂が若死にする人生を選ぶとき、彼らはそれを人生選択の場ですでに見ています。魂は突然の病気で急死したり、誰かに殺されたり、災害や事故で他の多くの人たちと不慮の死を遂げる肉体を、基本的にはあらかじめ自分の意思で選んでいるということが分かりました。こういった悲劇に巻き込まれる魂は、神の怠慢のせいで折悪しく不運に見舞われたのではないのです。魂は明確な動機があってそれらの出来事にかかわっているのです。

ある被験者は前世でネイティブアメリカンの少年として、七歳で死ぬことを予定していたと語りました。「この虐待される貧しい混血少年の人生は、謙虚さを学ぶための短期集中型のレッスンだったのです」。

ほかにも、自分の意思で過酷な人生を生きることを選んだもっと端的な例があります。私の被験者の一人は前世で（魂グループの三人の仲間と）ユダヤ人女性の肉体に宿ることを選び、一九四一年にミュンヘンからダッハウの強制収容所へと連行されました。全員が同じ兵舎に収容され（これも予定されていました）彼女は子どもたちの世話をし彼らの命を守りながら、一九四三年に十八歳の若さで亡くなりました。彼女の使命はこの勇気によって果たされたのです。

選択のプロセスではしばしば、出来事、人種、文化、地理的な場所などが先にくるようですが、これらのことが来世の選択にとって、もっとも重要なことというわけではありません。多くの考慮すべきことがありますが、魂にとって転生でもっとも重要なことは、最終的にどんな肉体を選ぶか、特定の人間の頭脳を利用し何を学び得るのか――ということなのです。

次の章では魂が肉体を選ぶときの多くの生物学的・心理学的な要素を分析することにします。

第十三章　新たな肉体を選ぶ

人生選択の場では、魂は同じ時間サイクル内の一人か、それ以上の候補者の人生を下見します。このエリアを去るときには、ほとんどの魂は自分の宿主として示された候補者の誰を選ぶのか、おおよその心積もりができています。しかしアドバイザーは最終的な決断を下す前に、未来で見たすべてのことをじっくりと振り返ってみる十分な機会を私たちに与えてくれます。この章ではその決断にかかわる多くの要素について考えてみることにします。

実際にはそこに行く前から、どの肉体を選ぶかという検討が始まっています。魂はそうやって、地球上の異なる文化環境に暮らす個々の人たちを評価するための、心の準備を整えているのです。私たちが心の中でそのようなことを考えているので、審査室を管理する魂たちもあらかじめ何を見せたらよいのか知っているのではないかと思われます。

次にくる人生で自分に仕える正しい肉体を選ぶためには、最大限の配慮がなされなければなりません。前にも述べたように、ガイドや仲間のグループメンバーも私たちが人生選択の場を訪れる前から、そしてその後もこの評価のプロセスに加わっています。

被験者が新たな肉体を選びだすためのさまざまな準備について報告しているとき、私はいつもいかにスピリット世界の時間が流動的なものであるかを思い知らされます。教師たちは人生選択の場で、魂が未修得レッスンを学ぶのに適している人間を判別できるように、相対的な未来の時間を利用しているのです。

来世の青写真は、魂が自分に課す困難さの度合いに応じて変わってきます。たとえば前世で安楽な人生を送ったために対人関係であまり進歩が見られなかったら、次のサイクルでは心臓発作に襲われる悲惨な人生を選ぼうとするでしょう。チャレンジのない平坦な人生を過ごした人が、次の生で学習の遅れを取り戻そうと山のような苦労を背負いこむことはよくあることなのです。

生物の頭脳と共に働くとき、魂の心はきわめて不完全なものになります。魂がどんなレベルにあろうと、人間であるかぎり間違いを犯しますし、人生の途中で軌道修正を迫られます。これはどんな肉体を選ぼうと避けられないことなのです。

❖肉体は人生で自分自身に課す試練の重要な一部

魂が人間の赤ん坊の頭脳に宿る決断をするときには、複雑な精神的な要因が考慮されますが、今は肉体の選択における身体的な側面の意義を考えてみましょう。魂はあらかじめ自分がどのような見かけの人間になるかを知っているにもかかわらず、合衆国の全国調査によると、男性と女性の九十パーセントが自分の身体的な特徴に不満を抱いています。これは意識に記憶喪失が起こるからです。社会が理想的な容姿をステレオタイプ化（画一化）するために多くの不幸が生み出されます。でもこれもまた魂の学習プランの一部に含まれているのです。

あなたもこれまでに何度となく鏡をのぞき込んで、こうつぶやいたことがあるでしょう。「これが本当の私だろうか？　どうしてこんな容姿をしているんだろう？　間違った肉体に入ってしまったのではないだろうか？」と……。

人生でやりたかったことが肉体的要因のためにできなくなったとき、この疑問が痛切に胸に迫ってきます。私の元を訪れる被験者の中にも、身体的な欠点のせいで満足のいく人生を送ることができないと信じている人がたくさんいます。多くの障害者たちが、「この遺伝的な欠陥さえなかったら、事故の犠牲になって肉体に損傷を負わなかったら、自分の人生はもっと満足のゆくものになっていただろう」と考えています。

ちょっと心ないように聞こえてしまうかもしれませんが、魂の自由意思によってなされたのではない、肉体の損傷を伴う本当に事故といえる事故は、私が扱ったケースの中には一つもありませんでした。しかし障害のある肉体に生きているからといって、過去世で他人を傷つけたためにカルマのツケを支払っている、ということでは必ずしもありません。次のケースにも示されているように、魂が障害のある肉体に宿るとき、その選択が新たなレッスンを学ぶためになされたということも十分にあるのです。

しかし先日損傷を負ったばかりで、肉体的な障害と付き合うことを余儀なくされている人がやってきましたが、その人に「あなたは健全な肉体や心をもつ私たちよりも、速いスピードで進歩する機会を与えられたのだ」とはなかなか言えません。この理解は自分自身の発見を通じてもたらされなければならないのです。

私は被験者のケースから、身体の障害を克服するのに必要な努力が進歩を加速させることを確信しています。社会の中で障害者のレッテルを貼られている人たちは、その差別のためにいっそう重い負担に苦しんでいます。肉体的な不調や痛みという障害を乗り越えることによって、私たちは試練に対して強くなります。

肉体は私たちが人生で自分自身に課す試練の重要な一部です。私たちがこれらの肉体に対して有する選択の自由は、ほとんどが心理的な要因に基づくもので、それぞれの人間が受け継ぐおよそ十万もの遺伝子によるものではありません。しかしこの章の最初のケースでは、魂にはあまり心理的な理由がないにもかかわらず、肉体的な要因にのみ基づいて肉体を選びたがる理由を示してみることにします。このケースでは、異なる人生で完全に対照的な肉体に宿ることを選んだ、魂の決断の意味を見ていきます。その後で、魂が肉体を選ぶ場合のその他の理由を検証していきましょう。

「ケース26」の被験者は、年中再発する脚部の痛みに悩まされつつもスポーツを楽しむ、長身のプロポーションのよい女性です。準備のための面接で、両脚の大腿骨真ん中あたりに鈍い痛みがあることが分かりました。

この女性は過去何年にもわたって複数の医者に通いましたが、彼らは彼女の両脚の痛みに医学的な原因を見つけることができませんでした。身も心も疲れきった彼女は、楽になるためなら何をしてもいいとさえ思うようになりました。医者が彼女の不調はおそらく心身症的なものだという結論を下したと聞いて、私は苦痛の原因は過去世にあるのではないかと推測しました。

問題の原因を突き止める前に、この女性がどのような動機でこの肉体を選んだのかを確認しようと、いくつかの過去世へと誘導することにしました。人間の身体に宿ってもっとも幸せなときを過ごした人生はいつだったかと尋ねると、西暦八百年ごろにレスという名のバイキングとして生きた時代だと答えました。レスはまさに「自然の寵児」であり、バルト海の航路を経てロシア西部まで冒険の旅をしたときのことを思い出しました。

レスは裏に長い毛皮をつけた外套をはおり、柔らかなぴったりした動物革のパンツと編み上げブーツをはき、金属を打ち延ばした帽子をかぶっていました。斧と重い幅広の剣を携えて、戦闘では楽々とそれを振り回すことができました。被験者は、この赤みがかったブロンドの髪を肩になびかせる、堂々とした戦士の身体に再び入って、かつての栄光の時代を思い出しました。身の丈は六フィートを優に超え、途方もない強靭さをそなえた分厚い胸板と力強い四肢をもった彼は、まさに当時の巨人だったに違いありません。何者にもくじけない忍耐力をそなえたレスは、他のスカンジナビア人たちと共に長い航海をし、大河をさかのぼって奥深い原始林に分け入り、途中の村々で略奪を働いたのです。レスはある村を襲撃している最中に殺されました。

ケース26

ニュートン 今思い出したバイキングのレスの人生で、あなたにとってもっとも大事だったことは何ですか。

被験者 あの堂々とした肉体を経験すること、荒々しい肉体のパワーを感じることです。私は地球で生きるようになってから、ほかには一度もあのような肉体をもったことがありません。この肉体はたとえ傷を負っても痛みに動じないので、私は恐れを知りませんでした。あらゆる面で欠点がありませんでした。一度も病気になったこともありません。

ニュートン レスは何かに心を悩ませることがあったのでしょうか。この生のあなたには、感情的な繊細さがあったのですか。

被験者 (大きな声で笑いだして) 冗談でしょう? そんなものありませんよ! 私はその日その日を生き抜いたんです。十分な戦《いくさ》、略奪、食べ物、酒、セックスがあればよかったんです。あらゆる感情は肉体的欲求の追求に向けられていたんです。ああ、何という肉体だったんでしょう!

ニュートン 分かりました。ではレスの人生が始まる前に、この堂々とした肉体を選んだあなたの判断を分析してみましょう。人生の選択をしたとき、あなた自身がこの遺伝的に優れた肉体を望んだのか、それともガイドが選んでくれたのでしょうか。

被験者　カウンセラーはそんなことはしませんよ。
ニュートン　ではあなたはどのような経緯で、この肉体を選ぶことになったのか説明してください。
被験者　当時の地球で最高の肉体を希望したら、レスという候補が示されたんです。
ニュートン　選択肢は一つしかなかったのですか。
被験者　いいえ、当時の地球に生きていた二人の人物が候補に挙がりました。
ニュートン　あなたの宿主として示された当時の肉体を、いずれも気に入らなかったらどうなっていたでしょう。
被験者　（考え込みながら）示された候補は、いつも私が人生で希望する経験とマッチしていましたよ。
ニュートン　カウンセラーたちはあなたがどんな肉体を希望するのかを分かっているのか、それとも適当に見つくろってくるのかどちらなのでしょうね。
被験者　あらゆることに配慮が行き届いていますよ。カウンセラーたちは何から何まで準備してくれるんです。
ニュートン　カウンセラーもたまには間違えることがあるのではないでしょうか。たくさんの子どもが生まれてくるわけですから、一人の赤ん坊に二つの魂を割り当てたり、しばらく魂のないまま放っておいたり……。
被験者　（笑って）私たちは流れ作業のラインに乗っているのではありません。彼らは何もかもわきまえてやっていると言ったでしょう。彼らはそのような間違いは犯しません。
ニュートン　そうですか。ではあなたの選択に関してですが、人生選択の場で吟味する肉体が二つだけというのは、どういうわけなのでしょうか。

被験者　カウンセラーは私たちの要望を十分に検討してくれますから、それほど多くの候補は必要ないんです。私にはこの二人の候補に引き合わされる以前から、すでに自分が求める身体の大きさや容姿や性別に関してイメージがありました。

ニュートン　あなたが選ばなかったもう一つの肉体はどんなものでしたか。

被験者　（間があって）彼はローマ人の兵士で……やはり私がその人生で望んでいた頑強な肉体をもっていました。

ニュートン　ローマ人の兵士のどこがいけなかったのですか。

被験者　私は……国家の言うなりになりたくなかったんです（頭を左右に振りながら）……拘束されるのが嫌いなんです……。

ニュートン　私の記憶だと、九世紀にはヨーロッパのほとんど全域が神聖ローマ帝国のシャルルマーニュ大帝の支配下におかれていましたね。

被験者　それが兵士人生のつまらないところです。バイキングの私は誰の言うことを聞かなくてもいいんです。自由そのものでした。どんな政府の支配も受けずに仲間と共に沿岸を荒し回ることができたんです。

ニュートン　では自由な生き方もあなたの選択の重要な一部だったのですね。

被験者　一番大切なものですよ。自由に移動し……勇猛果敢に戦い……自分の持てる力を発揮し……行動を制約されない。海や森の生活は厳しさが絶えず続きます。荒々しい人生だったことは確かですが、当時は時代そのものが荒っぽかったんです。誰もが同じようなことをしていたんですよ。

ニュートン　でも他のことは考慮に入れなかったんですか、たとえば性格とか。

被験者　自分自身を肉体的に最大限に表現できるなら、他のことはちっとも気になりませんでした。

ニュートン　あなたに伴侶はいましたか。子どもは？

被験者　（肩をすくめて）束縛されますからね。私は一箇所にじっとしていられなかったんです。多くの女性を自分のものにしましたよ……自分から望んだ女も……望まなかった女も……。この歓びは私の肉体的パワーの誇示をいっそう豊かにしました。私はどんなものにも縛られたくなかったんです。

ニュートン　ではあなたはレスの身体を自分の身体的感覚の純粋な表現として選んだのですね。

被験者　ええ、私はあらゆる身体的感覚を最大限まで経験したかった、ただそれだけなんです。

私は被験者が今まさに自分の現在の問題に働きかける準備ができたと感じました。彼女を超意識から抜け出させ、潜在意識的状態に入らせた後で、彼女に脚の痛みと直接関係がある人生に行くようにと言いました。すぐにもっとも最近の過去世に入って、一八七一年にニューイングランドに住んでいたアシュリーという名前の六歳の少女になりました。アシュリーは満員の馬車に乗っていたときに、扉が開いたはずみで外に転げ落ちたのです。道路の敷石の上に落ちたそのとき、重い馬車の後輪が両膝のすぐ上をひいて骨を折ってしまいました。被験者はこの転落について話しているときに、両脚に鋭い痛みを追体験しました。

地元の医者の手当てを受けて長い間添え木を当てていたにもかかわらず、アシュリーの足の骨は完全には癒えませんでした。彼女は二度と立つことも歩くこともできなくなり、血液の循環が悪くなったために残りの短い人生で繰り返し脚のむくみに悩まされたのです。アシュリーは作家として、また障害を負った子どもたちの教師として充実した期間を過ごしたのち、一九一二年に亡くなりました。アシュリーの人生の物語が終わると、私は被験者をスピリットの世界に連れ戻しました。

ニュートン　あなたの肉体を選択する経歴の中で、この頑強な男性の肉体と障害をもつ女性との間に一千年もの開きがあるのはなぜですか。

被験者　ええ、もちろん、それは私がその間の多くの人生で自分自身についての理解を深めたからです。最終的には、私は知性的な集中力を高めるために障害をもつ女性になることを選びました。

ニュートン　そのために障害者の肉体を選んだのですか。

被験者　そうです。なぜなら歩くことができなければ、読んだり学んだりするしかないからです。私は知力を発達させて……自分の心に耳を傾けました。他に気を散らすことがなかったので、自分の考えをはっきりと伝え上手に書くことを学びました。私はいつもベッドの中にいたのです。

ニュートン　アシュリーにもバイキングのレスにも表れているあなたの魂の特徴のようなものはありますか。

被験者　情熱的な表現を求める気持ちは、どちらの肉体にも共通していますね。

ニュートン　あなたがアシュリーの人生を選ぼうとする瞬間に戻ってもらえますか。この障害者の肉体をどうやって選んだのか教えてください。

被験者　私はアメリカの由緒正しく長い歴史をもつある家族を選びました。学問に専念できるように立派な書斎があって、愛情深い両親に面倒を見てもらえる環境がほしかったのです。私は多くの不幸な人たちと文通をして、よい教師になりました。

ニュートン　あなたはアシュリーの立場から、自分の面倒を見てくれる愛情深い家族に何をしてやれたのでしょうか。

被験者　それにはいつも二つの面がありました……すなわち恩恵と責任です。私がこの家族を選んだのは彼らが惜しみなく愛情を注ぐことができる……自分たちが死ぬまで全面的に依存してくれる人間を必要としていたからです。私が生まれるまでは子どもがいなかったので、とても仲のよい家族になりました。私は彼らが年をとってから、たった一人の子どもとして生まれたんです。彼らは嫁に行かず自分たちを再び孤独にさせない娘を必要としていたのです。

ニュートン　ではある種の取引きだったのですか。

被験者　言ってみればそうですね。

ニュートン　ではこの決定をさらにさかのぼって、あなたの魂が初めてアシュリーの人生を見た、人生選択の場に戻りましょう。あなたはそこで馬車の事故の一部始終を見たのですか。

被験者　ええ、もちろんです。でもあれは事故ではなかったんですよ！　起こるはずのことだったんですから。

ニュートン　あなたが実際にこの世に生まれた後では、その転落は誰に責任があったのでしょうか。あなたの魂の心ですか、それともアシュリーの人間の心ですか。

被験者　私たちは協調していました。彼女は馬車の扉のハンドルをもてあそぶことになっていたし……私はその機会を利用したのです……。

ニュートン　人生選択の場で、アシュリーが転落し怪我をする場面を見たときに、あなたの魂の心にはどんな考えが浮かびましたか。

被験者　この障害を負った肉体を生かすにはどうしたらいいか……と考えました。肉体の怪我のほかにもいくつかの選択肢があったのですが、活発に動きまわる能力をもちたくなかったので、この選択がもっとも気に入りました。

ニュートン　ここで原因と結果について探ってみたいと思います。あなた以外の魂が宿っていたとしても、アシュリーは転落したのでしょうか。

被験者　（弁解するように）私たちはお互いにぴったりだったんですよ……。

ニュートン　それでは答えになりませんよ。

被験者　（長い間があって）スピリットの私でさえ知らない力があるんです。初めてアシュリーを見たとき……もしも私が宿らなかったら……彼女はもっと健康で……長生きし……別の人生を送る可能性もあったことが見えました……。

ニュートン　だんだんはっきりしてきましたね。つまりアシュリーに他の魂が宿っていたら、転落などしなかったかもしれないということですね。

被験者　ええ……その可能性もありましたね……多くの可能性の一つとして……また彼女はそれほどひどい怪我を負わなくて、松葉杖で歩くこともできたかもしれません。

ニュートン　ではあなたは自分が宿っていない健康なアシュリーが、幸せに生きている姿も見たんですか。

被験者　見ました……成長して大人の女性になって……他の人たちと同じように歩き……男性で不幸な経験をし……報われない人生を経験して挫折し……両親は悲しみ……それでも苦労の少ない人生ですよね。（きっぱりと）だめだわ！　それらのコースでは私たちのどちらにもよくなかったでしょう……私は彼女にとって最善の魂だったんです！

ニュートン　あなたがアシュリーの魂として選ばれた後、転落で最初のきっかけを与えたのはあなたなのですか。

被験者　それは……私たち二人ともです……私たちはそのとき一体だったのです。彼女はいたずらをし、馬車の中で飛び跳ねながら、母親がやめなさいと言うのも聞かずに扉のハンドルをもてあそんでいました。そのとき……私には準備ができていたし、彼女も準備ができていたのです……。

ニュートン　あなたの運命はどれほど確かなものだったのですか。あなたの魂がアシュリーに宿った後でも、この馬車の中で起こるはずの出来事を取り消すことができたのですか。

被験者　（間があって）落ちる直前に何かがひらめいたのを覚えています。予定を取り消して転落しないようにすることもできました。でも私の中である声がこう言ったんです。「今がチャンスだ！　もうこれ以上待ってはいけない、ここから落ちなさい、これこそ望んでいたことだ……これが最善の道だ」。

ニュートン　その瞬間を逃すべきではなかったのですか。

被験者　私はアシュリーが年をとりすぎたらまずいと思っていました。

ニュートン　でもこの女の子は大変な痛みと苦しみを味わいましたよね。

被験者　それはひどいものでした。最初の五週間の苦しみは言葉には表せないようなものでした。私はほとんど死にかけましたが、それを耐えることから何かを学んだし、今ならレスの痛みを切り抜ける能力の記憶が助けになっていたことも分かります。

ニュートン　あなたの魂の心は、この痛みがもっともひどかった時期に後悔をしましたか。

被験者　この最悪の試練のなかで意識に入ったり出たりしているうちに、私の心はパワーを獲得し始めたんです。損傷を受けた肉体を乗り越えて、私は痛みをもっとコントロールできるようになりました……ベッドに横たわって……医者たちにはなすすべがありませんでした。自分で学んだ痛みを切り抜ける技は、のちに学問の集中に役立ったし、カウンセラーも巧妙なやり方で私を助けてくれたんです。

ニュートン　ではあなたはこの人生で、歩けないことによって多くのものを得たというわけですね。

被験者　ええ、私は他人の言うことによく耳を傾け、じっくりと物を考える人間になりました。多くの人々と手紙のやり取りをして、スピリチュアル的な着想で書くことを学びました。若い人たちを教え導く能力を身につけ、内なるパワーに導かれているのを感じました。

ニュートン　スピリットの世界に戻った後で、あなたのカウンセラーはあなたがやり遂げたことを誇りに思いましたか。

被験者　大いにね。甘やかされて少しわがままになったとも言われましたが（笑）。それが交換条件だったので仕方がありませんね。

ニュートン　レスの強靭な肉体とアシュリーのひ弱な身体の経験は、現在のあなたに役立っていますか、それともこの両者の間につながりはないのですか。

被験者　私はレッスンを学ぶには、心と身体の調和がどれほど大切かということを認識し、そこから多くのものを得ています。

この被験者が脚を怪我した現世を再び生きているとき、私は過敏さを緩和させる処置を講じました。セッションが終わるときに、前世から引き継いだ脚の痛みの記憶を完全に脱プログラムさせたのです。しばらくしてから、彼女は脚の痛みを感じなくなり、毎日のようにテニスを楽しんでいると言ってきました。

このケースで取り上げた過去世では、二つのまったく異なる境遇において、魂の自己実現のために肉体の選択が大きな焦点になっていました。魂は自分の性格のさまざまな側面を発達させて、さらなる自己表現を求めるのです。多くの肉体を利用し、多様な身体的・心理的な手法が使われるにせよ、そこには常にカルマの法則が働いています。

❖ カルマの埋め合わせの人生

魂が一つの極端な生を選んだら、いずれは進歩を均等にする反対の選択によって相殺されます。レスとアシュリーの人生はカルマの埋め合わせの実例です。ヒンドゥー教徒は、金持ちは遅かれ早かれ魂が適切に進歩するために、貧乏人にならなければならないと信じています。

異なったチャレンジを生き抜くことで、私たちの魂のアイデンティティは強くなっていきます。この「強さ」は誤解されるべきではありません。被験者たちは、人生のレッスンは自分が人間であることを受け入れて、その境遇を甘受することによって学んでいくと言っています。たとえ犠牲者になっても、失敗や拘束に耐えて初めて人生に進歩をしるすことができるのだから、それは利益になっているのです。ときに「いかに過去を手放すか」を学ぶことが、もっとも重要なレッスンの一つになります。

魂は多様な文化的境遇における、この世の肉体の物質的な属性を慎重に考慮しますが、はるかにそれ以上の注意を人間生活の心理的な側面に向けるのです。この判断こそが、魂の選択プロセスにおけるもっとも重要な部分になります。魂が人生選択の場に入る前に、生物学的な肉体の働き方に影響を及ぼす遺伝や環境の要素を十分に考慮しておくことが大切になります。

魂の霊的なエネルギーは宿主の気質が外向的か内向的か、合理主義的か理想主義的か、感情と分析のどちらが優位に立つかといったことに波動的に影響を及ぼすものらしいのです。

このような流動的な影響があるために、魂は来るべき人生で自分に仕える肉体のタイプについて前もって十分に考慮しておかなければなりません。

私が知り得たかぎりでは、魂が次の人生でどのような行動パターンの人間を選ぼうとしているのか、ガイドやそれを管理するマスターたちは知っているようです。この役割を専門的に担っている魂がいるのかもしれません。いずれにしても人生を選ぶ準備をしている魂は、特定の肉体に適合できるかどうかを心配します。

しかし魂が人生選択の場に呼び出されたときに、こういった心配も終わります。

今こそ彼らは自分の霊的なアイデンティティをこの世の人間に合わせなければなりません。次のケースは、なぜ一つの魂が、心理的な理由から何千年も後に正反対のタイプの人間に宿るのか——という疑問に答えるものです。

「ケース27」の被験者の名前はスティーブといって、大きな衣料会社を経営するテキサスの実業家でした。カリフォルニアにバカンスで来ているとき、友人の勧めで私に会いにやってきました。経歴を尋ねていると
き、彼が緊張して極端に用心深いのに気がつきました。キーホルダーをもてあそびながら、不安そうに視線をオフィスのあちこちに投げかけているのです。何か心配事があるのか、それとも催眠にかけられることが不安なのかと尋ねると、「あなたに何かを暴露されてしまうのではないかと恐れているのです」と答えました。

この被験者が言うには、彼の会社の従業員たちは要求が厳しく忠実でなく、彼らからさんざん不平を聞かされるのに耐えられないということでした。彼が二度の結婚に失敗しアルコール依存症になっていることや、最近リカバリープログラムを受けたものの、セラピストが批判的すぎるためにやめたことなどが分かってきました。さらに話を進めるうちに、彼は生後一週間で、母親にテキサスにある教会の入り口階段に置き去りにされ、孤児院で何年か寂しく不幸せなときを過ごした後で、ある年配のカップルに引き取られたのだそうです。この夫婦はしつけに厳しく、「何をやっても喜んではくれなかった」と彼は付け加えました。十代で家を出て何度も法律を犯し、一度は自殺を企てたこともありました。

この被験者は極端に自己主張が強く、権威に対して反抗的であることが分かってきました。彼の怒りは孤独感や自暴自棄な気持ちに根ざしていたのです。スティーブは人生に対するコントロールを失いかけていて、本当の自分を何とかして見つけたいと感じていました。彼が地元でセラピストを見つけて、継続的にカ

ウンセリングを受けるつもりがあるなら、今回だけ特別に、集中的に彼の無意識の心を探ってみてもいいと私は言いました。

このケースが展開するにつれて、スティーブの魂がこの世の人生に対処しながら、人間の身体の中で自分のアイデンティティを保っていることが分かってきます。このような結びつきは被験者たちが催眠下で自分の肉体の選択動機について話すときに、いっそう明確なものになります。

私がこのケースを取り上げる理由の一つは、自分のアイデンティティを見つけようとするときに立ちはだかる困難なバリアー、たとえば幼児期のトラウマのようなものを明らかにすることにあります。幼児期に人格異常を起こす人たちに宿る魂は、意図的に困難な人生を選びとっているのです。この被験者をスピリット世界に誘導し、なぜ彼の魂がこの人生を選んだのか――を調べる前に、彼の幼児期の記憶を再体験しておく必要がありました。

次のセッションの冒頭部分で、被験者は自分の本当の母親に再び出会います。これは私が仲介したセッションの中でもっとも痛切なシーンの一つです。

ケース27

ニュートン　あなたは今、生後一週間の赤ん坊ですが、母親はあなたに最後の別れを告げようとしています。あなたの内側の「大人の心」は何が起こっているのかすべて分かっていますから、自分が赤ん坊であるか否かは関係ありません。何が起こっているのか詳しく話してください。

被験者　（震えだして）私は……かごに入れられて……色あせた青い毛布をかけられ……階段の上におろされ

て……寒いです……。

ニュートン　どこの階段ですか。

被験者　……教会の前です……テキサスの。

ニュートン　階段にあなたを置いたのは誰ですか。

被験者　（ガタガタ震えながら）母親です……私の上にかがみ込んで……さようならと言って……。（泣き始めました）

ニュートン　彼女があなたを置き去りにした理由は分かりますか。

被験者　母は……まだ若く……父と結婚していません……父はすでに結婚しています。彼女は……泣いています……自分の顔に涙が落ちるのを感じます。

ニュートン　彼女のほうを見てください。ほかに何が見えますか。

被験者　（息を詰まらせて）美しい……流れるような黒い髪……私が手を伸ばして口に触ろうとすると……優しく穏やかに……彼女は私にキスをして……ああ、私をここに置き去りにすることがどんなにつらいことか……。

ニュートン　彼女は立ち去る前にあなたに何か言いましたか。

被験者　（やっと聞こえるようなかすれ声で）「ここに置いていくのはあなたのためよ。私にはあなたの面倒を見るだけのお金がないの。私の両親は私を助けようとしてくれないわ。愛しているわ。いつまでも愛しているわ。いつも胸の中に抱きしめているわ」。

ニュートン　次にどうなりましたか。

被験者　彼女は……重いドアのノッカーをとって……動物の彫刻がついているやつです……それでドアを叩

き……誰かがやってくる足音が聞こえ……彼女は去っていきました。

ニュートン　今見たことについて内側の心は何と言っていますか。

被験者　(感情に圧倒されながら) ああ……彼女は私を手放したくなかったんだ……置き去りにしたくなかったんだ……私を愛していたんだ、い、い、い、い、いたんだ!

ニュートン　(私は被験者の額に手を当てて、いくつかの後催眠暗示を与えましたが、その最後のところは以下のようなものでした) スティーブ、あなたはこの潜在意識の記憶を意識的な心で思い出すことができます。今あなたは母親の本当の気持ちが分かりましたし、彼女のエネルギーが今でも自分の中にとどまっていることが分かりました。あなたは母親のイメージを一生ずっと心の中にとどめることができるのです。いいですね?

被験者　ええ……分かりました。

ニュートン　では時間をもっと進めて、自分の里親について感じることを話してください。

被験者　褒めてくれたことは一度もなくて……何をやっても間違っていると言われ……いつも私を意のままに操り批判し……(顔を汗と涙でびしょぬれにしながら) いったいどうしたらいいのか分からなくなり……正直な気持ちを失い……。

ニュートン　(声を大きくして) 何が正直ではないのか言ってください。

被験者　自分を偽るようになって…… (止まる)。

ニュートン　続けて!

被験者　本当は言いなりになっていたんじゃない……いつも腹が立っていたんだ……俺は他人をいじめて……仕返しをしてやるんだ……ほかに何ができる……。

注：さらにいくつかの暗示を与えたのち、私は被験者を潜在意識と超意識の心の間を行ったり来たりさせることにしました。

ニュートン　いいでしょう、スティーブ。では今度はあなたがこの人生に生まれる以前に戻ってみましょう。あなたは別の人生で実母の魂と一緒に過ごしたことはありますか。

被験者　（長い間があって）ええ……ありますよ。

ニュートン　二人の間に何らかの肉体的または感情的な苦痛が介在する人生を、この世で共に過ごしたことがあるのでしょうか。

被験者　（一瞬おいて、両手でいすの肘掛けをつかんで）ああ、何て、、ことだ……そう、だ……やっぱり、そう、だ！　あ、の、女、だ！

ニュートン　もっとリラックスして！　あまり一人で先に進みすぎないでください。三つ数えたら、心の中で見ている人生の、この魂との関係が決定的なものになる場面に入ってください。一つ、二つ、三つ！

被験者　（深くため息をついて）何てことだ……同じ相手だ……肉体は違うが……彼女はそのときも私の母親だったんだ……。

ニュートン　この世の場面に集中してください。それは昼間ですか夜ですか。

被験者　（間があって）まっ昼間です。熱い太陽と焼けた砂……。

ニュートン　熱い太陽と焼けた砂のなかで何が起こっているのか説明してください。

被験者　（とぎれとぎれに）神殿の前に立って……目の前には大群衆がいて……後ろには衛兵たちが控えてい

ます。

ニュートン　あなたの名前は？

被験者　ヘロームです。

ニュートン　ヘローム、あなたは何を着ていますか。手には権威を象徴する黄金の蛇が巻きついた笏《しゃく》をもっています。

被験者　長く白いローブとサンダルです。手には権威を象徴する黄金の蛇が巻きついた笏《しゃく》をもっています。

ニュートン　ヘローム、あなたは何の権威なのですか。

被験者　（間があって）私は司祭長なんです。

注：さらに質問をするうちに、この男性は紀元前二千年ごろに、アラビア半島の紅海に近い地域に住んでいた部族の指導者であることが分かりました。古典期以前の時代には、この地域はシバ（またはサバ）の王国という名前で知られていました。この神殿が泥レンガと石でつくられた巨大な楕円形の建造物であること、月の神にささげられたものであることも分かりました。

ニュートン　あなたは神殿の前で何をしているのですか。

被験者　私は階段の上に立って女を裁いています。自分の母です。彼女は私の前にひざまずいています。私を見上げる彼女の目には哀れみと恐れが浮かんでいます。

ニュートン　どうして哀れみと恐れの両方が浮かんでいるのですか。

被験者　哀れみは、私が権力に溺れてしまっているからです……民衆の日常生活を何から何まで支配しようとして……。恐れは、私が今裁きを下そうとしているからです。私自身もためらっていますが、他人に弱みを見せることはできません。

ニュートン　なぜ母親は神殿の階段で、あなたの前にひざまずいているのですか。

被験者　彼女は貯蔵庫に忍び込んで、民衆に配るために食糧を盗んだからです。今年のこの時期は多くの者が飢えていますが、分配を命じられるのは私だけです。食糧は厳密に分配されなければなりません。

ニュートン　彼女は食糧の分配で違反を犯したのですか。そうしないと、全員が飢えてしまうと考えたのでしょうか。

被験者　（唐突に）それだけではありません……彼女は命令に背くことで私の権威を踏みにじったんです。私は食糧の分配を手段にして……人々を支配してきました。みな私には忠節を誓わねばなりません。

ニュートン　自分の母親をどうするつもりですか。

被験者　（厳しい調子で）私の母は掟を破りました。命を救うこともできますが、見せしめに罰しなければいけません。彼女は死罪にならなければいけないのです。

ニュートン　ヘローム、自分の母親を殺すのはどんな気持ちですか。

被験者　そうするしかありません。彼女にはいつも苦労させられてきました……その地位を利用して民衆の中に不安を呼び起こしたんです。彼女がいるかぎり私は思いどおりに治めることができません。今でさえ、彼女は挑戦的です。私は笏を石段に投げつけて彼女の死刑を宣告するのです。

ニュートン　後になってから、自分の母親を処刑したことを後悔しましたか。

被験者　（声を荒げて）そんなことを考えている暇はなかったんだ……権力を維持するには……。

こうしてスティーブは悲痛な感情が伴う母と子の二つの別れを再び生き直しました。カルマ的なつながりをつくったのは彼ですが、ここで重要なのは彼に「長い歴史を超えて天罰が下って赤ん坊として捨てられた」

といった単純な見方はできないということです。癒しが始まるにはもう一歩前に踏み込まねばなりません。
セッションの次のステージでは、スティーブに魂のアイデンティティを回復させることが主な目的になります。そのために彼をスピリットの世界に誘導しました。どんなケースでも最良の結果を得るためには、被験者をスピリット世界の最も適切なエリアに誘導しなければならないのです。「ケース13」では、オリエンテーションの場に焦点を当てました。「ケース27」では、被験者は人生選択の場から戻った直後の、スピリット世界での時間を生き直すことになります。この状況設定のなかでスティーブに、現在の肉体を選んだ理由や、彼の人生にかかわる他の魂の役割などを理解してもらわねばなりません。

ニュートン　スピリットの世界では、あなたはどんな名前で知られているのですか。

被験者　スーマスです。

ニュートン　分かりました。ではスーマス、私たちは今スピリット世界に再び戻っていますから、初めてスティーブという男を見た直後の時点に行ってみたいと思います。今何を考えていますか。

被験者　あんな恨みがましい男……母親に戸口に捨てられたことをいつまでも根にもって……それに里親になるあの分からず屋たちときたら……私は本気でこんな肉体を選ぶつもりでいるのか？

ニュートン　分かりました。でもその決断についてはしばらくおくことにして、他の展開を見てみましょう。あなたは人生選択の場を出た後で、具体的に何をしますか。

被験者　ときにはしばらく自分自身に戻りたいこともあります。自分が見た人生について友人から意見を聞いてみたいと思います、特にこんな厳しい人生だとね。

ニュートン　まさか、ほかに選べる肉体がないわけじゃないですよね。

被験者　（頭を振って）これを選ぶしかないんです……厳しい選択ですが……。

ニュートン　ところでスーマス、友人たちのグループに戻ったときに、次の人生で彼らの誰かとかかわりをもつかどうか話し合ったりしないのですか。

被験者　ええ、たいていここにいる親しい友人たちが次の人生に来てくれますよ。私も彼らの人生にかかわりをもちますし。たまたまその回に参加できない仲間もいますが、それは大したことではありません。みなお互いと来世についてよく話し合います。ぜひとも彼らの考えを詳しく聞いてみたいものですね。私たちはお互いのことを知りつくしていますから……良いところも悪いところも……かつての成功や失敗も……何に気をつけなければいけないのかも……何から何までね。

ニュートン　実際に人生選択の場に行く前に、あなたが来世でなるだろう人物について、彼らと突っ込んだ話し合いをしたことがありますか。

被験者　ありますよ。でも遠回しな言い方でね。まだ不確定要素が多かったですから。今スティーブを見て、この人生で彼とかかわりをもつはずの人たちとも会って、いろいろと疑問が湧いてきているんです。だからジョーとも話してみるつもりです。

ニュートン　ジョーとはあなたのガイドのことですか。

被験者　そうです。彼は人生を見せられる場所に行く前に、どんな人間になるつもりなのかと、私の考えを詳しく聞いてくれたのです。

ニュートン　分かりました。スーマス、あなたは今人生選択の場から、自分の仲間たちのグループに戻ってきたところです。まず最初に何をしますか。

被験者　私はこのスティーブという男について話します……不幸そのものの生い立ちで……本当の母親がい

なくて……といったことや……周囲にどんな人たちがいるかとか……彼らの計画も含めて……すべてが私たちにぴったり合うに違いありません。

ニュートン　どの魂がどの肉体に宿るかというようなことですか。

被験者　そうです。まずそれを確定しないとね。

ニュートン　魂の割り振りは、まだこの時点で話し合いの余地が残っているのか、それともみな人生選択の場を出た直後に、自分がどの肉体に宿ることになるのか知らされるのですか。

被験者　誰一人、何かを強制されるということはありません。私たちは何をなすべきなのか分かっていますから。ジョーや……他の人たちは、私たちが調整するのを手伝ってくれますし……彼らは最後の仕上げをするために派遣されます……。（深刻な顔になりました）

ニュートン　スーマス、何か心配なことでもあるのですか。

被験者　（あまりうれしくない様子で）今……友人たちが出ていきます……他の人たちがやってきます……ああ……。

ニュートン　他の魂たちと何らかの検討がなされるのでしょう。できるだけリラックスして！　私が合図したら、あなたは起こっていることをすべてはっきりと私に話し始めますよ。いいですか。

被験者　（不安そうに）……はい。

ニュートン　では、どうぞ！　そこには何人の存在がいますか。

被験者　向こうから……四人が……近づいてきますが……その中にはジョーもいます。

ニュートン　一番前にいるのは誰ですか。

被験者　（私の手をつかんで）あれは……イーアンです……彼女はまた……私の母になりたいと言っています。

ニュートン　それはヘロームとスティーブの母親になった魂ですか。
被験者　ええ、そうです……ああ……いやだ、そんなことは……。
ニュートン　どうしたのですか。
被験者　イーアンは……そろそろ意を決して……母親と息子の波乱の人生を始めるべきときだと言っています。
ニュートン　しかしスーマス、あなたはこれを人生選択の場で、スティーブの母親が赤ん坊を教会に連れて行く場面を見たときに、すでに分かっていたのではないですか。
被験者　私はその人たち……可能性を見ましたが……まだそれは……よく考えて検討すべきことで……実際に私ではなかったんです。
ニュートン　今やって来た存在たちはあなたの仲間ではありませんよね。
被験者　（ため息をついて）ええ、一人もね。
ニュートン　どうしてあなたやイーアンは、アラビアでの（彼女への仕打ちの）帳尻合わせの話し合いのために、地球の時間にして四千年も待っていたのですか。
被験者　地球の時間には意味がないし、昨日のことと変わりないですよ、ここでは。私はただヘロームが彼女を傷つけた埋め合わせをする準備ができていなかっただけのことです。彼女は今それを実行に移す状況が整ったと言っているんです。
ニュートン　あなたの魂がテキサスのスティーブの肉体に宿ったら、あなたはカルマの償いをしているとイーアンは考えるでしょうか。
被験者　（間があって）スティーブの人生は罰とみなされるべきではありません。

ニュートン　それが分かってよかったですね。では、どんなレッスンを習うべきなのでしょうか。
被験者　肉親に……見捨てられること……「強いられた別れとは何か」を感じることです……。
ニュートン　母と息子の絆を自らの意思で断ち切るということですか。
被験者　ええ……捨てられる立場を味わうことです。
ニュートン　スーマス、イーアンには去ってもらって、他の存在に前に出てもらいましょう。
被験者　（苦しそうに）イーアンは……ジョーのほうに漂っていき……次に前に出てきたのは……ち、ち、ちくしょう、……テ、テルーとカ、カリシュだ！（いすの中でもがきながら両手を前に突き出して、二人の魂を追い払おうとします）
ニュートン　彼らは誰ですか？
被験者　（早口で）テルーとカリシュはスティーブの……私の里親になることを申し出たんです。彼らはよくペアで活動しています。
ニュートン　では、何が問題なのですか。
被験者　こんなにすぐに彼らと会いたくはなかったのです！
ニュートン　もうちょっとゆっくりお願いします、スーマス。彼らとは以前にも一緒になったことがあるのですか。
被験者　（まだぶつぶつ不平を言うように）ええ、ええ！　でも、彼らと一緒にいることは私には非常にきついんです……特にカリシュはね。あまりにも早すぎます。彼らはドイツの人生で義理の親だったんです。

注：数分間脇道にそれて、スーマスは家族を顧みず、実力者である妻の両親から軽蔑されている高い地位の陸軍将官だったヨーロッパでの過去世について簡単に説明しました。

ニュートン テルーとカリシュには、テキサスの里親の役を引き受けるだけの能力がないのですか。

被験者 （諦めたように頭を振りながら）いいえ、彼らは自分の役を立派にこなすことができますよ。ただカリシュが相手だと、いつも決まって散々な目に遭わされるということです。彼女は口うるさくて注文が厳しく、冷たい人物を選びたがるんです……。

ニュートン 彼女は人間の肉体にいるときはいつもそのような態度をとるのでしょうか。

被験者 いや、私にはそういうスタイルであたるんです。カリシュは安易に他人と協調するような魂ではありません。自立的でいつも断固とした態度を示すのです。

ニュートン 里親としてのテルーはどうですか。

被験者 厳格ですが……カリシュにリードを許し……あまりにも超然として……感情を表に出さず……今回は彼らに本気で反抗してやりますよ。

ニュートン いいでしょう。でも、彼らはあなたに何かを教えるつもりなのではありませんか。

被験者 ええ、きっとそのつもりだと思いますが、まだその点については議論をしていて、ジョーとイーアンは賛成しています。

ニュートン この話し合いでは次に何と言うつもりですか。

被験者 私はイーアンに里親になってもらいたいのです。彼らはみな私のことを笑っています。ジョーは私の説明をまともに聞こうとはしません。彼は私がイーアンと親しいことを知っているのです。

ニュートン 彼らはあなたのことをからかっているんですか、スーマス。

被験者 いやいや、けっしてそういうことではありません。テルーとカリシュは、私が彼らの助けを借りて自分の弱点にアタックしないことに、疑問を投げかけているんですよ。

ニュートン　そうなんですか。私はてっきりこれらの魂がグルになって、あなたにテキサスの赤ん坊に宿る決心をさせようとしている――と、あなた自身も受け取っているのではないかと思いましたよ。

被験者　ここではそんなふうに事は運ばないんです。私たちは、私が次の人生に抱いている疑念について話し合っています。

ニュートン　でも、あなたはテルーとカリシュが嫌いだったはずでしょう。

被験者　彼らは私のことをよく知っています……私には厳格な人間が必要だし、そうでないと相手の存在を踏みにじってしまうということを……。ここにいる誰もが私には自分を甘やかす傾向があることを知っています。彼らは自分たちのいない気楽な人生では、進歩はなく現状維持にしかならないと私を説得しています。彼らはいずれもとても厳格なのです。

ニュートン　もうすでに、彼らと一緒にテキサスの人生を選ぶ決意を固めているような言い方ですね。

被験者　（考え込みながら）ええ……彼らは子どもの私にたくさんの要求を突きつけるでしょう……カリシュは皮肉屋だし……テルーは完全主義者だし……私はイーアンを失って……ひどい目に遭うに違いありません。

ニュートン　テルーとカリシュはあなたの両親の役を演じることで何を得るのでしょうか。

被験者　カリシュとテルーは私とは別の枠組みにいます。私は彼らのやることにあまり頭を突っ込むべきではありません。彼ら自身の厳格さとかプライドに打ち勝つことが問題になっているのです。

ニュートン　この世にいるときでも、あなたの魂の心は自分に好ましい、または好ましくない影響を与える人たちが、なぜ自分の人生で重要なのか常に分かっているのでしょうか。

被験者　ええ、分かっていますよ。でも、だからといってこの人生で宿ることになるスティーブが、「私の魂が知っていること」を知っているということではありませんよ。（ほほ笑んで）だからこそ私たちはこの世で答えを見いださなければならないのです。

ニュートン　私たちが今やっているようにして――ですか。

被験者　そうです……私はあなたの助けを借りているから、いくらかごまかしているともいえますが、まあそれもいいでしょう、この機会を利用しても。

魂自身は本当の自分が分かっているのに、私たち人間は意識的な心を通じてそれに到達することが難しいのです。それは一つの謎のようにも思われます。以上のように読者の皆さんも超意識的な状態にあるときでも、私たちは自分の意識的な知性の批判的な中枢の一部を通じて、自分自身を監視する能力を有していることを分かっていただけたでしょう。心のあらゆる局面を関連づけて、被験者が自分の内なる自己に到達できるように支援することが、私の催眠療法のワークの最も重要な部分なのです。

私はスティーブに、自分の魂を理解することによって、自分の行動の真の動機を洞察してほしかったのです。以下に続く対話のなかで、なぜスーマスがスティーブの肉体に宿ったのかがさらに明らかになってきます。ジョー、イーアン、テルー、カリシュとのスピリット世界での話し合いも終わって、スーマスをこの事柄について話し合うためにスピリット世界の静かな環境へと誘導しました。

ニュートン　スーマス、あなたの魂としての本当のアイデンティティが、自分が宿った人間たちにどれぐらい反映されているのか話してもらえますか。

被験者　大いに反映されていますが、肉体はそれぞれ違っています。（笑って）理想的な肉体と魂の融合なんて、めったに起こりませんよ。もちろんほかよりも気に入っていた肉体もいくつかありますけどね。

ニュートン　魂は支配的なのか、それとも人間の頭脳に従属しているのかどちらなんでしょうか。

被験者　それぞれの肉体によって頭脳も微妙に違っているために……その肉体を通じて自分を表現する仕方も違ってきますから、答えるのは難しいですね。人間は、私たちが宿っていなかったらまったく空っぽです……それでも私たちはこの世の肉体を、敬意をもって扱いますけどね。

ニュートン　人間は魂がなかったらどんなふうになると思いますか。

被験者　そうなったら感覚や感情に支配されているでしょうね。

ニュートン　しかも人間の頭脳によって、あなたの反応の仕方も違ってくるということですね。

被験者　そう、今の私にとって……ほかよりも扱いやすい肉体というものもあります。いつも完全にその人間に結びついていると感じるわけではありません。ある種の肉体的な感情は圧倒的で……私にできることは少ないんです。

ニュートン　スティーブの気質が示す高いレベルの怒りなど、たぶんこの肉体の主要な神経系から影響を受けているのでしょうね。

被験者　ええ、そういったものは遺伝によって受け継ぐのです……。

ニュートン　でもあなたはスティーブがどんな人間なのか、彼の肉体を選ぶ前から分かっていたのではないですか。

被験者　（うんざりしたように）まったくそのとおりです、私はいつもそうやって悪い状況をよりいっそう悪いものにしてしまうんです。私は人間の心が平穏なときしか解釈することができないのですが、それにもかかわらず私は激しい感情をもった人間になりたがるんです。

ニュートン　解釈するとはどういうことですか。

被験者　考えを解釈して……スティーブが混乱にどう反応するのかを読み取るのです。

ニュートン　正直に言って、スーマス、あなたはスティーブの身体の中で、まるでよそ者のように振る舞っていますね。

被験者　そういう印象を与えるのだとしたら残念なことです。私たちは人間の心をコントロールしません……私たちは自分の存在によって……彼らの心を高揚させ……世界の意味を理解して道徳に受容的になれるように……理解をもたらすようにしています。

ニュートン　それはけっこうなことですが、あなたは人間の肉体を自分の進歩のためにも使っているわけでしょう。

被験者　もちろん、それは……両方が混じり合っていて……自分のエネルギーを通じて与えるとともに受け取ってもいるわけですけどね。

ニュートン　自分のエネルギーを宿主に合うように調整しているということですか。

被験者　それぞれの肉体の感情的な傾向に合わせて、異なった表現の仕方を選んでいると言ったほうがいいでしょうね。

ニュートン　もっとはっきりと言ってください、スーマス。今この時点で、あなたとスティーブの頭脳との間には何が起こっているんですか!

被験者　私は自分が……埋没してしまい……ときどきエネルギーが枯渇して極度の否定性に対応できなくなっているのを感じます。

ニュートン　ヘロームやスティーブや、途中で生きたその他の人間の肉体を振り返ってみたとき、それらにはあなたを引きつける共通の特徴があったと思いますか。

被験者　（長い間があって）私は接触を求める存在です。他人と攻撃的なまでのかかわりを……もとうとする人間になりたがるんです。

ニュートン　攻撃的という言葉を聞くと、私には表現性とは反対の暴力性のようなものを感じるのですが。あなたはそういうことを言おうとしているのでしょうか。

被験者　（間があって）いや、私は他人に影響を与える人間に引かれるんです……そう、精力的とも言えるほど……全力を挙げて……。

ニュートン　あなたの魂は他人を支配することを楽しんでいるのでしょうか。

被験者　「支配」とはちょっと違いますね。私は周囲の人たちと深くかかわろうとしない人間を避けたいのです。

ニュートン　スーマス、この世に生きている魂に指図しようとすることは、支配とは違うのですか。

被験者　（返事がありません）……

ニュートン　ジョーはあなたの人間関係について何と言っていますか。

被験者　ええと……重要な地位にある人間を権力によって操ろうとしている。社会的・政治的な集団の指導者になりたがっている……と。

ニュートン　ではあなたは穏やかで控えめな人間の肉体には入りたくないわけですね。

被験者　絶対に嫌ですね。

ニュートン　（一歩踏み込んで）スーマス、あなたは権力を乱用するアラビアのヘロームに宿っていたときに歓びを感じていたし、テキサスで雇い人たちにつらくあたるスティーブにも満足を感じているのではないですか。

被験者　（大声で）違う、それは嘘だ！　権力で押えつけなかったら、事態が手に負えなくなってしまうことはよくあるんだ！　いわばそれはこの世の常なんだ。私だけが悪いんじゃない。

ニュートン　ヘロームとスティーブのいずれも、あなたの魂が宿ることでさらにその行いが極端になったということはないですか。

被験者　（重苦しく）自分がうまくやれていない……ということは分かっている……。

ニュートン　いいですか、スーマス。私があなたを悪い魂だと思っているのではないことは分かってください。でもたぶんあなたは人間の権力の罠にすっかりはまってしまい、今や社会との軋轢に苦しむ人間になってしまったのです。

被験者　（動揺して）あなたの言うことは、まるでジョーが言っているかのようだ！

ニュートン　スーマス、わざとそうしているわけではありませんよ。たぶんジョーはあなたの内側で何が起きているのか理解させるために、私たち二人を助けているのです。

被験者　たぶんね。

スティーブと私は彼の魂とのコンタクトを確立した創造的な段階に入りました。私は彼の意識的自己と無意識の自己との間に張られた弦をさらにきつく張りつめながら、この被験者をあたかも二人の人間であるかのように扱いました。この二つの勢力をさらに近づける暗示を与えたのちに、最後にいくつかの質問をして、このセッションを閉じることにしました。彼の心がさまよわないようにして、彼の記憶が乖離しないようにすることが重要でした。私は、反応を促すために問い詰めるような質問の仕方をし、答えのテンポを速めるために早い口調で話しました。

ニュートン　スーマス、あなたがスティーブの肉体を受け入れた本来の理由を話してもらえませんか。
被験者　それは……他人に指図したい……いつも他人の上に立ちたい……という欲求を乗り越えるためです。
ニュートン　あなたの魂のアイデンティティと、スティーブの人生が向かっていく方向とは相容れないものですか。
被験者　私は彼の指導的地位を確保するために闘いながらも、同時に自滅的になって逃避的な衝動を抱く部分が好きではありません。
ニュートン　それがあなたにとって矛盾であるとしたら、どうしてそれが存在しているのでしょうか。
被験者　……生い立ちや……悲しみや……（止まる）。
ニュートン　私は今誰と話しているのですか？　スーマス、どうしてあなたは自分自身でもあるスティーブを助け、イーアンに捨てられた屈辱や、テルーとカリシュに愛されなかった子ども時代の怒りを克服しようとしないのですか。
被験者　……私は今では大人だし……他人の好きなようにさせないし……もはや誰も私のことを傷つけられないんだ。
ニュートン　スーマス、今あなたとスティーブが一つの知性として話しているのなら、なぜあなたの生き方がこれほど自滅的なのか知りたいですね。
被験者　（長い間があって）それはこの世の権力を、本能的な自己防衛のために使うことが……私の弱さだからです。
ニュートン　他人を完全に支配しなかったら、子どものときのような扱いを受けると思っているのではないですか。

被験者　（怒りながら）ああ、そのとおりさ！

ニュートン　自分の選んだ肉体が十分な成果を出してくれなかったら、魂であるあなたはどうしますか。

被験者　そのときは……協調しないまでですよ……。

ニュートン　分かりました。で、それはどのようにするのですか。

被験者　適当に……サボるんです。

ニュートン　肉体が感情的な混乱によって、魂をも威嚇するからですか。

被験者　そう……だから殻に閉じこもればいい。

ニュートン　なるほど、そうやって回避していたら、この世で学ぶべき主要なレッスンのことも忘れていられるわけですね。

被験者　ええ、まあね。

ニュートン　スティーブ、あなたの里親はずいぶん厳しかったようですね。

被験者　ええ。

ニュートン　今ならその理由が分かりますか。

被験者　（間があって）他人に一から十まで指図される気持ちを経験させるためです。

ニュートン　ほかに？

被験者　……欠点を克服し……健全になってもらうため。（苦々しく）いや、分からない……。

ニュートン　分かっているはずですよ、スティーブ。周囲の人々に八つ当たりする自分の傷ついた自己について話してください。

被験者　（しばらくためらったのちに）幸せなふりをしているんです。酒を飲んだり他人をいじめたりしながら自分の感情を隠しているんです。

ニュートン　この隠すことをやめて、本気で仕事に取り組みたいと思いますか。

被験者　ええ、思います。

ニュートン　自分は本当に何をしたいのでしょう。はっきり言ってください。

被験者　（涙を浮かべながら）私は……私も魂も、他人に敵対したくないのですが……誰にも知られない人間……相手にされず尊敬されない人間に……なってしまいたくないのです。

ニュートン　その二つの欲求の板ばさみになっているわけですね。

被験者　（穏やかに）ええ、人生は苦痛に満ちています。

ニュートン　これは偶然だと思いますか。

被験者　いいえ、そうではないと思います。

ニュートン　スティーブとスーマス、私が言った後に繰り返してください。「私は、イーアン、テルー、カリシュが、私のためによかれと思って与えてくれた痛みに報い、自分が本当になりたいアイデンティティになることで、自分の人生とうまく付き合っていきます」。（被験者は私の前で三度この言葉を繰り返しました）

ニュートン　スティーブ、これから本当の自分を表現し、責任をとって進歩するために何をするつもりですか。

被験者　（何度か口ごもったのち）もっと正直になることを学ぶつもりです。

ニュートン　そして自分は社会の犠牲者ではないと信じることですね？

被験者　はい。

このセッションは、私がスティーブの「本当の自分とは誰か」「人生の使命とは何か」という理解を助けることで終わりました。私は彼が解放されて社会に貢献できる、価値ある人間となる手助けをしたかったのです。私たちは彼の愛や恐れに基づく選択について、何度も自分自身と接触をもつ必要性について話し合いました。彼が憤りや親密さの欠如に対処する基盤を築くことができたと私は感じました。

スティーブには継続してカウンセリングを受けるように念を押しました。およそ一年後、彼は順調に回復しつつあること、自分の中の失われた子どもを見つけたことなどを手紙に書いてきました。彼は過去の過ちは失敗ではなくて、進歩のための手段だった、ということに気がついたのです。

「ケース27」は私たちが自分に課した厳しい責務が、しばしば子ども時代に始まることを示しています。魂が家族の選択を重要視するのはこのためです。私たちは誰でも、この人生に生まれる前に、「特定の両親の子どもになることを自由意思によって選ぶ」という考え方は、一部の人たちには受け入れがたいかもしれません。普通の人は自分の両親からの愛情を経験してはいても、その多くが肉親から与えられるべき保護を与えられなかったという、未解決の痛みに満ちた記憶をもっていることもまた事実なのです。大人になるころには、自分はたまたま両親や家族になった人間の犠牲者なのだと考えるようになります。この推測は間違っています。

被験者が、自分はどれだけ家族の行いに苦しめられたかと語るとき、私はまず彼らの意識的な心にこう尋ねることにしています。

「もしも子どものころにその人に出会うことがなかったら、今のあなたからはどのような理解が欠けていたでしょうか」

すぐには分からないかもしれませんが、その答えは私たちの心の中にあります。私たちが家族や友人たちの中で育つことには霊的な理由がありますし、それは大人になってから知り合う定めの人たちがいるのと同じことです。

❖ 魂はどのようにして、人生で一体となるべき人物を選ぶのか

霊的な自己を知ることは、私たちが両親、きょうだい、配偶者、親友などと共に生きている、その理由を理解することなのです。身近な人から痛みや喜びを与えられるとき、そこには何らかのカルマ的な目的があります。ここで覚えておくべきことは、私たちは自分自身のレッスンを学ぶためだけでなく、他人の学びのドラマの中でも役を演じるために、この世にやってきているということです。

惨めな境遇のなかで生きているために、スピリット世界が神の慈しみの源泉であることを疑う人たちがいます。でも霊的に深いつながりのある存在たちが、事前の同意の下に愛憎関係を含む人間の生において、互いに大きな役割を演じ合うことは究極の慈しみにほかなりません。これらのレッスンで逆境に打ち勝てれば、未来の生では、不愉快な人間関係を繰り返さなくてもよいかもしれないのです。

こういったこの世の試練を生き抜けば、私たちはさらに理解が高まった状態で次の生を迎えられますし、魂としてのアイデンティティも深まっていくでしょう。トランス状態にある人は、自分の魂のアイデンティティと人間の自我《エゴ》をはっきりと区別することができないかもしれません。魂が宿らない人間の性格には、五感と生存のための基本的な衝動以上のものがないとしたら、魂こそ私たちの人格のすべてではないでしょうか。要するに、たとえば嫉妬心を抱く人間のエゴと嫉妬していない魂の両方をもつことはできないということです。

しかし私が扱ったケースによると、実際の魂のアイデンティティと、宿主の肉体に特有の性格が表面化してきたものとの間には、微妙な違いが認められます。「ケース27」ではヘロームとスティーブの人格の間に

は類似点とともに相違点も見られました。不変の魂の自己が、人間の気質を決定する最大の要因なのでしょうが、私たちは肉体が違えば異なった方法で自分自身を表現するのかもしれません。

被験者たちの魂は、おそらくある特定の成長を達成するために、自分の性格的な欠点と人間の気質とが一致する肉体を選ぼうとしているようです。極端に慎重で不活発な魂が、ある人生では穏やかでかなり控えめな人間の宿主を割り当てられるかもしれません。この同じ魂が、別の人生ではもっと大きなリスクを冒すようにと勧められて、興奮しやすく攻撃的な肉体のタイプに宿ることで、自分の自然な性格とは反対の個性を伸ばそうとするかもしれません。

魂は人生で、人間の脳細胞と魂の知性的なエネルギーの共生を通じて、精神的恩恵を与えもするし受け取りもします。永遠の意識が呼び覚ます深い感情が人間の感情と結び合わされて、一つの性格として表現されること、これが自然な状態です。人生の経験に応じて、そのたび自分を変える必要はなく、それらの出来事に対する否定的な反応だけを変えればよいのです。アジアの仏教徒たちは、「光明とは絶対的な魂の自我が相対的な人間の自我に反映されて、それが人生に実現されるのを知ることだ」と言っています。

平均的あるいは進歩したレベルの魂を扱ったもっと前の章で、私は魂の成熟度を示す実例を示しました。魂は宿った肉体の中で自我のパターンを描き、それが肉体活動に重大な影響を及ぼすと考えています。しかし行動の特徴にのみ基づいて、性急に魂の成熟度を測ることは危険です。次の人生のために現在の人生では、エネルギーを温存しているということもあるでしょう。ある深い理由から、実際には進歩している魂が、否定的な性格を選ぶこともあるかもしれません。

私たちは魂がどのようにして、ある人生で一体となるべき人物を選ぶのかを見てきました。でも一体になったからといって、完全にその肉体をコントロールできるわけではありません。極端なケースでは、分裂した人格が内側で葛藤を起こして、現実に対して乖離した反応を示すかもしれません。これは魂が全面的には人間の心を統御し統一することができないことの証なのではないかと感じます。

魂が不安定な人間の肉体がもつ感情に埋没して、死を迎えるころには汚染されているケースにも言及しました。肉体の衝動にとりつかれたり、人生の感情の浮き沈みに流されていると、この表面的な自己によって魂が堕落してしまうかもしれません。

歴史上の偉大な思想家たちの多くが、魂は人間の肉体と完全に一体にはなり得ないし、人間は二つの知性をもっていると信じました。人間の観念や想像力は魂から発せられるものであり、それは人間の頭脳に対して触媒として働いていると私は考えています。

魂がない場合の人間の理知的な能力を推測することは不可能ですが、魂が人間と結びつくことで、洞察や抽象的な思考がもたらされるのだと感じます。魂は人間に量ではなく質を、遺伝的な条件や境遇を乗り越える主体性をもたらしていると見ています。

人間の頭脳が、魂とはまた別の未熟な知性や手先の器用さを含む、多くの生物学的な特質をもっているとするなら、肉体の選択に関してある重要な疑問が生じます。魂は自分の進歩に見合った知的能力をもつ肉体を選ぶのでしょうか。たとえば、進歩した魂は知性が高い人間の頭脳に引かれるのでしょうか。私の被験者たちの学問や研究の分野での実績を見るかぎり、未熟な魂は知性的能力が低い肉体に引かれやすいという以上の相関関係を見いだすことはできません。

哲学者のカントは「人間の頭脳は意識の働きにすぎず、真の知識の源泉ではない」と書いています。どんな肉体を選ぶにせよ、魂は人間の心を通じて自分の個性を表現しているようです。

高い知性をもっていても、新たな状況に対応する姿勢がなく、世の中のことにほとんど興味を示さない人もいます。これは若い魂の表れであるように私には思えるのです。気分にムラがなく、知識や能力の大半を人類の進歩を手助けするために用いている人がいたら、彼にはきっと進歩した魂が宿っていると私は推測します。エゴの要求を乗り越えて個人的な真実を追求している魂なのです。

新しい人生が始まるたびに、魂は別の肉体の中で最初から自分の真の自己を探さなければならないということは大きな負担のようにも思えます。しかし、人間の窮状に無関心ではないスピリット世界のマスターたちから、この記憶喪失の暗闇に一条の光が差し込まれます。

この世でソウルメイトを見つけだし、人生選択の場で見たこの世の多くの局面を記憶にとどめるように、来世に向かう直前に魂にはある「巧妙なかたち」の指導がなされます。それがどのようになされるのかは次の章で見ていくことにしましょう。

第十四章　旅立ちの準備

魂が新しい人生と肉体の選択から派生する身体的・心理的な問題について、ガイドや仲間たちとの相談を終えると、転生の決断が下されます。しかし、そこで直ちにこの世に向かうわけではなく、ある重要な準備をしなければならないのです。

人生選択の場から戻ってきた魂が、次の生で宿るべき人間の最良の候補を決めるだけでなく、なぜその決定に関与する来世のドラマの共演者たちと調整を図らねばならないのか――私は今ならよく理解できます。人生を巨大な舞台で演じられる芝居にたとえるなら、私たちはそのドラマで主役を任された男優や女優たちです。私たちの芝居における振る舞いのすべてが台本中の他の脇役たち（脇役なのは、彼らは自分ではないからです）に影響を与えます。芝居の進行中に（自由意思の結果として）台本が書き換えられるために、私たちは彼らの役をも変えてしまいますし、彼らも私たちの役を変えてしまいます。

そして人生の舞台上で私たちと密接なかかわりをもたない魂たちは、それぞれに重要な役割を担っている裏方にあたるわけです。

❖ いかにしてソウルメイトを見つけるか

いかにしてソウルメイトやその他の人生で重要な役割を演じる人々を見つけるか、ということが私のところに退行催眠を受けにやってくる多くの被験者たちの主な関心事です。

結果的に被験者の多くが超意識を通じて自分自身の質問に答えることができるのは、これらの魂を見つけることが、彼らの旅立ちの準備の一部に含まれているからです。魂がこの目的のために赴く場所は一般的に「確認の場」または「確認のクラス」と呼ばれています。

ここでの活動は卒業試験の最後の追い込みのようなものだと聞いています。その結果として被験者たちも、自分の魂がこの世に戻る通路に入る直前に起こる、この霊的な補強の局面を「予習クラス」という言葉を使って説明しています。次のケースではこの経験が語られています。

確認のクラスで行われることの背景にある目的をはっきりと理解するためには、おそらくソウルメイトという言葉を定義しなければなりません。私たちの多くにとって、自分にもっとも身近で最愛のソウルメイトは配偶者でしょう。しかしこれまでのケースでも見てきたように、その他の家族や親友も人生で大切な役割を果たしています。彼らが私たちと共にこの世で過ごす時間は、長いかもしれないし短いかもしれません。問題は、彼らが生きている間に私たちに及ぼす影響です。

複雑な問題を単純化しすぎてしまう危険性もありますが、私たちの関係はいくつかの一般的なカテゴリーに分けることができます。第一に、お互いに相手がいなくては生きていけないほど深い愛情が伴っている関係があります。精神的にも肉体的にもお互いに強く引かれているので、いずれのパートナーも自分たちの出会いは運命的なものだと感じています。第二に、仲間意識、友情、互いへの敬意に基づく関係があります。最後に、これも人生に不可欠の大事な要素を付け加える日常的な人付き合いの関係があります。このようにソウルメイトは多くのかたちを取り得るわけですが、これらのカテゴリーに入る人たちとの出会いは、ロシアンルーレットのような偶然の産物ではありません。

ソウルメイトはさまざまな状況で互いに相手を支え合い、お互いが共通の目標を達成できるように互いを助け合う選ばれた仲間なのです。友人や恋人に関していえば、自分と気心が通じる魂の確認は最高の意識からやってきます。それは肉体的にも精神的にもすばらしく神秘的な経験です。

さまざまな見かけの肉体に宿っている（スピリット世界でも知っていた）存在との出会いは、喜ばしいものにも幻滅させられるものにもなり得ます。人間関係から学ぶべきレッスンとは、自分の幸せを全面的に他人に依存しようとせず、ありのままの相手を受け入れるということです。

私のところにやってきた被験者の中には、結婚生活やパートナーとの関係であまりにも混乱や傷つけ合いが多いため、「自分はソウルメイトと一緒にいないのではないか」と考える人たちがいます。彼らは、互いに相手に困難な課題や感情的な苦痛に満ちた関係を突きつけ合うカルマのレッスンこそ、意図的に選択された人生の試練であることを理解することができません。それらは往々にしてかなり困難な試練になります。

それぞれの状況は違っても、人と人との関係は私たちの人生のもっとも重要な課題です。時間と場所が一致して自分の人生に意味をもたらす人物と初めて出会う経験は、偶然なのか、超自然現象なのか、デジャヴ（既視感）なのか、それとも共時性《シンクロニシティ》なのでしょうか。たまたま何かを忘れているかのように、心の奥底に何かの記憶の断片が引っかかっているのに気がつきます。

❖大切な人を見逃さないための「記憶の引き金＝しるし」

ここで読者も過去を振り返って、自分にとって大切な人と初めて出会ったときの経験をよく思い出してほしいのです。それは学校だったでしょうか？　近所に住んでいる人だったでしょうか？　仕事の関係で、または遊んでいるときに出会ったのでしょうか？　誰かに紹介されたのでしょうか？　あるいは偶然の出会いだったのでしょうか？　その瞬間に何を感じたでしょうか？

あなたが自然な出会いとして大切にしている過去の思い出に、横から口をはさんで申し訳ないのですが、たまたま、偶然、もののはずみなどといった説明は決定的な出会いにはあてはまらないのです。だからといってロマンチックな要素が失われてしまうわけではありません。

ソウルメイトにまつわるケースでは、スピリット世界でごく親しかった存在が、この世の特定の場所で特定の時間に互いに肉体を伴う存在として出会うために、時間と空間を超えて旅をした――といった心に訴えかける報告を何度も聞いています。人間の意識的な記憶喪失が大切な人との出会いを難しくし、ときにはタイミングを間違えて、出会うことができないかもしれません。しかしこういった不測の事態にそなえるためにあらかじめ手が打たれています。

以下のケースでは、被験者が現在の生に再誕生する直前にスピリット世界で何をしていたのか、と私が尋ねるところから対話を始めることにしましょう。

ケース28

ニュートン　あなたがスピリット世界を去って別の人生に生まれるときは近いのですか。

被験者　ええ……ほとんど準備はできました。

ニュートン　人生選択の場を出た後で、あなたの魂の心は誰に宿るのか、この世でどんな人たちと出会うのかをもう決めましたか。
被験者　ええ、ほとんどの考えがすでにまとまっています。
ニュートン　時間枠や特定の肉体の選択で考えが変わったらどうするのですか。取り消すことはできるのでしょうか。
被験者　（ため息をついて）ええ、以前にそういうことがありました……みんな経験がありますよ……少なくとも私の知っている人たちはね。たいていの場合、またこの世で生きることを考えるとワクワクしますけど。
ニュートン　でも転生する直前、この世に戻ることに抵抗したらどうなるのですか。
被験者　それはそんなに……堅苦しいものではないんです。私はいつもその可能性について話し合います……完全に決意を固める前に、教師や仲間たちと新しい人生への不安についてね。単なる時間稼ぎなら教師も気がつきますが、私はすでに決意を固めているんです。
ニュートン　それはよかったですね。ではお聞きしたいのですが、この世に戻る決意が完全に固まった後、ほかに何か重要なことはスピリット世界で起こりますか。
被験者　私は確認のクラスに行かなければなりません。
ニュートン　あなたにとってそこはどんな場所なんでしょうか。
被験者　それは識別のためのミーティングです……この世で仲間たちを……確認するためのね。
ニュートン　私が指を鳴らしたら、あなたは直ちにこのクラスに行きます。用意はいいですか。
被験者　はい。
ニュートン　（指を鳴らす）今何をしているのか話してください。
被験者　私は……意見を交わすため……他の人たちと……漂いながら入っていきます。

ニュートン　私も一緒に行きますから、私の目の代わりに見たものを説明してもらえますか。

被験者　もちろん、でも、もう少し急いで。

ニュートン　ここはどんなふうに見えますか。

被験者　そうですね……円形の会議室で、真ん中に一段高くなった話し手のための演壇があります。

ニュートン　中に漂っていって席に座るのですか。

被験者　（頭を振って）どうして席が必要なんですか。

ニュートン　聞いてみただけです。まわりには何人くらいの魂がいますか。

被験者　ええと……およそ十人から十五人……次の人生で私と親しい関係になる人たちです。

ニュートン　見える魂はそれだけですか。

被験者　いいえ、あなたが「まわりに」と聞いたからです。ほかにもいますよ……遠くのほうにもグループがあって……話し手に耳を傾けています。

ニュートン　まわりの十人から十五人の魂はみなあなたのグループから来たのですか。

被験者　何人かはね。

ニュートン　この集会は前世の死の直後に、入り口で魂たちと出会ったものと似ていますか。

被験者　いいえ、あれはもっと静かなものでした……身内だけの……。

ニュートン　どうして帰還の集会はこれよりも静かなのでしょう。

被験者　私は肉体を失ったばかりで気が動転していたからです……ここでは多くの会話が交わされるし、みんな行ったり来たりしながら……期待が高まって……エネルギーが高揚しています。ちょっと待って、もっと先を急ぎましょう、話し手の言っていることを聞きたいのです。

ニュートン　話し手たちはあなたの教師のガイドですか。
被験者　いいえ、彼らは後見人です。
ニュートン　彼らはこれを専門にしている魂なのですか。
被験者　ええ、彼らは独創的なアイデアの「しるし」を与えてくれるのです。
ニュートン　分かりました。徐々に後見人たちに近づいて、何が起こっているのか伝えてください。
被験者　私たちは演壇のまわりに輪になって集まりました。後見人は中央にゆらゆら揺れながら浮かんでいます……私たち一人ひとりに注意して聞くようにと言っています。私もそうしないと！
ニュートン　（声を落として）分かりました。聞き漏らさないようにしないといけないですが、その「しるし」とは何なのか教えてください。
被験者　後見人は次の人生で探すべき手がかりを与えるために私たちを招いたのです。次の人生で記憶が呼び覚まされるように、今「しるし」が私たちの心に刻み込まれます。
ニュートン　どんな「しるし」ですか？
被験者　目印です……人生の道の標識。
ニュートン　もうちょっと具体的に言ってもらえますか。
被験者　何か重要なことが起こるべきときには、事前にこの道路標識が現れて、私たちを新たな人生の方向へと向かわせるのです……お互いを確認するためにも「しるし」を知っておかなくてはなりません。
ニュートン　このクラスは魂が新たな人生を始める前には必ず開かれるのですか。
被験者　もちろんです。私たちはちょっとしたことを覚えておかなければなりません。
ニュートン　でもあなたはすでに人生選択の場で、次の人生の詳細を下見したのではありませんか。

被験者　確かにそのとおりですが、本当の細部まで見たわけではないんです。それだけでなく、人生でかかわりをもつすべての人たちを知っているわけではありません。このクラスは最後の会見の機会ですから……私たち全員が集まるんです。

ニュートン　互いの人生に影響を及ぼす人たちということですか。

被験者　そうです。この世では初対面で相手を確認できないこともありますから、いわば予習クラスのようなものですね。

ニュートン　もっとも親しいソウルメイトにもここで出会うことができるのですか。

被験者　（赤くなって）……彼女はここにいます……ほかにも私がかかわりをもつ人たちが……彼らのほうから近づくかもしれませんが……他の人たちも「しるし」を必要としているんです。

ニュートン　なるほど！　ここにはいろいろなグループからさまざまな存在が集まってきていますからね。彼らはみなお互いの新しい人生で重要な役割を演じるのですね。

被験者　（落ち着きがなくなって）そうです、でもあなたが話していたら、立会人が言っていることが聞こえないですよ……シーッ！

ニュートン　（また声を小さくして）分かりました。私が三つ数えたら、このクラスは数分ほど止まりますから、何も聞き逃すことはありませんよ。（小声で）一つ、二つ、三つ。もう少し標識や「しるし」について説明してもらうまで、話し手は何も言いません。いいですか。

被験者　ええ……たぶん。

ニュートン　この「しるし」を「記憶の引き金」と呼ぶことにしましょう。さっきここにいる人たち全員に特別な引き金が与えられると言いましたよね。

被験者　私たちがここに集められたのはそのためです。私は人生のいろいろな時機に、ここにいる人たちと出会うことになります。私はここで……彼らの動き、見かけ、しぐさ、話し方を覚えなければなりません。

ニュートン　それらが記憶の引き金になるわけですね。

被験者　ええ、そして私はそれらのいくつかを見逃すことでしょう。「しるし」は大事な瞬間に私たちの中でカチッと鳴って、「やあ、とうとう来てくれたね」とささやきます。自分の内部で……私たちは「さあ、次の局面に入っていく時機だな」と言うのです。それらはつまらない些細なことのようにも見えますが、標識は私たちの人生のターニングポイントになるのです。

ニュートン　人々がこれらの道路標識「しるし」を見逃したらどうなるのですか。というのも、今あなたも言ったように、後見人が言ったことを忘れてしまうこともあるのではないですか。あるいはそのヒントをあえて無視して別の道を行ったらどうなりますか。

被験者　（間があって）他の選択もできます……あまりよいことではないでしょうが……頑固になることもできます、でも……（止まる）。

ニュートン　でも、何ですか。

被験者　（自信ありげに）このクラスを受けたら重要な「しるし」を見逃すことはほとんどありません。

ニュートン　どうしてガイドはこの世にいる時点で教えてくれないのですか。わざわざ思い出すための「しるし」など暗記しなくてもいいのに。

被験者　私たちが何も知らない状態でこの世に向かうのと同じ理由からです。自分自身で発見することで魂のパワーが増すのです。ときにはすぐに問題が解けてしまうこともありますが……たいていはそうではありません。人生でもっとも面白いのは転機ですから、心の中の標識に気をつけていなければならないのです。

ニュートン　分かりました。では十から一まで数えますから、一になったらまたクラスが再開し、後見人が「しるし」を示すのを聞くことができます。あなたが右手の人差し指を立てるまで、私は黙っています。クラスが終わって覚えた「しるし」について話せるようになったら、右手の人さし指を立ててください。準備はいいですか。

被験者　はい。

注：私が数え終わって数分もすると被験者は指を立てました。この世の時間とスピリット世界の時間を比較することが無意味であることはこの例からも明らかです。

ニュートン　あまり長くかかりませんでしたね。

被験者　いいえ、かかりましたよ。話し手は私たち一人ひとりに一対一で指示を与えねばならなかったですからね。

ニュートン　確認の「しるし」を細かいところまでしっかりと覚えましたか。

被験者　そのつもりです。

ニュートン　いいでしょう。では示された「しるし」を教えてください。

被験者　（間があって）銀のペンダントです……私はそれを七歳のときに目にします……近所に住んでいる女性の首にかかっています……彼女はいつもそれを身につけています。

ニュートン　どんなふうにこの銀の首飾りがあなたの引き金になるのですか。

被験者　（自分でも確かめるように）それが日の光に輝いて……私の注意を引くと……思い出さなければなら

ない……。

ニュートン　（きっぱりと）あなたにはスピリット世界の意識とこの世の意識を結びつける能力があります。

（被験者の額に手を当てて）どうしてこの女性の魂と出会わねばならないのですか。

被験者　表通りで自転車に乗っているときに、私はその女性に会います。彼女がほほ笑むと……銀のペンダントが輝いて……私は「それは何？」と尋ね……私たちは友だちになります。

ニュートン　それから？

被験者　（夢見るように）私の家族はすぐに引っ越してしまうので、彼女と付き合っている時間は短いのですが、それでも十分なんです。彼女は私に本を読んでくれたり、人生について話してくれたり……人々を尊敬することを教えてくれます……。

ニュートン　もっと大人になってからも、人々はあなたが接触してくることができるように、自分自身が「しるし」になったり、何らかの標識を示したりするのですか。

被験者　ええ、もちろん、彼らは正しい時機にきっかけをつくってくれるでしょう。

ニュートン　あなたはこの世で大切な人たちのほとんどの魂を、以前から知っているのですか。

被験者　ええ。そうでない人とは、このクラスで会うことになるでしょう。

ニュートン　恋愛関係のミーティングも開かれるのではないですか。

被験者　（笑って）ああ、仲介人のことですか……ええ、彼らはそれをやってくれるんですが、ほかにも友情に関するミーティングもありますよ……この世のキャリアを助ける人たちが一堂に会して……。

ニュートン　ではこのオーディトリアムやその周辺にいる魂たちは、あなたの人生にさまざまなかたちでかかわる人たちというわけですね。

被験者　（熱っぽく）ええ、そうなんです。たとえば同じ野球チームのチームメイトになる男性と出会うでしょう。農場の共同経営者になる人もいます……小学校から生涯の付き合いになる友人もね。

ニュートン　仕事や恋愛やその他のことで、間違った人と結びついたらどうなるのですか。友人関係の「しるし」や重要な出来事の警告を見逃してしまったことになるのですか。

被験者　いや……それはたぶん間違いというよりも、新しい方向に進んでいく踏み台になるのでしょう。

ニュートン　分かりました。ではこの予習クラスで覚えたもっとも大切な確認の「しるし」について話してください。

被験者　それはメリンダの笑いですね。

ニュートン　メリンダとは誰ですか。

被験者　私の妻になる人です。

ニュートン　メリンダの笑いで思い出すことは何でしょうか。

被験者　私たちが出会ったときに、彼女の笑いは……小さな鈴……鐘のように鳴り響くんですが……うまく説明できませんね。それから私たちが初めてダンスをするときの香水の匂い……その記憶をくすぐる香り……彼女の目……。

ニュートン　では自分のソウルメイトについて、いくつもの「しるし」を与えられたわけですね。

被験者　ええ、私の反応が鈍いので、後見人はもっと手がかりを与えなければならないと思ったのでしょう。正しい人に会ったときに間違いを犯させたくはないですから。

ニュートン　彼女は何を手がかりにあなたを確認するのですか。

被験者　（にやっと笑って）私の大きな耳と……踊っていて彼女の足を踏んづけることと……最初に抱き合っ

たときの感じなどです。

「目は魂《こころ》の窓」という古いことわざがあります。ソウルメイト同士がこの世で出会うときに、これ以上のインパクトをもった身体的な特徴《しるし》はありません。その他の身体的感覚に関していえば、前半の章でも述べたように、魂は音や匂いの記憶を保っています。将来の人生では五感のすべてが、後見人が与える確認の「しるし」として使われます。

「ケース28」の被験者は、確認のクラスにとどまり続けることに疲れを感じているようでした。オーディトリアムの中央の演壇（人によって言い方が違います）のまわりを浮かび漂ってもらい、彼の視覚的な連想力を強化しました。被験者に、後見人から指導を受け、友人たちと会話をする時間を与えたのちに、確認の場から出るように誘導しました。セッション中に被験者をスピリット世界の区域に簡単に出たり入ったりさせないのは、それが集中力や想起の妨げになると分かっているからです。

他の魂から完全に遠ざかってから、彼にソウルメイトのメリンダについて尋ねました。この二つの魂は夫と妻の関係がもっともふさわしいのですが、人生によっては別のかかわり方をすることもあったようです。どちらの魂もこの世の現在の人生で間違いなく相手と出会うことを望んでいました。実際にはどんなことが起こったのか確認してみることにしましょう。

ニュートン　あなたとメリンダがまだ幼かったころ、二人は近くに住んでいたのですか。

被験者　いいえ、私はアイオワに住んでいましたが、彼女はカリフォルニアで暮らしていました……（考え込みながら）私がアイオワの時代に知っていたのはクレアです。

ニュートン あなたはクレアにロマンチックな感情を抱いていたのですか。
被験者 ええ、ほとんど結婚しそうなくらい。そうなりそうだったんですが、そうなっていたら失敗でした。クレアとはあまり気が合わなかったんですが、高校時代にはとても仲良くしていたんです。
ニュートン なのにあなたは家を出てカリフォルニアに行った?
被験者 ええ……クレアは私と別れたくなかったんですが、私の両親は農場を手放して西のほうに行きたがっていました。私はアイオワが好きだったし、当時はまだ高校に通っていたクレアと別れるのも気が進みませんでした。
ニュートン あなたに両親と一緒に引っ越すことを決心させた何らかの道路標識、手旗信号のようなものがあったのでしょうか。
被験者 (ため息をついて)赤旗を振ったのは妹でした。彼女は、両親が引っ越そうとしている都会だったら、もっと多くのチャンスができるだろう……と私を説得したのです。
ニュートン 妹とはスピリット世界で会っているのですか。
被験者 もちろん、彼女は私のサークル(スピリット世界のグループ)の一員です。
ニュートン クレアはあなたのソウルメイトの一人ですか。
被験者 (間があって)友人と言ったほうがいいでしょうね……友人の一人……。
ニュートン クレアと別れることはつらかったですか。
被験者 ええ、もちろん……彼女のほうがもっとね。私たちは高校時代にはお互いの性的な魅力に引かれていました。この種の魅力に精神的な意味での深いつながりはありません。この世では他人に何をなすべきかを知るのはとても難しいことです……セックスは大きな罠ですからね。いずれはお互いに飽きてしまいますから……。

ニュートン　メリンダの肉体的な魅力はクレアに感じたものとは違っていましたか。

被験者　（間があって）メリンダとダンスで出会ったときに、彼女の肉体には強い魅力を感じました。彼女も私の外見を気に入ったと思いますが……二人ともそれ以上のものを感じたのです……。

ニュートン　この点をはっきりさせてください。あなたとメリンダはこの世でお互いを引きつけるために、意図的に男性と女性の肉体を選んだのですか。

被験者　（うなずいて）ええ……ある程度まで……。でも、私たちがこの世でお互いに引かれたのは、相手の容姿に関する記憶が心の中にあったからです。

ニュートン　ダンスをしているときに、心の中ではどんなことが起こっていましたか。

被験者　今でもはっきりと覚えています。その夜、教師はメリンダと私に手を貸してくれたのです。私は急にダンスに行きたくなりました。私は不器用なのでダンスは好きではなかったのに……。引っ越したばかりで知り合いもいなかったから、ダンスに行くなんてばかげている……と思いましたが、そのときには導かれていたんでしょうね。

ニュートン　あなたとメリンダは予習クラスで、このダンスの場面をおさらいしましたか。

被験者　ええ、そのときからこのことを知っていたので、ダンスで初めて彼女を見たときに、目覚ましのベルが鳴り始めたんです。私は普段の自分だったらやりそうにないことをしました……彼女と一緒に踊っていた男性との間に割って入ったんです。初めて彼女を抱いたときに、私の脚はガタガタと震えていましたよ。

ニュートン　あなたとメリンダはそのときほかに何を感じましたか。

被験者　まるで別世界にいるようでした。何だか懐かしい感じがして……ダンスをしている間ずっと奇妙な感じがして……確かに何か大事なことが起こっている……導かれている……この出会いにはきっと意味がある……心臓がドキドキして……まるで魔法のようでした。

ニュートン では、なぜ人生の早い時期にクレアが登場して、事態を複雑にしてしまったのでしょうね。

被験者 私を農園にとどまるように誘うためです……まったく違った人生に通じる……踏み込むべきでない間違った道へとね。私が去った後、クレアはぴったりの相手を見つけました。

ニュートン もしあなたが妹の手旗信号を見落として、クレアとうまくいきそうもない道へ進んでいたとしたら、あなたの人生は完全な失敗になっていたということでしょうか。

被験者 そんなことはありませんが、あまりよい人生ではなかったでしょう。人生には私たちがあらかじめ選んだ一本の主要なコースがありますが、その他の道も常にあってそれらからも学ぶことができるのです。

ニュートン これまでに失敗を犯して間違った方向へと進み、仕事を変えたり、別の町に引っ越したり、誰か大事な人に出会うための道路標識を見落としてしまったことがありますか――人生選択の場や確認のクラスで見た細部がしっかりと刻み込まれていなかったために。

被験者 （長い間があって）「しるし」は見えますよ。でもときに自分の気持ちを……否定してしまうこともあるんです。考えすぎや分析のしすぎで方向を間違えてしまうこともあります。あるいは同じ理由から打つべき手を打たないこともね。

ニュートン ではスピリット世界での計画とは違うことをする可能性もあるわけですね。

被験者 ええ、それに、予定どおりに運ばないこともあるでしょう……それから私たちには赤旗を見逃す権利もあるのです。

ニュートン さて、確認の場の話は実に興味深かったのですが、これらのクラスはその後の人生で何かほかにも役に立ってくれるのでしょうか。

被験者　（ばく然と）ええ、ときに人生で混乱して向かうべき方向が分からなくなったとき、私は……イメージの中で、これまでいたところとこれから向かうべきところを比べてみるんです……するとどちらに行くべきかが見えてくるんですよ。

被験者が、自分の人生に影響を与えることになる人たちを認識できるように手助けすることは、私の仕事の中でもやりがいのある局面です。人間関係の問題を抱えて私に会いにくる人たちは、たまたま偶然にその時機にやってきたのではないと信じています。私は、これらの被験者が想起の手がかりをつかむ手助けをすることで、彼らが受けた確認のクラスの目的を台なしにしているのでしょうか。二つの基本的な理由から、そうではないと考えています。

彼らがまだ知るべきでないことは、たぶん催眠下でも明らかにならないでしょうし、一方でかなり多くの被験者は、自分がすでに真実ではないかと疑っていることの確認を求めているにすぎないのです。

❖私が経験したソウルメイトとの「しるし」

私も個人的な経験から確認の「しるし」について証言できます。私自身も三つの特別な手がかりから自分の妻を見つける幸運に恵まれたからです。

十代の頃にルック誌をパラパラめくっていたとき、白いドレスを着た黒髪のモデルが出ているハミルトン時計のクリスマス広告を見ました。その広告の見出しには、「ペギーへ」とあったのです。彼女は想像上の夫から贈られた腕時計をしていました。

そのとき奇妙な感覚に襲われて、私はその名前と顔を忘れることができませんでした。そして二十一歳の誕生日に私を可愛がってくれていた叔母から、同じモデルの腕時計をもらったのです。

数年後フェニックスの大学院に通っていたとき、土曜日に何枚もの白い衣類を洗っていました。突然「白い服の女性に会うなら今だ！」というメッセージとともに、私の心の中で最初のきっかけ（しるし）が活性化し始めたのです。私はその考えを振り払おうとしましたが、あの広告の顔が他のすべての考えを脇に押しのけてしまいました。洗濯をやめハミルトンの腕時計を見ると「今行くのだ！」という命令を聞いたように思ったのです。

私は白い服を着ているのは誰だろうと考えました。そして、まるで何かに取りつかれたように都市の一番大きな病院に行って、受付でこういった名前のこのような看護師はいないかと尋ねました。そうしたところ、その人なら今交替勤務が終わるところだと言われたのです。彼女を見たとき、自分の心にあるイメージにあまりにもよく似ているので驚いてしまいました。私たちの最初の出会いはかなり気まずいものでしたが、しばらくしてロビーに座ると、何年ぶりかで会った旧友のように、もちろんそれは真実でしたが、四時間もノンストップで話し続けたのです。

私は結婚するまで、自分が病院に行った理由や、彼女を見つけるために与えられた手がかりのことなどを、彼女に話すのをためらっていました。自分がおかしいと思われたくなかったのです。後で分かったことですが、彼女は私たちが出会った日に、友人に「私は結婚相手に出会ったの」と言って驚かせたのだそうです。

私が運命的な出会いに関してできるアドバイスがあるとしたら、これから起こる出来事をあまり知性や理屈で考えすぎないようにと言いたいのです。最善の判断のある部分は、直感と呼ぶものからやってきます。大事なときは勇気や度胸を大切にすることです。人生で特別な瞬間が起こることになっているのなら、それはほとんど間違いなく起こるのですから。

多くの魂がこの世へと旅立つ前に最後に求められることの一つに、再び長老たちによる評議会に出ることがあります。被験者の中には最初（死の直後）しか評議会に出席しない人もいますが、ほとんどは死の直後と誕生の直前に彼らに会うのです。

スピリット世界は秩序に支配された環境であり、長老たちは来世における魂の目的の大切さを確認しておきたいと考えています。この会合の後で別れを告げるために魂グループに戻る者もいれば、すぐに転生に向けて旅立つ者もいて、報告は被験者によってまちまちです。後者のケースにあたる被験者はこの旅立ちのミーティングを以下のように説明しています。

「ガイドのマグラがまるで雲の中のような白一色の部屋に私を連れて行きました。いつものように三人の評議員が私を待っていました。真ん中の長老が一番威厳のあるエネルギーを発しているようでした。彼らはみな楕円形の顔をして頬骨が高く、髪はなくて顔のつくりは小さめでした。彼らには性別がないように感じました……むしろ男性と女性が入り混じっていると言ったらいいでしょうか。私は気持ちが落ち着きました。雰囲気は厳粛でしたが堅苦しくはありませんでした。一人ずつ順番に私に穏やかな口調で質問をしました。長老たちはこれまでの私の人生をすべて知っていると言いましたが、それはけっして威圧的なものではありません。そして私の動機や新たな肉体で学ぶ決意の固さなどを吟味するため、私に発言を求めました。彼らは次の人生で私が宿る肉体の選択にもかかわっていたに違いありません。人生の選択においては熟練した戦略家だと感じられるからです。

評議員たちは私に契約を大切に守るようにと言いました。そして志を保つことや、逆境にあっても価値観を守り通すことの大切さを強調しました。私は怒りに負けてしまうことがよくあるので、彼らは私の過去の出来事や人々への対応ぶりや反応の仕方などを振り返りながら、この点に注意するようにと念を押しました。長老たちやマグラは私にインスピレーションと希望を与えてくれ、いくら状況が悪くても自分を信頼し責任を放棄しないようにと励ましてくれました。そしてそこで、いよいよ旅立つというときになって、最後に私に自信をつけさせるため、この世にたずさえていくために、彼らは手を上げて肯定的なエネルギーのいなずまを私の心の中に打ち込んだのです」。

この二つの評議会に関して、最初腑に落ちなかったのは、同じ魂グループのメンバーでも必ずしも同じ評議員たちの前に出るとはかぎらないということです。同じ魂グループのメンバーには同じガイドがついていますから、最初のうちは評議員に関しても事情は同じだろうと考えていました。しかしそれは間違いでした。被験者たちに言わせると、上級のガイドですら、評議員である全能の存在たちと比べたら、その発達レベルが数段は劣っているのだそうです。彼らは第十一章でシースが言っていた「いにしえの者たち」と同じレベルにあるのですが、その魂の人生を評価する特別な責任を担っています。ある意味でガイドは魂にとって親しい友人といってもいいのですが、この親しみが長老たちに向けられることはありません。

いつのころからか私は、長老たちにそれほどの威厳があるからこそ、ガイドとは違って、多くの異なったグループに属する魂を扱うことができるのだということを理解できるようになりました。

魂グループの誰もが、これらの手続きのきわめて個人的な性格に崇敬の念を抱いています。誰もが自分のために開かれる長老たちの評議会を、神にも等しいものとみなしています。長老たちはまばゆい光を浴びて、その場全体が神聖なオーラを放っています。ある被験者はそれをこのように言っています。

「あれほど高い霊的境地に達した存在たちの前に立つとき、私たちは創造の源泉への崇敬を改めて確認するのです」。

第十五章　再誕生

私たちはこれまでに、魂がこの世の特定の時代と場所で次の人生をスタートするにあたって、スピリット世界では着々と秩序正しく準備が進められる様子を見てきました。私が被験者の魂の意識を、スピリット世界からの旅立ちの瞬間へと近づけるとき、多くは静かに内省的になりますが、中にははしゃいで友人たちとふざける者もいます。この目前に迫った旅立ちへの反応の違いは、前回の転生から経過した時間よりも個々の魂の性格に負うところが大きいようです。

再誕生は深遠な経験です。今この世に乗り出そうとしている魂は、新たな戦闘にそなえる多くの戦いを生き抜いた筋金入りの兵士のようなものです。これは魂にとっては、新たな肉体に順応する前に全知の能力を楽しむ最後の機会なのです。最後の「ケース29」では、ある女性の魂がごく最近この世に転生したときの様子が詳細に語られています。

ケース29

ニュートン　次の人生に生まれ変わる時機が来ましたか。

被験者　ええ、そのときです。

ニュートン　この世に戻ることで一番楽しみにしていることは何でしょうか。

被験者　二十世紀に生きることですね。多くの変化が起こる刺激的な時代なのです。

ニュートン　前もってこの人生の下見をしましたか、少なくともその一部を。

被験者　ええ……それはやりましたが……。（不安そうな様子）

ニュートン　次の転生に関してほかに何か私に話したいことがありますか。

被験者　私の計画（人生）のすべての可能性についてパマー（被験者のガイド）と最後の話し合いをしました。

ニュートン　それはパマーとの最後の退出インタビューと考えていいですか。

被験者　ええ、そうなるはずです。

ニュートン　次の人生の不測の事態にそなえる計画について話してくれませんか。

被験者　（乾いたかすれた声で）それも……やっているはずです……。

ニュートン　確認のクラスはどうでしたか。もう準備の期間は終わったはずですが。

被験者　（まだ不安そうに）ああ、そうですね……私は計画のことで関係する他の人たちとも会いました。

ニュートン　正しい時機に会うべき魂に会うための、確認の「しるし」もしっかり覚えていますか。

被験者　（神経質に笑って）ええ……合図……他の人たちとの約束ですね……ええ、それも終わっています。

ニュートン　自分の印象を分析したり詮索したりせずに、この瞬間に何を感じているか話してください。

被験者　私は……ただ……勇気を出して……新しい人生に飛び込みます……不安もありますが……ワクワクしてもいます……。

ニュートン　この世に行くことに少し不安を感じて、たぶん心配になっているのではありませんか。

被験者　（間があって、前よりも元気に）これから先にあることや……本来の自分の居場所を後にすることは……少し……不安ですが……新たな機会を得て……うれしさもあります。

ニュートン　では、スピリットの世界を去るのには複雑な気持ちがあるわけですね。

被験者　時機が近づいてきたら、多くの人が感じることです。これまでも何度かの人生でためらったことがありますが……パマーは、私が単にぐずぐずしているのかどうか分かっているんです……ここでは何一つ隠し事はできませんから。

ニュートン　いいでしょう。そろそろ次の人生に出発する状況のようですね。三つ数えたら、指定された時間へと戻る決意が固まって、スピリット世界を去る最後の段階へと入ります。一つ、二つ、三つ！　今何が起こっているのか話してください。

被験者　私はみんなに別れを告げています。これはなかなか……つらいことです。（意を決するかのように顔を上げて）とにかく、私の幸せを祈ってくれるみんなを後に……一人で乗り出していきます。それほど急がなくてもいいので……パマーは私の心が落ち着くのを待っています。準備が完全に整ったら彼が案内に立ち……私を励まし……確認し……あとはもう出発を待つばかりです。

ニュートン　再誕生を前にして前よりも明るくなったようですね。

被験者　ええ、今は霊感と期待に満ちた瞬間なのです……新しい肉体……前に伸びる道……。

こうして私はこの被験者に、現在の人生に生まれる前にスピリット世界を去るときの準備をさせました。ここで彼女を、通常の年齢退行の後で初めてスピリット世界に導いたときと同じほど、注意深く扱いました。すでに最初にこの被験者を保護エネルギーのシールドで覆っていましたが、彼女の魂がこの世で宿る子どもの心と正しいバランスを保てるように、付加的な条件づけのテクニックを用いました。

ニュートン　いいでしょう。ではあなたは今パマーの立ち会いの下にスピリットの世界から旅立とうとしています。自分の中に深く入って、まるでそれがスローモーションで起こっているかのように、次に何をするのかを話してください。どうぞ！

被験者　（間があって）私たちは……猛烈なスピードで……動き始めました。次に気がつくとパマーが……離れていって……私は一人になりました。

ニュートン　何が見えますか、どんな感じですか。

被験者　ああ、私は……。

ニュートン　そのまま続けて！　あなた一人が猛スピードで移動していきます。それから？

被験者　（かすかな声で）……どんどん下へと……降りていきます……もやもやした白いものの中を……斜めに。

ニュートン　そのまま続けて！　進みながら私に報告してください。

被験者　ああ、私は……つるつるした……なめらかに起伏する布……帯の上を……通路を滑りながら……どんどん速くなって……。

ニュートン　続けて！　そのまま話し続けて。

被験者　すべてがぼやけて……私は長い、暗いチューブの中を……滑り落ちていって……空っぽの……暗闇の中を……そして……温かくなった！

ニュートン　今どこにいますか。

被験者　（間があって）母親のお腹の中にいることに気がつきました。
ニュートン　あなたは誰ですか。
被験者　（くすくす笑って）赤ん坊の中です……私は赤ちゃんです。

被験者たちが語っている空っぽのチューブの効果が、母親の産道でないことは確かです。それは肉体が死んだ後に魂が通るトンネルのようなものと、たぶん同じ通路かもしれません。

私はすでにセッションで被験者を多くの過去世に出入りさせているのに、どうして誕生という出来事にこれほどの注意を払うのか——と読者は疑問に思うかもしれません。理由は二つあります。第一に、過去世を再び生きるには誕生のプロセスを経なくてもよいからです。私はふつう被験者を大人のままでスピリット世界から次の人生へとそのまま入らせます。第二に、被験者を現在の肉体に連れ戻し誕生の経験を再び生きさせる暗示を与えると、彼らの中には目が覚めた後に不快感を訴える者もいるので、極力これは避けたいのです。

このケースを続ける前に、魂と新生児に関する一般的な情報をもう少し付け加えておきましょう。私の被験者はいずれも、スピリット世界から赤ん坊の心への移行は、戻ってくる旅と比較してより迅速に進むと言っています。この違いの理由は何でしょうか。肉体が死ぬと魂は時間のトンネルを旅して、スピリット世界の入り口を通り抜けて段階的に進んでいきます。肉体から解き放たれた魂が、霊的な環境に順応できるように、ゆっくり順を追って行われることはすでに見てきたとおりです。

しかし魂が赤ん坊の中に入るときには、魂は全知の状態からやってきますので、肉体の生が終わったときよりも、もっと迅速に周囲の環境になじむことができます。さらに母親のお腹にいる間に十分に時間をかけて順応することができるのです。

出産に先立つある時点で、魂はまだ柔軟な発達中の赤ん坊の脳に注意深く触れて、もっと完全に一体となります。魂が赤ん坊の中に入ろうとするとき、赤ん坊のほうでは魂を受け入れたり拒絶したりする自由な選択ができないことは確かです。最初に入ったときから、魂はこの世の時間を生き始めます。魂の性格によっても違いますが、この結びつきは母親の妊娠の以前か以後にできます。

出産直前に入った魂のケースも扱ったことがありますが、これは普通にはないめずらしいケースです。私が知り得たかぎりでは、もっと早い時期に赤ん坊に入った魂でも、妊娠期間中は頻繁に母親の子宮から出て旅をするようです。

出産後は、魂と肉体の結びつきは完全に確立された協調関係となります。こうして不滅の魂が成長する人間の自我の知覚の座に座るのです。魂は無限の意識から受け継いだ霊的なパワーをもたらします。

魂がトラウマのために人間の中に閉じ込められてしまうことがあることはすでに見てきたとおりですが、彼らはけっして罠にかかっているわけではありません。死の瞬間だけでなく、肉体が眠っているときや深い瞑想にあるとき、手術で麻酔をかけられているときにも魂が出入りすることがあります。深刻な脳のダメージや昏睡状態のときには魂の不在はもっと長くなります。

❖ 魂と人間の感動的な融合の瞬間（円環の完結）

「ケース29」の被験者は、魂が新たな人間に宿るときの創造の美について説明を続けます。この誕生する前の知性的エネルギーの融合をもって、「ケース1」の死の場面に始まる魂の円環《サイクル》が完結するのです。

ニュートン　あなたが無事に到着して新しい肉体に宿ったようなので安心しました。今赤ん坊は何カ月くらいですか。
被験者　（妊娠以来）もう五カ月がすぎました。
ニュートン　あなたはいつも子どもがこのぐらいの大きさになってから到着するのですか。
被験者　これまでの生で……到着した時期はまちまちです……赤ん坊や母親やこれからの人生によっても違います。
ニュートン　何らかの原因で、完全に成長する前に赤ん坊が流産してしまわないか心配になりませんか。
被験者　赤ん坊が流産するかしないかは、あらかじめ知っています。たとえ生まれなかったとしても驚いたりしません。それでも赤ん坊を楽しませるために近くにいるでしょう。
ニュートン　では赤ん坊が生まれてこないとしたら、あなたの人生の計画もお流れになるのですか。
被験者　いいえ、そのような子どもには最初から長い人生の割り当てがないんです。
ニュートン　流産した赤ん坊が魂をもっていないということもあるのですか。
被験者　それはどこまで育ったかによります。早い時期に死んでしまう赤ん坊だと、私たちを必要としないことが多いです。

注：この問題は現代だけでなく過去にも議論の的になりました。十三世紀、キリスト教会は流産した胎児に魂があるのかないのかガイドラインを設ける必要に迫られました。聖トマス・アクィナスやその他の中世の神学者たちは、特に明確な根拠はありませんでしたが、妊娠して四十日後に塊が宿るという判断を示しました。

ニュートン　赤ん坊が無事に生まれてくるとしたら、魂はずっと赤ん坊にとどまっているのでしょうか。

被験者　（当然のように）退屈してしまって誕生まで辺りを漂ったり、赤ん坊から出たり入ったりする魂もいます。

ニュートン　あなたは、いつもはどうなのでしょうか。

被験者　私は普通です、たぶん。具体的に言うと、誕生前は赤ん坊とずっと一緒にいるということはありません、退屈してしまいますから。

ニュートン　分かりました。ではあなたは今母親のお腹の中にいますが、もっと時間が経って赤ん坊と一緒にいないときには何をしますか。

被験者　（うれしそうに笑って）知りたいですか？　じゃあ教えてあげましょう。私は……遊ぶんです！　外に出てブラブラするにはちょうどいい時期なのです……赤ん坊がまだあまり動かないときにはね。同じ立場にある友人たちと遊ぶこともあります。地球を飛び回ってお互いの元を訪れ……興味深い場所を訪ねたりします……以前の生で一緒に住んでいた地域などを……。

ニュートン　あなたや他の魂は、まだ生まれていない赤ん坊から長期間離れることは、自分がこの世に割り当てられた責任に反することだと感じますか。

被験者　（弁解するように）ただの気分転換ですよ！　長い間なんて言いませんでしたよ。そんなことはしません！　いずれにしても人生というかなり骨の折れる仕事はまだ始まっていないんですからね。

ニュートン　ではしばらく赤ん坊を離れるとき、あなたは地球に対してどの辺りにいるのですか。

被験者　私たちは依然として地球界にいるし……あまり遠出しすぎないようにしています。たいていは赤ん坊の近くで遊んでいます。まだ生まれていない赤ん坊に対して、何もすることがないなどと考えたら大間違いですよ。

ニュートン　ということは……？

被験者　（さらに続けて）まだ完全に成長していませんが、この新しい心との付き合いがなかなか大変なんです。

ニュートン　もっとそのあたりを聞きたいですね。魂が生涯を共にする肉体に入ったときに、そこでは一般的にどんなことが行われているのですか。

被験者　（深くため息をついて）いったん子どもと結びつくと、自分の心をその脳と同期《シンクロ》させることが必要になります。お互いにパートナーに慣れなければいけないんです。

ニュートン　それは他の人からも聞いていますが、あなたと赤ん坊とは最初から波長が合っているのですか。

被験者　そうですね……私は赤ん坊の心の中にいながら、分かれてもいます。だんだん私が主導権を握ります。

ニュートン　いいでしょう。では具体的にあなたは赤ん坊の心にどんなことをするのですか。

被験者　それはデリケートなことですから急ぐことはできません。私は慎重に探りを入れていきます……隙間や……つながりを確認し……心はそれぞれに違いますから。

ニュートン　子どもの心の中で、あなたとの葛藤が起きることはありませんか。

被験者　（穏やかに）そうですね……最初のうちはいくらか抵抗があって……経路を調べるときも完全に受容的ではありませんが……これはよくあることです……お互いに慣れるまではね。（ここで止まって静かに笑います）自分自身にぶつかっているんです！

ニュートン　だんだんと統合されていったとき、赤ん坊はいつごろから魂のアイデンティティの力に受容的になるんでしょう。

被験者　その「力」という言葉は好きではありません。胎児に宿った私たちが力づくで自分自身に何かをするということはありません。私は注意深く調査を行いますから。
ニュートン　人間の脳を精査《トレース》できるようになるまでに何年もかかりましたか。
被験者　ええ……しばらくね……若い魂はトレースするのを手伝ってもらうんです。
ニュートン　あなたは純粋なエネルギーですから、神経伝達物質とか神経細胞とか、そういった電気的な脳のつながりを精査するのですか。
被験者　（間があって）ええ、そういったものです……でも一切妨害はしませんよ……赤ん坊の脳波のパターンを調べているときにはね。
ニュートン　心の思考制御回路のことを言っているのですか。
被験者　その人物の信号の解釈の仕方ですね。その能力です。子どもによって違うんです。
ニュートン　正直に言ってもらえませんか。あなたの魂はこの心を乗っ取って、自分の意思に従わせているのではないですか。
被験者　分かっていませんね。それは融合なんです。もともとあった空白を……やってきた私が埋めることで初めて赤ん坊は完全になるのです。
ニュートン　あなたが知性をもたらすということですか。
被験者　あったものを拡大するんです。
ニュートン　あなたの魂が人間の肉体にもたらすものを、もう少し具体的に説明してもらえませんか。
被験者　私たちがもたらすのは……理解力……脳が見るものの真偽の判断です。
ニュートン　子どもが最初のうちは心の中で、あなたを異質な存在として見ているということはないのですか。

被験者　ありません。だからこそ私たちは未発達な心に同化するのです。彼女は私を友人……双子……自分の一部になるものとして認識します。赤ん坊は私が来るのを待っていると言ってもいいくらいです。

ニュートン　もっと高い力が、あなたのために赤ん坊に準備をさせていると思いますか。

被験者　分かりません……そうなのかもしれませんが……。

ニュートン　誕生の前にあなたの一体化の仕事は終わっているのでしょうか。

被験者　完全ではありませんが、生まれるときには私たちはお互いを補い合うようになっています。

ニュートン　では一体化のプロセスにはしばらく時間がかかるわけですね。

被験者　ええ、お互いに適応するまではね。それに前にも言ったように、私はときどき胎児の元を離れることがあります。

ニュートン　誕生直前に赤ん坊に入った魂についてはどうなんですか。

被験者　知りません！　それは彼らのスタイルであって、私のじゃないわ。彼らはベビーベッドの中で仕事を始めなければならないんです。

ニュートン　何歳ぐらいになると子どもから抜け出すことを完全にやめるのでしょうか。

被験者　およそ五歳から六歳ぐらいです。たいてい子どもが学校に行くころには、十分な機能を発揮できるようになっています。この年齢以下の子どもは肉体そのものの働きにゆだねられることも多いのです。

ニュートン　常に肉体にとどまらなければならない義務のようなものはあるのですか。

被験者　身体に何か支障が生じたときには……私はすぐに戻ってきますよ。

ニュートン　他の魂と遊び回っているときに、どうしてそれを知ることができるのですか。

被験者　脳にはそれぞれの脳波のパターンがあります……ちょうど指紋のようなものです。自分に割り当てられた赤ん坊に何か問題が生じれば、私たちにはすぐ分かります。

ニュートン では自分に割り当てられた赤ん坊をずっと見守っているのですね……内側からも外側からも……まだ成長が不十分な段階では……。

被験者 （誇らしげに）ええ、もちろんです！ それに両親をも見守っています。彼らが赤ん坊の近くで夫婦げんかをしたら、有害な波動が発生しますからね。

ニュートン もしそういうことが起こったら、あなたは魂としてどんなことをしますか。

被験者 できるだけ子どもをなだめるようにします。赤ん坊を両親と接触させて彼らを落ち着かせようとするんです。

ニュートン どうやって両親に接触するのか、具体的な例を挙げてもらえますか。

被験者 そうですね、両手で両親の顔に触らせてから彼らの前でほほ笑ませます。こういったことで両親は赤ん坊を可愛いと思うようになります。

ニュートン 魂として、あなたは赤ん坊の身体の動きもコントロールできるのですか。

被験者 私は……赤ん坊なんです。動きを制御する脳の部位にちょっとした刺激を与えてやることはできますよ。赤ん坊のひじをちょっとくすぐってやったりもします……自分に割り当てられた家族に調和をもたらすために、ありとあらゆることをするのです。

ニュートン 母親のお腹の中にいるときの感じについて話してください。

被験者 あの温かく心地よい愛に満たされた感じが好きです。ほとんどいつもそこには愛があります……ときにはストレスもありますが。いずれにしても私はここにいる時間を、生まれてから何をするか考えたり、その計画を立てたりすることに費やします。過去世で別の肉体にいるときに逃した機会のことなどを思い出して、今度こそ頑張らねばと思うんです。

ニュートン　まだこれまでのすべての過去世やスピリット世界の記憶は、記憶喪失によってブロックされていないのですね。

被験者　それは誕生の後に始まります。

ニュートン　赤ん坊は生まれた後に、自分の魂は誰なのか、なぜ自分に宿ったのか、意識的に考えることはできるのですか。

被験者　（間があって）子どもの心は未発達なのでそれを推測することはできません。励ましのために一部の秘密が知らされていますが、それもやがて忘れられていきます。話ができるようになるころには、その情報は自分の奥深くに封じられますが、それはそうあってしかるべきなのです。

ニュートン　では、まだ幼いころには以前の生について、とりとめもなく考えることもあるわけですね。

被験者　ええ……空想にふけったり……子どもらしい遊びをしたり……作り話をし……架空の友だちを本当にいると思ったり……でも、やがてそれも消えていきます。人生の最初の何年間は、子どもたちは一般に考えられているよりもずっと多くのことを知っているんです。

ニュートン　分かりました。ではあなたがこの人生で誕生する直前の時間になりました。今何をしていますか。

被験者　音楽を聴いています。

ニュートン　どんな音楽ですか。

被験者　私の父がかけているレコードを聴いています……彼はそれでとてもリラックスするんです……物を考えるのにいいのです。私は彼のことをちょっと心配しています……。

ニュートン　なぜですか。

被験者　（くすくす笑って）彼は男の子を欲しがっていたので、早く彼の気持ちを変えないとね！

ニュートン　では、これはあなたにとっては大切な時間ですね。

被験者　（きっぱりと）ええ、私はこの世に人間として生まれて、初めて息をしてからのことを考えるのに忙しいんです。今が次の人生について静かに考える最後の機会ですからね。いったんこの世に出たら……私は走り始めるのです……。

あとがき

この本に記されている、肉体の死後も存続する魂についての情報は、「われわれはなぜここにいるのか?」という問いへの、私がこの人生で見いだしたもっとも意味深い説明です。私は人生の意味を見つけようと何年間も探求してきましたが、催眠下の被験者が初めて永遠なる世界への扉を開いてくれるまで、それは何の成果も上げることはできませんでした。

私には、今はカトリックの神父をしている幼なじみの友人がいます。私たちは少年時代にロサンゼルスの山や海岸を一緒に歩きながら、よく哲学的な議論にふけったものですが、お互いの宗教的な信念はまったくかけ離れていました。彼はあるときこう言いました。「君のように、この人生を超えたものを何も信じない無神論者でいることは、勇気のいることだと思うよ」。

当時の私は今のような考え方をしていませんでしたし、それはずっと変わりませんでした。五歳のときから、両親の希望で軍隊なみに規律が厳しい寄宿学校に入れられて、長い期間をそこで過ごしました。自分は見捨てられたという気持ちや孤独感があまりにも大きくて、自分自身よりも高い力を信じることができませんでした。

今の私なら、強い力が目には見えない巧妙なやり方で自分に宿っていることを理解できます。友人と私の宗教性へのアプローチは今も異なっていますが、二人とも宇宙の秩序と目的がより高い意識から発していることを確信しています。

振り返ってみると、催眠を受けるために私の元にやってきた人々が（彼らは真理の媒体だと私は信じています）ガイドやスピリット世界の入り口、魂の学習グループ、スピリット世界での生命の創造について語ったことは、私の人生において偶然ではなかったのかもしれません。

今になっても自分が、スピリットの世界やそのエリアについて語っている人たちの心の中に、土足で踏み込んでいるように感じることがありますが、彼らの知識が私に方向性を与えてくれたことは確かです。それでもなお、私のように生まれつき冷笑的で疑い深い人間よりもはるかに適した人たちがいるはずなのに、どうして私が、この本に記されているような霊的な知識の使者になったのか不思議でなりません。実際のところ、未来に向けた真の希望のメッセンジャーは私ではなく、これらのケースに登場する被験者たちなのです。「われわれとは誰か」「われわれはどこから来たのか」についていて学んだすべてのことは、私の元に助けを求めてやってきた人たちに負っています。彼らは私に、魂としてこの世に生きることの最大の目的は、「真の居るべき場所から切り離された状態で、なおも精神の崇高さを生き延びさせることにある」ということを教えてくれました。

人間の肉体の中にあるとき、魂は基本的には孤独です。この世の肉体を伴う一時的な人生における魂の孤立は、この人生を超えるものは何も存在しないという考え方によって、意識的なレベルではいっそう深いものとなっています。この疑いのために、私たちは目に見える物質的な世界にしかつながりを見いだすことができません。地球は、宇宙という大海に浮かぶ銀河にある浜辺の一つの砂粒にすぎないという科学的な知識が、私たちの無力感をいっそう深めています。

地球上の他の生き物たちはどうして死後の生に興味をもたないのでしょうか。これは私たちの増長したエゴが人生を一時的なものと考えたくないだけなのでしょうか。それとも私たちの存在が、より高い力と結びついているからなのでしょうか。

死後の世界について何を考えたとしても、それは願望的思考にすぎないと言う人たちがいます。私自身もかつてはそう考えていました。しかし、私たちは単に偶然につくられた、ただ生き延びるだけの存在ではなく、ある目的のために自己を物質へと変容させる宇宙的なシステムの分かちがたい一部なのだ——という考え方にも、まったく根拠がないわけではありません。私たちの「個」は、死んで終わりになるのではないと告げるのは、私たちの魂の声だと信じています。

私のケースファイルに記された死後の生の報告に、これら被験者たちの言葉を証明するいかなる科学的な根拠も見いだせないことは事実です。この本が提示している報告は先例のないものであり、受け入れがたいと考える読者には、私は一つのことを期待します。もしもあなたが「この本を読んでいて恒久的なアイデンティティを見つけられるかもしれないという希望を抱くことはできたが、ほかには何一つ価値のあるものを見つけられなかった」と言うのなら、私は十分に目的を達したのだといえます。

自分自身よりも高い存在があることを信じようとする人たちの心をもっとも悩ませているのは、世界にこれほどまん延する醜悪なものの原因がどこにあるのかということです。悪を根本的な原因とする見方もあります。被験者たちに、慈悲深い神がどうしてこのような苦しみを与えるのかと尋ねるとき、彼らの答えはいつも驚くほど似通ったものです。被験者たちは、「魂は創造主に由来し、懸命な努力を促すために、完全な安らぎを遠い彼方に置いたのだ」と説明しています。

私たちは過ちから学びます。善良さの欠如は、人間の根本的な欠陥を示す以外の何ものでもありません。

この世の苦難は私たちに授けられた試練という名の機会です。そうでなかったら、私たちは自分自身を通じてこの世を良くしようとする動機をもたなかったでしょうし、進歩を実感することもできなかったでしょう。最大の教師である大霊は、どうして「慈悲深さと無慈悲」という両面の資質を示すことで自己を表現しているのだろう、と被験者たちに尋ねると、「創造主には特定の目的があって、私たちにこのような属性を示されているのだ」と答える人たちもいます。

困難な状況は神の厳正さの表れであり、恵み深い状況はその善良さの表れであったなら、そして私たちが恵み深い側面だけしか知らされなかったなら、この世から厳正さというものは失われてしまうに違いありません。

この本は多くの霊的なエネルギーのレベルが明かす秩序や知恵をテーマにしています。その根底に横たわる注目すべきメッセージ、とりわけ進歩した被験者たちのそれから、私たちの宇宙の神なる大霊はいまだ不完全なレベルにある――という可能性が見えてきます。このことから、完全な絶対確実性はさらに高い神的な源泉に求められなければなりません。

私は自分の研究を通じて、「私たちはしかるべき理由があって不完全な世界に生きているのだ」ということを信じるようになりました。地球は知性的な生命体が暮らす無数の世界の一つにすぎませんし、それぞれの生き物が自分自身の不完全さを調和にまで高めなければなりません。

この考えをさらに推し進めるなら、私たちはたくさんの宇宙の中の一つとして存在しているにすぎませんし、それぞれの宇宙が魂の進歩レベルにも似た異なった完成度レベルにある創造主を有しているのかもしれません。この神々の系譜に属する宇宙の神的な存在が、それ自身のやり方で自身の宇宙を治めることを許されているのでしょう。

この宇宙の惑星に生まれる魂たちが、自らの苦闘を通じてその英知を増す――いわば魂の親である大霊の子孫であるのなら、その親の親とも言うべきさらに神聖で絶対的な神が存在するのでしょうか。私たちにもっとも近い神が、私たちと同じようにいまだに進化しているという考え方は、この神を生み出した究極の完成された源泉の存在を否定するものではありません。

私の考えによれば、至高の完璧な神は、いまだ完成されていない優れた子孫（神）たちの成長を許すことはあっても、全宇宙の被造物に対する能力や支配力を失っているわけではありません。これらのより劣った神々も究極の神との融合へと向かう究極の啓発の手段として、自分自身の不完全な世界を創造することが許されるのです。

この宇宙に映し出された神の存在は、私たちにとっては究極のリアリティです。私たちの神が教えの手段として痛みを使うがゆえに最良の神ではなかったとしても、私たちは次善の存在としてこれを受け入れて、神のたまものとしての理性を自分の存在のために役立てていかなければなりません。

確かにこの考えを、たとえば、不治の病で痛みに苦しんでいる人に伝えるのは難しいかもしれません。人生の苦しみは魂の癒しの力を妨げるがゆえに、特に私たちが自分に起こっていることを予定された試練として受け入れられないときには、とりわけ油断がならないものになります。でも一生を通じて、私たちのカルマはそれぞれの試練が耐えきれないものにならないように手加減しているのです。

タイ北部の山岳地帯にある仏教寺院《ワット》で、一人の仏教の師が私に単純な真実を指摘してくれました。

「人生は私たちに自己表現の手段として提供されているものであり、私たちが自分の心に耳を傾けるときに初めて求めているものが与えられるのです」と――。

この自己表現の最高のあり方が慈しみの行いです。魂は本来の居るべき場所から遠く離れて旅をしているのかもしれませんが、私たちは単なる旅行者ではありません。人生において、自分自身や他人のために意識をより高く進化させるという責任を担っています。その意味では、私たちは集団で旅をしているのです。

私たちは物質と霊の二つの世界に存在する、神聖ですが不完全な存在です。自分自身を克服し知識を獲得するために、時間と空間を飛び越えて宇宙の中を行ったり来たりするのが私たちの宿命なのです。宿主の肉体の中にいると自分の本質を完全に知ることはできませんが、私たちはいつでも両方の世界と結びついているがゆえに自己が失われることはけっしてありません。

より進歩した被験者たちの多くが、スピリットの世界に「地球のゲームのルールを変える」動きが広まっていると報告しています。これらの人々は初期の文明に生きていたころには、自己や死後の生についての記憶喪失はそれほど深刻なものではなかったと言っています。意識的なレベルで「魂の不滅」への記憶の障壁が高まったのは、ここ数千年来のことのようです。これは人間が、自身の中にある自己を乗り越える能力を信じないようになった一つの原因でもありました。

地球には人生の意味を見つけられなくてむなしい気持ちを抱いている人たちがひしめいています。魂の不滅性へのつながりが失われただけでなく、精神を変容させる薬物や人口の増加なども相まって、いっそう大きな不満の声が聞かれるようになりました。

ここ数世紀の間に、それまで地球に頻繁に転生してきた魂の多くが、機会があればもっとストレスの少ない世界に移ることを選ぶようになったと聞いています。

次なる千年期が近づいて、地球の運命を導くマスターたちは「私たちは誰なのか」「なぜここにいるのか」という、より深い知識と理解が私たちの人生にもたらされるように、新たな変化を起こそうとしているようです。

おそらく被験者たちの心に刻まれたスピリット世界の記憶を明るみに出す私のワークのもっとも好ましい側面とは、それを意識的に認知することで彼らに与える影響ではないでしょうか。

永遠の愛に満ちあふれた我が家ともいえる帰る場所があるということを知る最大の恩恵は、それによって私たちが自分の心にある、より高いパワーに受容的になれるということです。自分には帰属するものがあると知ることで、単なる葛藤からの避難所ではない——自分自身を宇宙的な心と一体化させる、より深い安らぎがもたらされるのです。

いつの日か、私たちはこの長い旅を終えて、あらゆるものの可能性が開花した究極の光明の状態へと到達するでしょう。

本書は『死後の世界が教える「人生は何のためにあるのか」』（二〇〇〇年八月、ＶＯＩＣＥ）を改訂したものです。

■著者紹介
マイケル・ニュートン（Michael Newton）
カウンセリング心理学の博士号をもつ公認催眠療法修士であり、アメリカ・カウンセリング協会の会員でもある。 高等教育機関で教師をつとめ、ロサンゼルスで開業医として活動を行ってきた。独自の年齢退行催眠手法を開発し、被験者を過去世の記憶を超えて、「生と生のあいだ」の深淵な世界へと誘導、「驚くべき生命の神秘」を明るみに出した。最初の著書『Journey of souls』はベストセラーとなり、現在では10カ国語に翻訳されている。スピリチュアルな退行催眠療法のパイオニアとして国際的な名声を得て、数多くのラジオやテレビのトークショーに出演したり、ニューエイジの展示会で講演を行っている。1998年には、心、肉体、精神の橋渡しに「もっともユニークな（すばらしい）貢献をした」として、全米トランスパーソナル催眠療法士協会から賞を授与された。長きにわたる魂の記憶の臨床研究と、死後世界のコスモロジーに関する発見で高い評価を得ている。歴史研究家、アマチュア天文学者、世界旅行家でもある。現在、妻のペギーとともに北カリフォルニアのシエラネバダ山中に自宅をかまえている。

■訳者紹介
澤西康史（さわにし やすふみ）
翻訳家。現代人が新しい時代を生き抜くための手がかりになる本の紹介に努めている。主な訳書は『英知の辞典』（めるくまーる)、『エマソン入門』（日本教文社)、『音楽の霊性』（工作舎)、『クリスタル・ヒーリング』（OEJ)、『スピリチュアル・エボリューション』（アルテ）など。本書の続編『死後の世界を知ると、人生は深く癒される』（パンローリングより刊行予定）も翻訳中。

■編集協力　中村千砂子（なかむら ちさこ）

2013年 4 月 3 日 初版第 1 刷発行
2016年 9 月 1 日 第 2 刷発行
2019年 3 月 1 日 第 3 刷発行

フェニックスシリーズ ⑨

死後《しご》の世界《せかい》が教《おし》える「人生《じんせい》はなんのためにあるのか」
——退行催眠による「生」と「生」の間に起こること

著 者 マイケル・ニュートン
訳 者 澤西康史
発行者 後藤康徳
発行所 パンローリング株式会社
〒 160-0023 東京都新宿区西新宿 7-9-18-6F
TEL 03-5386-7391 FAX 03-5386-7393
http://www.panrolling.com/
E-mail info@panrolling.com
装 丁 パンローリング装丁室
印刷・製本 株式会社シナノ

ISBN978-4-7759-4113-3